四川儿童组织认同高水平研究团队
四川少年儿童组织与思想意识教育研究中心
中小学少先队活动课实践研究团队
研究成果

少年儿童组织认同研究

Shaonian Ertong Zuzhi Rentong Yanjiu

姜金栋 主编
晏祥辉 李荣华 罗莹 副主编

西南财经大学出版社
Southwestern University of Finance & Economics Press

图书在版编目(CIP)数据

少年儿童组织认同研究/姜金栋主编.—成都:西南财经大学出版社,2016.12
ISBN 978－7－5504－2816－4

Ⅰ.①少… Ⅱ.①姜… Ⅲ.①少年儿童组织—研究—中国 Ⅳ.①D432.5

中国版本图书馆CIP数据核字(2016)第316589号

少年儿童组织认同研究

主编:姜金栋

责任编辑:朱斐然
封面设计:穆志坚
责任印制:封俊川

出版发行	西南财经大学出版社(四川省成都市光华村街55号)
网　　址	http://www.bookcj.com
电子邮件	bookcj@foxmail.com
邮政编码	610074
电　　话	028－87353785　87352368
照　　排	四川胜翔数码印务设计有限公司
印　　刷	郫县犀浦印刷厂
成品尺寸	170mm×240mm
印　　张	17
字　　数	320千字
版　　次	2016年12月第1版
印　　次	2016年12月第1次印刷
书　　号	ISBN 978－7－5504－2816－4
定　　价	78.00元

序 言

少年儿童组织与思想意识教育是一门全新的学科，它是一门研究如何依托少先队，如何通过科学、有效的少先队组织管理活动，对6~14岁少年儿童进行思想意识教育的科学。与其他学科相比，它在学科基础理论、学科话语体系、学科话语权等方面十分薄弱。虽有一些学者和基层中小学进行了大量的理论与实践研究，但亦无法从学科基础的视角来促进本学科的发展。

2014年12月，共青团四川省委、四川省少工委、四川省社科联、四川省教育厅与成都师范学院联合建立四川少年儿童组织与思想意识教育研究中心（以下简称中心），研究中心成为四川省唯一一个关注少年儿童组织与思想意识教育研究的省级社科重点研究基地，中心汇集了教育学、心理学、政治学、管理学等专业的学者和年轻博士，并邀请中国社科院沈杰研究员、中科院心理学研究所施建农研究员、西南大学易连云教授、浙江大学何贵兵教授等知名专家学者加入中心学术委员会。

2015年5月，姜金栋教授依托四川少年儿童组织与思想意识教育研究中心，主持申报了“儿童组织认同研究团队”并成功获批，依据四川省高水平研究团队建设办法，研究团队与研究中心须每年召开一次国家级的学术研讨会。

在此契机下，中心决定选择少年儿童对少先队的组织认同作为突破点，经过近半年的研究，于2015年6月向全国各大高校发出邀请函，拟于2015年10月19~21日在成都师范学院召开“第一届全国少年儿童组织认同学术研讨会”。中国社科院青少年研究所、中科院心理学研究所、西南大学、浙江师范大学、福建师范大学、云南师范大学、河南师范大学、石河子大学、四川师范大学等高校少年儿童组织与思想意识教育研究专业及其相关专业硕士点负责人参与了本次研讨会。与会学者围绕少年儿童组织认同这一主题各抒己见，从姜金栋教授的“少先队员组织认同量表的编制及其信效度研究”到朱明婧博士的“中国青少年价值观的机构与特点”，再到基层小学的少先队员信仰启蒙教育课程体系、提升儿童组织认同的校本课程体系建设等，无一不是围绕这一主题所做的系统性、科学性、实践性的阐述，为探究少年儿童对少先队组织的认同提供了新的见解。

此外，本次会议还收到了10余篇与少年儿童组织认同相关的论文，中心决定将其以论文集的形式集结成书出版，即本书《少年儿童组织认同研究》。本书由三篇组成：第一篇收录了几位专家在少先队组织认同学术研讨会上的发言与两个主题演讲报告；第二篇收录了国内高校撰写的少年儿童组织认同研究论文；第三篇收录了参会中小学所撰写的少年儿童组织认同实践研究论文。

最后，中心决定，拟于2016年10月下旬举办第二届全国少年儿童组织认同学术研讨会，届时，将在第一届的基础之上，继续扩大少年儿童组织与思想意识教育研究的研究阵营，并最终构建少年儿童组织与思想意识教育学科基础研究与实践应用研究的宏伟大厦。

屈原《离骚》云：“乘骐骥以驰骋兮，来吾道夫先路！”

谨以此语，寄语本次全国少年儿童组织认同学术研讨会，希望各位与会专家、学者能以此研讨会为契机，开创少年儿童组织与思想意识教育研究之先路。

少年儿童组织认同学术研讨会编委会

2015年10月30日

目 录

上篇　主题发言与主题报告

中篇　少年儿童组织认同理论研究

下篇　少年儿童组织认同实践研究

上篇

主题发言与主题报告

第一部分　主题发言

砥砺前行，开创少年儿童组织认同与教育研究的新篇章

陈　宁

（成都师范学院）

各位学界参会者、各位尊敬的领导、各位来宾：

今大，我们非常荣幸迎来了第一届少年儿童组织认同学术研究会议的代表们，在这里隆重举行少年儿童组织认同学术研究会议。首先，请允许我代表成都师范学院，对会议的召开表示衷心的祝贺，向出席会议的各位代表和朋友们表示热烈的欢迎！

21世纪之初，共青团中央（团中央）、中国少年先锋队全国工作委员会（全国少工委）提出少先队教育是一门科学，新时期少先队工作必须走专业化、科学化的道路。为加强少先队教育的科学性，初步有了把少先队教育作为一门学科来建设的设想。2010年共青团中央、教育部、人力资源和社会保障部、全国少工委四部委联合下发《关于进一步加强少先队辅导员队伍建设的若干意见》，明确提出要“探索在国家一级学科教育学下设与少先队组织根本任务紧密相关的二级学科”。2011年团中央、全国少工委组织各方面的专家对少先队工作列入学科建设进行了论证，把学科名称正式确定为“少年儿童组织与思想意识教育”。2012年，在教育部的支持下，正式向国务院学位办提出申请，请求在教育学一级学科下增补与少先队工作相关的“少年儿童组织与思想意识教育”二级学科，并得到学位办的同意。目前，41所高校已设置“少年儿童组织与思想意识教育”二级学科，39所高校实现“少年儿童组织与

思想意识教育”硕士研究生招生。少年儿童组织与思想意识教育专业的设立，是我国的伟大创举，是培养党的合格接班人的战略举措。

成都师范学院是四川省人民政府举办、四川省教育厅直管的国家公办全日制普通本科院校，前身是创建于 1955 年的四川教育学院。2012 年 3 月经教育部批准改建更名为成都师范学院。学校现有专任教师 686 人，其中具有博士学位的 100 人，具有正教授职称的超过 100 人。经过 60 年的建设，学校已发展成为师范与非师范并重，文理渗透、理工结合的应用型普通本科院校。我校是四川省教师教育的主要培养培训基地之一，彰显职前职后一体化的教师教育办学优势，先后培养出 20 余万名各类应用型人才。

学校一直非常重视儿童德育、儿童思想意识教育、儿童组织认同等方面的研究。2014 年我们率先和共青团四川省委共建成立“四川少年儿童组织与思想意识教育研究中心”。2014 年年底该中心成为四川省社科联的省级重点研究基地。我校举全校之力建设该中心，建立了四川省社科联批示的“儿童组织认同”高水平研究团队。中心 3 名教师成为西南大学少年儿童组织与思想意识教育专业兼职硕士生导师，中心也是西南大学少年儿童组织与思想意识教育研究生实践基地。

这一次全国性学术会议，是聚集同行对少年儿童组织与思想意识教育研究的一次思想的探索与共识的凝聚，是为推动建立全国少年儿童组织与思想意识教育学会而努力，为推动少先队建设专业硕士点在全国试点、铺开而努力。我们希望大家以此次会议为契机，推进少先队学科建设。

作为本次会议的承办单位，成都师范学院非常珍惜这个难得的学习机会。除了为会议做好服务工作，我们也非常愿意与大家一起，在今后的日子里，共同为我国儿童德育、儿童思想意识教育、儿童组织认同研究的发展，为党的少先队建设做出应有的贡献。希望各兄弟单位一如既往地关心、指导和支持，共同协作、交流，推进未竟的事业。

最后，预祝本次会议取得圆满成功，祝愿各位远道而来的嘉宾在成都度过一段愉快的时光。

谢谢大家！

少年儿童组织认同研究的趋势与未来展望

沈　杰

（中国社会科学院）

各位来宾：

早上好。非常高兴有这个机会来参加会议。我发表的话，仅代表我个人。我觉得少年儿童组织与思想意识是一个新的领域，在我们国家这个领域它首先是由工作带动的，现在成为一个学科研究的领域，这个领域它拥有很多的机会，但是同时也伴随着很多的挑战。这个机会是，在这之前没有很多的前辈去研究或者探索这个领域，这就是我们做学习研究的一个很好的契机，而我们的挑战在于这是个工作领域，怎么来研究就是仁者见仁、智者见智了。

我们中心以组织认同作为焦点来召开学术研讨会是非常准确也是非常有利的，因为认同这个概念它来自社会认同，而社会认同现在在国际上是一个很重要的领域，在学术上开辟了一个新的天地，并且它的研究成果可以转换到管理学科，所以它既是学术的，又是实践的，因此我觉得这个领域抓得非常好。此外，我们可以使这个领域有它的学术积淀，为成长为将来的硕士点、博士点打下良好的基础，这是非常重要的。而且我觉得我们根据自己的优势，比如说学校的优势，从认同的心理机制来研究是非常好的，但在这里可能有一个问题，即认同可能涉及一些更加宏观的机制，而实际上我们人形成认同的时候既有心理上的机制，也有社会塑造上的机制。

我们今天社会认同的机制比原来复杂得多，比如全球化的背景、某某的价值观、我们中国的社会分化、我们多元的时空。总体来说，也就是我们社会里具有传统的、现代的、后现代的因素，而更为重要的是，我们现在的文化模式发生了改变，比如我们现在要影响青年人，我们主流文化的影响力有时候会受到很多青少年文化的挑战，他们朋辈群体的影响也会超过我们成人的影响。现在的我们进入了一个文化的时代，很多文化，比如在生活层面的文化，是青年人在引领我们。我们传统塑造认同的媒体，更多的是传统的媒体和传统的教育方式，但是现在更多地影响青年人的是新媒体，各种各样的新媒体。所以我们要研究内在的心理机制，更要研究对我们心理机制进行塑造的社会机制，将这两者研究得很清楚的话，我们就能达成对社会认同的深刻的揭示。实际上认同的深层次是价值观，是青少年个体的价值观和组织的价值观在交叉和契合的时候，它的认同就形成了。我们脱离不了研究个体的心理机制，更脱离不了社会的塑造机制。

沿着我们选好的一个点，持续做下去，并且按照学术的规范来推进，我们的研究就可能是前沿的，就可能是具有世界意义的。但是从现在的情况来看，我们的很多工作只是中国特点，而不是中国特色。中国特色说是基于一些中国的要求来进行的，当我们形成了中国的风格和中国的气派的时候，我们才是中国特色的，这是我们的一个美好的愿景。在和施老师交流的时候，我们认为，如果我们把认同研究到眼动的层面的时候，我们的研究肯定是世界前沿的。但是我们认同的，又是少先队的价值观，我们就是中国的。我相信只要我们坚持做，以学术为业，以研究为天职，我们就可以把这个事业推向前进。

谢谢大家！

新形势下少年儿童组织认同研究的意义

黄　兵

（四川省社会科学界联合会）

尊敬的各位领导、来自全国各地的专家、同志们：

上午好。四川省少年儿童组织认同及思想意识教育研究中心，是四川省社会科学重点研究基地。儿童组织认同研究团队，也是四川省社科院高水平研究团队。他们都是省社科联支持的高水平社科研究平台。今天我们在此隆重举行全国性儿童组织认同学术研讨会，就是为了展示和交流该重点研究基地和高水平研究团队的研究成果，从而总结阶段性成果，集中碰撞智慧，激发创新火花，推进对儿童组织认同的深度和广度，增进对少年儿童组织与思想意识教育学科建设的理性和情感，凝聚团队力量和精神，提高中心的影响力。

儿童组织认同研究，是新形势下中国共产党培养接班人的重大课题，是解释少年儿童政治社会化规律与机智的科学性论题，是奠定少年儿童思想意识教育的理论基石，是促进社会主义教育核心价值观实现的方法和武器，是加强儿童组织教育的学理性依据。我们有理由相信，通过本次研讨会的推动，我们对少年儿童组织与思想意识教育学科的认识将更加清晰，对儿童组织认同的机理将更加深刻。它也必将引导我们形成更多更好的研究成果。借此我谨代表四川省社科联、省社科规划办，衷心祝贺本次研讨会胜利召开，并预祝全国首届儿童组织认同学术研讨会取得圆满成功。

谢谢大家！

理论联系实际　开创四川省少先队研究的新篇章

史鑫成

（四川省少工委）

大家好，我作为四川省少先队的总辅导员，今天在这里也看到很多中学的校长、主任，这代表我们全省745万少年儿童和近30万少先队辅导员这个庞大的数据。所以我们是带着感谢，带着憧憬，带着使命来参加此次学术研讨会的。

首先是带着感谢。在座的社科院的领导和我们各位专家，咱们从一年前见面，到今天这个论坛成功，好像共同抚育、共同培植了一个小宝宝一样，大家共同呵护，终于今天这个论坛诞生了，所以我们是带着感谢。其次是带着憧憬。有各位专家、各位领导的支持，咱们少年儿童组织和少先队工作肯定会更上一个台阶。最后是带着使命。我本人是四川省少先队总辅导员，同时在团省委工作和省少学委工作，所以我看到这个题目的时候，我深深地感到这真的是一种责任，这么多专家坐在一起来研究一些少年儿童的事情。对我来说，这既是一种憧憬，更是一种使命，而四川少年儿童组织和思想意识教育研究中心是团省委、社科联共同组建的一个学术研究机构，今天，这样一个隆重的论坛开始了。我的心情非常激动，感觉就像各位专家一样，在一年前谋划的第一个宝宝诞生了。今后我们还有第二个宝宝、第三个宝宝。今天算是第一个宝宝的满月酒，今后还有成人礼，所以我们还需要保持这样一个非常好的学术氛围。

我想和大家分享一下我写的三篇短小的文章。

第一个，少年儿童组织与思想意识引导，刻不容缓。这是我们为少先队组织开辟专用的公交道，是我2016年出版的一本书《少先队工作从“心”开始》里的一篇文章。习近平在2013年的宣传工作上讲，现在宣传思想工作到了刻不容缓的地步，这是极端重要的。青少年的思想工作，确实已经到了刻不容缓的地步。当前少先队组织，有三大任务要完成。第一，如何做好少先队的根本任务。根本任务就是一方面要培养祖国的建设者，另一方面要培育可靠的接班人。第二，少年儿童组织如何走科学发展的道路。在我的印象里，成都师范学院应该是走在了全国的前面，很多师范学院都建立了少年儿童组织与思想意识研究中心，但是以少年儿童组织与思想意识这个学科开展一次这样的组织论坛，成都师范学院是全国第一次。在少年儿童方面更注重实践，在科研方面还是比较薄弱的。所以今天这样一个盛会，也希望能给咱们怎么发展、怎么提高科学化水平指出方向。第三，少先队组织，它是中国共产党一手创建的一个儿童组织，除了具有儿童性，还具有政治性，所以少先队就是一个不容我们回避的政治组织。我们怎么把党和国家的政策，变成青少年听得懂、读得懂的语言，其实就是政治的社会化。所以咱们一起既思考少先队根本任务的发展，又思考科学化水平提高的发展之路。这是一个新兴的学科，是政治的社会化传播的学科建设，也为少先队未来的理论基础，提供了很好的借鉴。

第二个我想分享的是，少年儿童组织是对少年儿童最大的人性关怀。儿童是社会的未来，而儿童今后成长的未来，是他人生铺就的一条成就的路，所以对青少年进行正确的思想意识引导是最大的人性关怀。这也就是我觉得今天的这个学术研讨会具有非常重大的政治意义、社会意义、教育意义的原因。

第三个，少先队工作有三条途径：组织教育、自主教育、实践活动。在我看来，只有贯穿组织教育，渗透自主教育，依托实践活动的少先队的工作，才是真正体现少年儿童组织特色的工作。而真正体现少年儿童组织特色的工作，组织教育其实是最根本的特性，而我们的组织认同，恰好抓住了这样的一个核心和根本。因此这样的一个学术论坛，对少先队工作的研究来说，具有非常重要的学术意义。从政治意义、教育意义和学术意义来说，这样的论坛非常好。在这里我们祝愿论坛取得圆满成功。

以少先队组织科研推动少先队实践工作的开展

涂敏霞

(《青年探索》编辑部)

尊敬的陈院长、姜院长，各位领导，各位嘉宾：

大家上午好。非常高兴今天以《青年探索》主编的身份参加这样一个学术研讨会。我觉得这样一个学术研讨会是全国第一届，是非常创新、非常前沿的一个主题研讨会。我在来之前先上网搜索了一下，好像这方面的话题研究文章非常非常少，所以这次研讨会的成果，对推动我们全国少先队的工作一定会起到非常大的作用。我看整个会议安排的议程也是非常丰富的，既有理论方面的探讨，又有实际经验的介绍。无论是从理论上还是实践工作上的提升，都可以取得一个非常大的效果。《青年探索》作为全国最早公开发行的青年类学术期刊，在全国的同行中，有一定的知名度。我们一直以来非常关注少年儿童的成长，也会刊登一些少年儿童方面的文章，所以我们也非常愿意提供这样一个平台，把这次研讨会的一些高水平的文章作为我们的一期特别策划来发表。在这里我也非常感谢主办机构给我提供这样一个非常好的学习机会。预祝这次研讨会取得圆满成功。

谢谢大家！

第二部分　主题报告

少先队组织认同量表的编制及其信效度研究

姜金栋
（成都师范学院）

此次报告的主题是少先队组织认同量表的编制及其信效度研究。选择这个题目是因为衡量组织认同的标尺是量表。这篇报告主要包括五个方面：第一个方面是组织认同的研究现状，第二个方面是少年儿童组织认同与成人组织认同的异同，第三个方面是少先队员组织认同问卷的编制，第四个方面是结果与分析，第五个方面是未来研究展望。

组织认同即 Organizational Identification，有很多种定义，但大都将其定义为个体对组织的归属感和对组织态度的一致性。1958 年 March 提出了第一个较为清晰的组织认同定义，他们认为组织认同是社会认同的一种方式。1970 年 Patchen 从知觉与认知入手，认为组织认同包括知觉组织成员间支持组织的态度。1986 年，Chatman 提出组织认同指个人认同保持的对组织的情感满意度。此外，国际也提出了一些相应的理论看法及感念，如王一宝等人。

国外的组织认同的维度划分了四个维度，有一维、二维、三维、四维等分类方式，不同的学者采用不同的组织对组织认同进行了大量的研究。有学者认为组织认同是一个整体的概念，表示的是个体感知到的与组织的一致性，这是一维。而成员对自已的认同，对组织的认同，这是第二个维度。四个维度分别是归属感、忠诚感、分享特征、态度与行为。杰克森在 1999 年提出了组织认同的四个维度，分别是组织的吸引力、组织反映的知觉、对组织的感情及人格化。国内有很多关于组织认同维度的概念，比如，国内的杜恒波提出了组织认同的四个维度，第一个是情感归属，第二个是人际关系，第三个是事业发展，第四个是价值融合。国内还有其他的一些理论，比如价值认同维度、工作认同维度、人际认同维度等。所以，国内外的学者对于认同的研究是多而深的。总体来说，现在的研究主要集中在认知、情感、评价和行为。

组织认同有两大理论基石。第一个是由塔杰菲尔和图纳提出的社会组织认同理论。他们指出，个体认识到他属于特定的社会群体，同时也认识到作为群体成员带给他的情感和价值意义。第二个是由霍曼斯等人提出的社会交换理论。他们指出，人类的一切行为都受到某种能够带来奖励和报酬的交换活动的支配，因此，人类一切社会活动都可以归结为一种交换，人们在社会交换中所结成的社会关系也是一种交换关系。这是我们对认同理论的简单的介绍。

第二个方面是少先队组织认同与成人组织认同的异同。成人组织认同是指研究 18 岁以上成人的组织认同，包括组织认同的维度、机制、规律及影响因素等。而少先队组织认同主要研究 6~14 岁少先队员对少先队组织的认同，包括组织认同的维度、机制及影响因素等。通过归纳，我们认为成人的组织认同具有以下几个特征：①相对稳定性：认知、情感、行为，甚至评价都具有相对稳定性；②全面性：成人的组织认同几乎涵盖了其工作关系中的所有方面；③客观性：成人的组织认同是个体相对比较客观的判断；④主动形成性：成人的组织认同是个体在判断的基础上主动形成的；⑤选择性地加入组织：成人加入组织需要通过各种测试、面试等，这些手段能保证其组织成员的高认同性。但是少年儿童就具有很大的不同，少先队与我们成人不一样的地方在于少先队的组织认同具有以下几个方面的特征：①相对不稳定性：少年儿童生理发展与心理发展的不稳定性（如对事物的看法、对行为的评价尚未定型）；②片面性：单纯地依靠自己的喜好来决定，并且很多时候周围小伙伴、少先队辅导员的魅力等极大地影响其组织认同的发展；③认同方式的活动性：对少先队的认同是基于对少先队活动的认同，然后缓慢萌芽；④全员入队性：几乎不需要选拔的全员入队。因此其组织认同尚需通过思想意识教育的形式来进行。

第三个方面是少先队组织认同量表的编制。我们首先分析这个量表编制应该注意的一些问题。主要包括，第一，关注儿童的心理发展特征，如心理发展的阶段性（如皮亚杰的具体运算阶段、形式运动阶段等）。第二，注重少年儿童对少先队活动的评价。不仅是喜欢与否，还有是否愿意积极主动地组织活动、参加活动。第三，充分关注少先队员全员入队的优势。在较少竞争性、单纯的环境下，少年儿童的组织认同如何萌芽、发展。第四，注重队章中规定的少先队行为、仪式等教育，如少先队出旗帜仪式、队礼、队仪等。第五，注重榜样与模范的示范作用，如雷锋精神的榜样示范作用、少年儿童对少先队大队长的羡慕等。因为对孩子们影响最深的还是父母、老师、同学等。

对于少先队组织认同问卷编制的一些过程而言，首先是访谈提纲的编制，其次是访谈对象的选择，再次是主试的选择与访谈的进行，最后是关键词的提取，少先队组织认同问卷就初步形成了。我们为了保证问卷的实用性，采取了一些因素分析，进行了被试的选择预测。

第一步是访谈提纲的编制。首先，我们依据6~14岁少先队员的心理特点与基层小学的实际情况，结合组织认同的四个维度，6位教育学、心理学、管理学方面的专家分别编制了少先队员组织认同访谈提纲。6位专家对访谈提纲进行面对面的讨论，最终认为少先队员组织认同访谈应该包括以下8个方面的内容：

a. 少先队员对少先队组织目标、规章制度、行为规范、标识的认知；

b. 少先队员对少先队组织（如少代会、大队部等）文化的知觉；

c. 少先队员加入少先队组织的动机（包括组织吸引力等方面）；

d. 少先队员对少先队组织的情感；

e. 少先队员加入少先队前后行为的变化；

f. 少先队员对少先队活动的认同及其评价；

g. 少先队员对少先队组织内的人际关系的评价（包括与中队长、大队长、大队辅导员的关系）；

h. 少先队员对少先队身份的认同情况。

第二步是访谈对象的选择。依据基层小学的实际以及先前的调查研究，我们选取了78名被试进行访谈，分别是三、四、五、六、七年级的学生，男女比例基本是一比一。除此之外，我们还对大学生进行了访谈，主要采取的是回忆的方式。

第三步是主试的选择与访谈的进行。研究者培训了8名大学生主试，其中花费一天的时间培训其访谈提问技术、质询技术、深度访谈技术。每名主试选定其中一个主题后尝试对实验者进行模拟访谈。之后每名主试选择两个主题进行访谈，对不同年级的少先队员的访谈时间大约为10分钟，对大学生的访谈和对成人指导者的访谈大约为20分钟，以便深入挖掘78名被试对上述8个核心内容的看法。

第四步是关键词和关键行为的提取。将每位访谈者的录音转化成文字后，8名主试分别对这些文字进行关键词提取，统计其中出现的诸如喜欢红领巾、为成为少先队员而高兴、遵守少先队章程等关键词的行为事件。实验者将8名主试所归纳的关键词依据这8个方面进行编辑，找出其中共同的和有差异的关键行为描述，将其以陈述句的形式表达出来。比如在少先队标识这一问题上，有的回答红领巾，有的回答队徽。为此，我们编制下述表述“有时候把红领巾丢来丢去也挺好玩的”“有时候队徽丢了都不知道”等问题，用的都是孩子们可以理解的语言对他们进行访谈。

第五，我们依据上述的8个方面，最终归纳出了由80道题目组成的少先队组织认同量表初稿。6名教育学、心理学、管理学方面的专家对这80道题目再进行评价，删除了4道与组织认同和少先队无明显关系的题目，最终形成了由76道题目所组成的初测问卷（其中32道题目反向计分）。

对于被试的选择，为了保证问卷的实用性，我们采用分层随机抽样的原理随机选择了2所城镇小学（3~6年级）、1所城市学校（3~7年级）、1所城郊中学（7年级）、1所城郊小学（3~6年级）以及1所农村小学（3~6年级），随机发放了850份问卷，最终回收了840份问卷，其中有效问卷832份，问卷有效率为97.88%。而且，为了掩盖真实的研究目的，我们虚构了调查的目的：

“亲爱的同学（小朋友），您好。为了学校的进一步发展，我们列举了一系列常见的行为或观点，请你依据你的真实想法，评价你多赞同该行为或观点。本调查为不记名调查问卷，答案也没有对错之分。请您诚实作答，诚实回答和认真完成的孩子都是好孩子哦。”

经过分析，我们发现不同年级被试的性别比例分布是合理的，因为卡方检验结果表明，不同年级之间被试性别比例分布无显著差异。在不同年级被试的年龄差异比较方面，单因素方差分析结果表明，不同年级被试存在显著的差异，$F(4, 831) = 649.155$，$p<0.001$。而且事后LSD检验结果表明，任意两个年级被试的年龄均有显著的差异，说明不同年级被试的年龄有显著的区别，并且被试年龄跨度涵盖了7岁到13岁的少年儿童。我们尽量避免了年龄偏差导致的误差。我们还进行了研究数据是否适用因素分析的检验。KMO和Bartlett球形检验的结果表明，整个问卷的KMO值为0.88；Bartlett球形检验的近似卡方值为14 570.45，$df=2\ 850$，$p<0.001$。表明适合做进一步的因素分析。一般来说，KMO大于0.9表明很适合做因子分析。若KMO值过小，表明变量偶对之间的相关不能被其他变量解释，进行因子分析不合适。一般KMO的值大于或等于0.7时都较适合做因素分析。Bartlett检验的目的是确定所要求的数据是否取自多元正态分布的总体。若差异检验值显著，表示索取数据来自正态分布，可以做进一步的因素分析。而我们的数据是0.88，所以是很适合

做因素分析的。

因素分析的结果，我们采用探索性因素分析—主成分分析法—最大方差法，结合具有 Kaiser 标准化的正交旋转法，进行探索性因素分析。将与总分相关低于 0.3 和因素矩阵混乱的 22 道题目删除，最终得出了由 54 道题目组成、包含四个维度的少先队员组织认同量表。我们发现行为认同维度是尤为重要的，它是指在行为层面少先队员对少先队组织的认同。行为认同维度共 12 个题目，包括：（1）个体行为；（2）少先队行为。活动认同维度指少先队员对少先队活动的认同程度，共 15 个题目，包括：（1）对少先队活动的评价；（2）对活动相关他人的评价；（3）对少先队活动的参与度。情感维度是指在情感上少先队员对少先队组织的认同，共 15 个题目，包括：（1）少先队组织中的人际情感；（2）对少先队组织的情感。认知认同维度是指少先队员对少先队组织目标、组织规范等方面的认同，共 12 个题目，包括：（1）对少先队组织目标的认同；（2）对少先队组织行为规范的认同；（3）对我与少先队组织之间关系的认同。

关于少先队员组织认同量表（Y-OIQ）的信度与效度分析，少先队组织认同测量量表（Y-OIQ）问卷的克隆巴赫 a 内部一致性系数为 0.85，分半信度系数为 0.82。

行为认同分量表的克隆巴赫 a 内部一致性系数为 0.83；

活动认同分量表的克隆巴赫 a 内部一致性系数为 0.75；

情感认同分量表的克隆巴赫 a 内部一致性系数为 0.80；

认知认同分量表的克隆巴赫 a 内部一致性系数为 0.71。

利用 SPSS，我们进行了一些相关分析，得出了一些结论：不同年龄的少先队员在少先队员组织认同量表（Y-OIQ）上的得分差异，不同年级的少先队员在少先队员组织认同量表（Y-OIQ）上的得分差异，且差异都是显著的。

最后我们形成了由 54 道题目组成的少先队员组织认同量表，具有可接受的信度少先队员组织认同量表有四个维度：行为认同维度（12 个题目）、活动认同维度（15 个题目）、情感认同维度（15 个题目）与认知认同维度（12 个题目）。本量表的结果也间接证明了：随着年龄或者年级的增加，少先队员对少先队组织的认同会发生高低变化，总体呈现下降的趋势（这与先前许多研究者的结果相吻合），这一现象在行为认同、活动认同和情感认同上表现得特别明显，但是在认知认同上的变化并不是那么明显。这同时也证明了少先队员组织认同量表的有效性。我们也发现这四个维度中，行为维度是最为重要的。我们把活动维度的权重增加了很多，在这方面我们也算一个创新。

最后是对研究的展望。第一是对少先队员组织认同量表进行验证性因素分析。本研究仅仅初步编制了少先队员组织认同量表，其实用性尚需进行进一步的研究。因为主要是对四川的 800 多名少先队员被试进行的研究，所少先队员组织认同量表是否适用于全国少先队组织认同的研究尚需跨省市、跨区域以及跨民族的验证。第二是对影响少先队员对少先队组织认同的因素进行分析。研究诸如少先队活动的类型等因素对少先队员组织认同的影响。通过对影响少先队员对少先队组织认同因素的分析，依据团中央、全国少工委的要求，在部分中小学进行少先队工作改革试点实践研究。第三是构建少先队员对少先队组织认同的心理机制模型。通过模型构建理论方面的基础，回答“为什么少先队员对少先队组织产生认同”这一问题。第四是对少先队员的少先队组织的认同会发生高低变化、总体上呈下降趋势现象的具体研究和探讨，比如学业压力、生活压力、家庭压力的增大，少先队活动吸引力下降等方面。

中国青少年价值观的变化与特点研究

朱明婧　施建农

（中国科学院心理研究所）

我今天的报告将从以下四个方面去介绍：背景、研究方法、结果及讨论。

首先是研究背景。我们既然研究青少年价值观的变化和特点，那么首先要弄明白什么是价值观。价值观在社会中或许是老生常谈的问题，大家对于价值观有不同的看法。用学界的看法来说，国际上比较认可三种定义。第一种是，他们认为价值观是一种外显的，或者内隐的，并且有关于什么是值得的看法。第二种是由罗科奇教授提出的，他认为价值观是一种一般的信念，它包括了目标和手段。他的团队也编制了一个价值观的量表，包括一些终极性的价值观的东西，比如目的和怎么去达到这个目的的手段。现在我们国家的很多学者都采用他的量表来做这个一系列价值观的研究。第三种是由施华茨教授提出的，他认为价值观是一种合乎超越情景的目标。在跨越情景的情况下，人们都认为这是合乎他们需要，并且很想去追求的目标，从而以这种价值观指导人们的生活。

在我国，我们用一个比较操作化的定义，用金盛华教授的定义，价值观是一种对事物重要性的观念。是我们作为人这样一个主体，以客体对我们的重要性对其进行价值观的判断。而价值观的作用是能影响个体对外界的反应及感知。比如这件事发生了，你如何理解它，并且如何对其进行反应和归因，这都是受价值观影响的。价值观也是社会化的核心。人来到社会后开始不断地进入社会，在社会化的过程，价值观的行程在其中发挥了重要的作用。根据 2005 年金教授的研究，价值观也是社会发展和文化变迁传播的重要测量指标。这样一来就说明了对价值观的研究是非常重要的。我们研究的是青少年的价值观，对于青少年来说，价值观的发展处于一个重要的阶段，并且随着全球化和网络信息化的发展，其实青少年的价值观，不管是对于西方还是中国的，都是非常敏感的。但是他的心智可能是不成熟的，可又是非常敏感的。因此青少年的价值观研究就变得尤其重要。价值观也是国际化惯例研究变迁的一个指标。根据国际惯例，每十年就会根据价值观进行一次系统的调查，以了解价值观的体系发展和变迁。比如我们国家就是 1989 年到 1999 年到 2005 年，那么这三个研究，都是基于罗科奇终极性和手段的价值观的量表。他们根据各种城市来看我们国家从 1989 年到 20 世纪 90 年代到 21 世纪这三个五年变迁的价值观。总的结论是青少年的价值观从奋斗进取变成了追求自我。

听到这里，可能有人会说价值观是不是变得不好或者好了呢。在这里我想强调，价值观没有好坏对错之分，只是表达一种人的价值取向。我们在 20 世纪 80 年代为什么奋斗进取，那是因为那会儿处于我们国家改革开放的时候，市场经济还没有建立，只要你能够打破一些常规，下海啊或者怎样，就会获得一种很好的回报。所以那个时候奋斗进取的价值观成为一种主流，也在很大程度上影响了我们当时的青少年。90 年代的时候，我们追求的是阖家幸福的价值观。这也很符合当时的情况。因为那个时候市场经济刚开始，人们有一种变化和不安全的感觉。所以那个时候人们更希望的是一种阖家安宁。到了 21 世纪，人们开始感觉舒适，并且把诚实作为价值观中重要性排名比较靠前的取向。那是因为在 21 世纪的时候，出现了一些个体主义价值观。这也更多地影响了青少年。还有市场经济的变化，它有一些道德水准的下降和沦散的情况，让人们对诚实的价值观取向有一种看重。

这就是我们国家从 80 年代到 90 年代再到 2005 年的变迁。我们可以看到“自由”从 80 年代到 21 世纪都属于排行比较前面的价值观。这也表明我们国家的青少年对自由的渴望非常强烈。从这样的比较来看，当下青少年也在强调它的重要性。

我们的研究是 2005 年，由中科院的郑刚教授发起的一个关于中国国内五个城市的未成年人的调查。这个调查考察了北京、上海、广州、汕头、昆明五个城市的 13~18 岁的青少年，目标是研究 13~18 岁青少年的发展现状。他们也建立了一些比较稳定的考察指标。他们考察了青少年的方方面面，比如个人家庭信息、动机、同伴关系，以及我们想要关注的价值观。在测量价值观重要特点的工具方面，他们采用了国际上比较通用的个体主义和集体主义的量表，根据我们国家的特点新增了一些条目。在研究结果方面，以前可能是根据价值观的内容进行排序，或许有四十个单个条目的价值观，现在可能是把价值观进行整合，从四个方面进行考虑。第一个方面是自由责任。它既包含了原来集体主义的价值倾向，也包含了个体主义的价值取向，既代表了青少年追求自由的取向，也代表了其追求社会的责任感。第二个方面是安定传统。它反映了国家的一种偏集体主义的价值观。第三个方面是刺激享乐。它是一种追求享乐的价值观。第四个方面，也是新增的两个条目，是根据权力和信仰的价值观。我们可以进一步研究这个价值观的结构。它其实是根据施华茨合乎需要一些跨越情景的目标，把它作为一个跨越全球几十个国家的研究，并且做完之后发现了两个比较普世性的维度。这是非常有跨文化的一致性的。这两个维度分别是超越自我和提高自我，以及对变化的积极态度和保守性态度。我们这样一种价值观，就分布在了维度之下。

对于这个参考维度，我们做了一个总结，发现自由和责任这个价值观，其实包含在了对变化的积极态度和超越自我的价值观之内。而安定传统更多是对变化的保守态度价值观。而自我享乐是对变化的积极态度并且提高自我的价值观，而信仰权力表达的是对变化的保守态度但是提高自我的价值观。之后在讨论部分我也想从这几个方面和大家做进一步的探讨。

基于以上的一些文献回顾，我其实是想研究探讨以下问题。首先我想看一下从 2005 年郑刚教授关于价值观的研究，这些变迁当中我们青少年的价值观结构是否发生了变化，它有什么样的特点。那么它是否还支持以前的四因子的结构。其次我想看一下价值观的水平发生了什么样的变化，并且呈现什么样的特点。不同性别和年纪的青少年价值观又有怎样的变化和特点。基于这些问题，我们开展了以下的研究，我们的研究随机选取了北京、华东、东北、华南、华中、西南、西北七大地区的数据和一些兄弟院校合作的大型的问卷调查研究。研究选取的是初一到高三的中学生，4 163 名，12～18 岁。之所以选取他们这个年龄，是因为 2005 年的时候他们差不多 13 岁进入中学。平均年龄是 14. 81 岁，男女比例基本上是各半的，有 4 名学生缺失了信息。还有一个问题是，大家应该知道初三和高三学生他们的课业压力比较大，所以他们的人数相对于其他年级会少一些。

研究工具是这个中国关于青少年的价值观量表，包括反映了人们生活中个体主义和集体主义两个维度的价值观，也包含了针对我们国家的一些特点的七个的维度。一共有 20 个条目，让学生从“1 不重要”“2 不太重要”“3 重要”“4 很重要”“5 非常重要”这五个点回答每一种价值观对他们生活的重要性。我们看一下研究结果，先来看一下这个量表是否可信。信度系数里比较低的是信仰权力点 51。这是因为里面只有两个条目，所以这样的一个结果也是可以接受的。因为与 2005 年的那个测量数据相比，这个信度系数是比较一致的，所以这个量表本身是比较可信的一个工具。此外我们看了一下结构效度，效度的拟合显示也是可以接受的。这就表明我们四个维度的价值观体系是可以接纳的。还是可以分为自由责任，安定传统，刺激享乐，信仰权力四个方面。那么看一下这 20 个价值观分别有怎样的变化。我们做了 T 检验，发现这 20 个价值观从 2005 年到 2015 年都发生了显著性的变化。所有价值观从 2005 年到 2015

年的重要性都提升了，其中有一些价值观是水平的提升，比如政治和宗教信仰，它以前可能是在一个不太重要的价值观水平，发展到 2015 年的时候它被提升为一个比较重要的水平。一些比较传统的价值观，比如尊重长辈、自我约束，从重要变成非常重要，其他的也都如是。我们也采用了一个排名的方式，来看一下前五位和末五位的价值观。我们可以看到从不同的年龄，从 2005 年到 2015 年，诚实这一点，一直是被看作最看重的价值观。在 2005 年的时候，大家第二看重的是自己为自己选择目标，但到了 2015 年的时候，第二重要的变成了环境保护和人人平等并列。第三重要的是责任心。其实从总体来看，前五位那个两个年代价值观都是比较相似的，但是排位发生了变化，尤其是人人平等和环境保护，重要性更加提前了。关于末五位的价值观，大家可以看到，是比较偏个人取向，比如你是否追求变化、有激情和刺激的生活，除此之外，2005 年和 2015 年的排位是没有什么变化的，也就是说，对青少年来说，他们在人生的价值观体系上看，他们认为更加重要的是类似于全球保护的价值观和相对传统的价值观，虽然很多人都说随着时代的变迁，外来西方文化的撞击，价值观体系会越来越被强调，但是就我们这些传统的价值观也是保有的。那么我们再看一下四因子的水平的变化，也可以看到从 2005 年到 2015 年，这四个因子的重要性都被提升了。又看一下不同性别的同学价值观的比较，我们看到关于自由责任这一点男女是没有什么差异的，在安定传统中男女也没有差异，和 2005 年一样。我刚刚犯了一个错不好意思，2005 年和 2015 年的价值观评价在自由责任上面，在 2005 年的时候男生是低于女生的，但是在 2015 年的时候男生和女生是一样的。在刺激享乐上，男性比女性更加追求刺激享乐的价值观，信仰权力也是男性比女性更加追求的价值观，这个结果是和 2015 年的时候是一样的。

关于不同年级，我们可以看到安定传统、刺激享乐和信仰权力的四个因素从初一到高三其实呈现下降的趋势。初一年级的价值观重要性是最高的，高于初二。但初二和其他的三个年级之间没有什么显著性的差异。2005 年和 2015 年的重要区别是在 2005 年的时候自由责任的评价，初一年级比初二年级更好，初二比高一和高二更高，而高一和高二没有差异。我们发现主效应是不显著的，当时做这样一个结论，就是说自由责任这样一个价值观其实在初中阶段有一个变化的过程，在高中之后就有一个稳定的发展了。我们发现，在 2015 年的时候我们中学生关于自由的价值观实际上在初中就有了稳定的发展，那么有可能这个变化是发生在小学的高年级阶段，这需要进一步的研究去验证这个解释是否正确。

以上就是整个关于中国青少年的价值观变化的特点的结果的展现。在结果里我们发现了一些现象，在这里我们做一些讨论。

首先可以看到的是，诚实作为第一个重要的价值观，我们去理解这样一个结果的时候，可以想到，这几年发生了很多事件，无论是食品还是其他方面的不好的事件，让大家对道德水准产生一些质疑，产生了很多想法，人们内心对诚实这个价值观的体验产生更大的需求。因为我提到施华茨对价值观的定义，超越情景的一种目标。可能是因为我们社会出现一些道德水准沦丧的情况，我们认为诚实就显得更加重要了。其次可以看到，人人平等跃升为第二重要的价值观。这点我们可以从社会信息化和经济全球化，包括我们现在网络的社会化让平等的意识更强分析。这个平等的意识也是在全球的意识里面，随着地球村这样一种效应，可以看到属于全球意识的人人平等的价值观，同时在我们国家社会主义价值观也提到了平等。再次，大家可以看到，有关传统的一种价值观如尊重长辈、有政治和宗教信仰，它们的重要性上升了一个水平，也是我们深层文化里传统价值观的一种回归。在 20 世纪 90 年代，你的个性或许受到压抑，大家都掩饰这种发展。到现在，反而是这种传统的价值观得到一种提升和回归，那么就是说我们现在这种个人的需求得到一种满足。这个时候就要注重传统文化的重要性。最后就是自由责任的重要性，我们可以看到它被列为四个因素里最重要的因素，并且从初一到高三都是没有差异的比较稳定发展的价值观，也比较有普遍性，强调追求个性，要建立在社会和谐的基础上。

以上就是我们的全部研究的一些结果和理解。有不足之处希望大家多提建议。

关于朱明婧在研讨会上报告的提问：

1. 问：“我有两个问题很迷惑，报告的前半部分那个四因素有点快我没听清楚。你是否说了价值观没有好坏对错之分？”

答：“对。”

问：“在呈现的 PPT 里面，信仰权力这一条，这个词，权利（力）里有一个说法是利益的利，有的地方是力量的力，这两个是怎么回事啊？还有就是价值观没有好坏对错之分，那核心价值观也没有什么好不好对错的区别？”

答：“是这样的，国际通用的个体主义和集体主义一直有争议，在普通大众人里面，在这两者之间不免会打上一些标签，比如个体主义打上一种自私自利的标签，而我们的集体主义就属于比较偏注重利益的好的价值观。但其实从我们研究者的角度来看，价值观本身是没有好坏之分的，作为一种个体主义的价值观，比如你个体注重环保，你注重绿色的能源，你对自己行为负责，本身到最后也是一种对全球的贡献。个体主义其实强调的是个体对自己行为的负责，我认为我个体是独立的，我对自己是负责的。集体想要强调的可能是我的行为需要和集体的目标更加服从贴切，更好去维系人与人的关系。所以无论是个体主义还是集体主义都是一种需要，而没有好坏对错之分。”

问：“我刚刚提问的意思是，有可能在对价值观分类上产生了分歧。价值观在选择上可能没有好坏对错，但在涉及能力、道德的价值观是有好坏之分的。比如说，凡是对他人造成痛苦，或触犯相关利益的体验，那就是不道德的，就是恶的，反之则是善的。所以针对这个来说，价值观是有好坏对错之分的。凡是涉及伦理道德之分的价值观，都是有好坏对错之分的。这个必须要搞清楚，不然我们中国真的会出现价值观紊乱的问题。”

答：“其实对这个问题，我一开始跟大家的想法有点像，我也去跟郑刚教授请教过，他当年也在从事这样一个研究。他其实在强调，一定要跟大家表达清楚。我同意，道德上一定会有好坏之分，但是道德和价值观的研究，其实是有一定的重叠，就是说其实是有交叉而不是相对等同的。那么我们说的其实是一种价值的取向。可以看到我们这其中 20 个价值观，其实这里面，比如想象力和创造性、胆量和包容，以及喜欢不断变化等偏个体主义的价值观，以前的人认为是不好的价值观，但是在我们看来这其实没有什么不好的价值观，更不用说那些比较传统的集体主义的价值观。这个问题可以探讨，因为我个人也是刚刚接触价值观这个领域，我以前做的研究不是跟这个直接联系的，也是在学习的阶段。”

问：“其实侯教授说的也有道理，但是朱博士，研究里面的内容，这里面的价值观没有那么多的取向性，基本上都是中性的东西。但是咱们价值观在道德层面上可能会有一些好坏之分。在从研究层面上，还都是一些客观的方面。”

问：“朱博士，我从实证的角度研究情感问题，我也在从事少儿组织方面的研究。刚才那个意思，我理解的是，从价值取向的角度研究，价值取向没有什么大的好坏对错之分，但是从其他的角度上来说，我们研究的是话语体系的问题。因素啊，设计啊，都是这个话语体系的问题。西方的话语体系和中国的话语体系，在一些词义上不同。西方的价值观更多是从价值取向的角度做研究，而我们理解的价值观是从稳定的观念体系角度。它这个理论肯定有些问题会上升到诸多方面的判断，会产生歧义。这是我的思考。就我刚说的话语体系，你把政治和宗教信仰放在一个维度里面，这不太合适，因为在中国的环境里，政治和宗教的区分非常明显。从我的研究看，现在的学生对宗教信仰不感兴趣，而且这个趋势越来越明显。这是我们学生教育中的很大的问题，而政治上理解的传统宗教信仰弱化得比较严重。所以我的建议是不要把政治和宗教信仰放在一个体系。另外我看你的研究里，青少年是单独作为一个概念来理解，还是作为一个少年到青年之间的过渡来理解？”

答：“我们青少年是从初一到高三，12~18 岁。”

问：“那为什么把这个阶段作为青少年呢？因为青年的划分，有早期、中期、晚期，中期的价值观变化和早期的变化是非常大的。还有就是少年阶段，就是 7~10 岁，因为学生还没有进入青春期。9 岁、10 岁、11 岁开始进入青春期了。青春期的身心发展变化对他的影响和其他因素对价值观的影响，也是非常明显的，所以对青少年这个概念，如何进行合理的划分非常重要。”

问：“我有两个问题想请教。第一个是我非常赞同你价值观没有好坏和对错之分的观点。在这个研究中，我认为是可以的，在不触犯法律和道德的情况下。但是有个问题，在没有好坏对错的前提下，那么水平如何体现？我的统计学知识有限，但是如果说这是 2015 年，这是 2005 年，你现在比较的得分是原始分数，如果一个人的价值观是这样重要，那样不重要，他整体的总分应该是一致的。如果要比，只能比这一项在整个相对的值，比如说标准分。”

答：“我解释一下里面的统计学问题。2005 年和 2015 年是参考的郑刚教授里面研究的平均值和标准差、样本大小，和我们的平均值和标准差、样本大小进行了 T 检验，然后是基于整个 sample，因为命值其实所有一样……”

问：“我说的其实是这个意思，就是 2005 年和 2015 年，分别说某项，比如说这一项，你现在看一下，不可能出现这种情况，总分一致的情况下，这一项全部都比另外一个高。”

答：“但是我们结果出来就是这样的。”

问：“你是比较他们的原始分数，不是相对位置。”

答：“我们比较的平均分的水平。”

问：“是吧，平均分它也是原始分，不是经过数理统计。我们认为有五项，这五个里面我们赞同一项，但是，我们把有的东西，比如学校的安全放在第一位，教学质量放在第一位……”

问：“我知道您的意思了，就是以前的关于价值观的量化研究，他们是把它进行排序，比如第一位是谁，第二位是谁，第三位是谁，这是一个五点的价值观，你看一下这个全部比这个高，这样一来相对位置和重要程度依然没有显现出来。而且你根本不可能通过原始的数据，除非是标准分，来判断谁更好。

因为一个相对位置才能显示出这个价值观。有没有这样一个可能全部比 2005 年好？我举个例子，有一次我们测试，今天的题比原来的简单，所以我们所有的分数都高于它，但不能说我们所有的水平都提高了。从另外一个角度讲，你比较这一项，2015 年的标准分和 2005 年的标准分，从不同的位置、分数的角度来比，你的平均分也是原始分，从这个角度上来说，我觉得是不是可以商榷一下。”

答：“谢谢你的建议，我们回去再看一下。”

问：“我想回答一下他的问题，可能他是说总分是一致的，所以每个不可能都比原来大。我举个例子，可能在 2005 年的时候所有的 20 项有可能都是选的一般重要但是到了 2015 年选的是非常重要。那就有可能提高了。”

“不可能提高了这样，平均分就说明问题了，它不符合统计的……”

“我们可以直接比较是因为我们用的是同一个测量工具。”

主持：“好，这个问题我们下来再说。来，王博士。”

问：“各位好，我叫王春华，是西南大学少年儿童组织与思想意识发展中心的第一位博士，应该是全国我们这个专业的第一位博士研究生。我是易老师的学生。我有两个问题想请教。在你的研究中，这是一个特别完美的 SCI 的研究范式。我看了很多这样的量化研究。有一个问题是，在你的研究中，我没有看到你的研究文本，你的展示和介绍过程，就是告诉我们，2015 年和 2005 年比已经发生了非常广的变化，从这个量化就可以看出来。而且你也展示得非常详细。我不知道你有没有去试着探索一下，发生这些变化，比如有一个组里面说自由责任，2005 年男性和女性是有显著差异的，2015 年就没有，在您的研究中有没有去探讨为什么会产生这种差异。如果没有的话，我就特别想请教一下，因为这种东西，才是我们真正需要去探讨的东西。您有什么打算，或者下一步的研究计划，进一步去探讨这个东西，而不仅仅是揭示这种变化？其实我们不做研究也知道，肯定发生了变化了。钱都贬值了，价值观能不发生变化么？这是我的第一个问题。第二个问题是，在你的研究对象中你选取的是 12~18 岁的年龄段，这个年龄段的研究对象，比如 18 岁的，十年前已经 8 岁了，在 2005 年的时候，当时他的思想意识在郑教授的研究里肯定是没有的，但是那个时期对他的影响，我不知道在您的研究中有没有考虑把他作为一个变量去排除。如果没有排除的话，这里面肯定会有问题。假如说您能把这个问题考虑进去的话，我想这种追踪研究所出来的对比效果，可能比您现在两个完全不一样的群体变化的解释更有效。就是这两个问题。”

答："谢谢你的提问。总共两个问题，我试着来回答一下。第一是变化的特点，因为人民币贬值了，价值观怎么样，肯定会有变化。为什么要去做这个研究？首先肯定是要去描述这个事实，那么您的感觉是我们都有这种感觉，但是它真的发生了吗？真的需要做这种科学研究？我们需要的就是要先来描述这样一种东西。今天来看，这个研究是一个初步的结果，我们首先要来描述这个研究，来看它的变化首先发生在什么地方，究竟哪里发生了变化，紧接着我们才可能去解释为什么发生这个变化。但就这个研究本身而言，它是不可能用这个实证的数据去解释。你看了文章你可能也知道，比如为什么会有男女差异，它是描述了这个差异，但研究本身它是不能解释为什么的。它可能会在讨论部分去理解这个结果，比如为什么男人和女人在自由责任上有差异，但之后就没有差异了，可能女性强调的是责任，男性更追求刺激或者信仰权力。这可能与他们本身受的教育和父母的影响有关，这也是我们在完成这篇学术论文的时候尝试去解释的部分，但至于为什么，这个研究本身它不能解释。这也是我们为什么需要去做一些进一步的实验。包括我们之后还收集了一些别的数据。我们描述了现在价值观的现状和变化其实是不足够的，我们之后还可以去研究一下影响价值观变化的原因是什么，它对青少年的一些行为类似于亲社会行为、它的同伴关系，产生什么样的作用。然后我们再做一系列比较连贯的研究。今天这个论坛，我们只是展示了一下关于价值观现状和变化这样的描述。关于您说的纵向研究，这其实就是西方心理学界的一个基础问题。很多人在做横断研究，它解释了一下中间发生了什么关系，但是能做纵向研究讨论它其中的一个因果关系，这样可能可以更深层地去揭示这个现象。但是您也知道研究中，纵向研究的难度是很大的。当然纵然不能解释这个关系，但我们现在可以用同一种研究工具再做一些比较，其实也可以给大家一些启示。以后如果有这方面的研究，可以对我们这些孩子的数据进行进一步追踪，看看他们五年之后，他们的价值观发生了什么样的变化。可以控制一下当初的待机效应吧。控制当年他受影响，他五年之后自己本身发生了什么样的变化，可能能更好地去揭示他背后变化的一些原因。"

杭州崇文实验小学少先队教育模式研究

俞国娣

（杭州市崇文实验小学）

各位好，今天很高兴能到大学里来做一个交流，因为我一直是一个小学老师。但是今天的主题又和我从事的工作是紧密联系的，我们在做的是小学教育，教小朋友的事情。今天，我觉得很激动，我在中午的时候跟我们的专家交流，我说凡是谈少先队工作的时候，我都是以工作汇报的方式去进行的，从来没有以学术研究的方式。我可能在学校管理、小学语文教育（本身教语文的）上做一些研究，但是对少先队工作和少先队组织认同感的这些研究没有很认真地去做，所以今天我也是临时凑个数，可能是表达下地域的广泛性，因为我来自浙江（浙江杭州崇文实验小学）。现在我在这里向大家汇报一下，我们学校在少先队组织上的一些做法。因为姜教授和朱博士去过我们学校，大概有一点了解，所以在这里我对崇文实验学校在少先队组织方面有些自己的理解和实践。我们和全国少先队组织差不多的是我们都会做组织建设，因为我也兼任党总支书记，然后我理解的所谓的组织建设其实就是要让我们组织内的人去认同我们的组织，要和自己组织的价值取向一致。我觉得这就是我们在做组织建设思考得比较多的阶段，比如说我们队干部，也和前面交流的老师做得差不多，全部都是竞聘上岗的，所有的少先队干部都是让孩子自己来说。我为什么要去做这样的事？我觉得我们是为了培养孩子的民主意识。那这样做有没有效果呢？我讲一个故事：

有一天，我们给全校学生做“我最喜爱的老师”的评议，然后我请我们每个年级组推荐三位候选人，一共有 18 位老师列在名单上，让全校学生跟这 18 位老师见面，然后让学生自己选十个自己心目中最喜爱的老师，那个时候学生很开心。2005 年的时候我们第一次做的“学生最喜爱老师”有多个维度的其中一个维度，我以为学生会很激动，结果呢，当投完票以后，有三个男生跑到我这里来，他们说：“俞老师，我们有一个问题要问你。”我说：“什么问题呀？”我以为他们会问为什么他们自己班的班主任没有成为候选人。像这样的问题我是经常会接受询问的。可是他们问的是，他们想知道候选人是怎么产生的。这个问题是很有分量的，因为我们的候选人是年级组老师推荐的。可他们说，既然这个活动是学生最喜爱的老师，这个候选人肯定应该由他们学生推荐。这就是我们经常做的一些对学生民主决议，民主意识的培养工作。我是这样去想的，要让学生对少先队组织越来越认同，肯定要让自己组织的吸引力越来越强。现在“00后”的孩子，他们组织吸引力在哪里，他要觉得“我要在这里当家做主，我要在这里有话语权，我不能全听你老师的”。所以当他们给我提了这么一个问题的时候，我给了他们一个任务：“你们真的说得太对了，俞老师前面根本没有想到，可是我们全校有 1 500 个学生呀，那我们怎么选候选人呀？你们想想明年学生最喜爱的老师怎么评，你们给出方案和大队部一起讨论。”所以之后就是他们三个去和大队部讨论方案。现在这十年来，我们都是这样去推选学生最喜爱的老师：由每一个班级的学生代表、少先队队干部去推选候选人，候选人推选出来以后再让全校去评。我不知道这个制度有没有家长在背后指导，我觉得和人民代表大会制度是一模一样的，代议制。这其实就是一种民主能力。民主不仅仅是一种权利，更是一种能力。这是组织建设的一个例子。

还有一个例子是少先队辅导员的成长。班主任行政管理角色太强了，大队辅导员不兼职其他职位的，所以他的认同感是很强的。我们队中队辅导员有很多培训，我是怎样去增强我们辅导员的认同感的？一年级我们少先队入队不分批，十月底我们迎新年迎元旦的晚会上我们就有少先队的入队仪式，然后每一个小朋友都会站到音乐厅的台上，一个一个挂红领巾，之后就成立中队。成立中队以后就要聘中队辅导员，然后我把中队辅导员请到台上，其实就是他们的班主任，可是当我拿着一张聘书，主持人在那里喊“聘某某班谁谁谁为中队辅导员”（我们一个中队两个辅导员，因为我们是包班教学的，每包一个班，都是这个班的班主任）的时候，你知道孩子的表现是怎么样的吗？疯了似的，一直在那里“哗哗哗”鼓掌，“耶耶耶”地叫。我就很不理解，我想请我们心理学的专家给我们分析一下这是什么原因。当他们听说“俞国娣老师是你们的语文老师”的时候从来没有这样的叫声，可是当他们听说“俞国娣老师是你们的中队辅导员”的时候，掌声雷动，“耶耶耶”地叫。这个时候作为老师，你有一种角色认同感了。这时候就会想：我就是中队辅导员，小朋友会对我这个中队辅导员身份有那样一种向往，甚至那样激烈的一种反应。

我们也有“假日小队活动”。我们的每一个学生都可以扯一面旗，拉一支队伍，成立假日小队活动，但是假日小队活动你至少要坚持一个学期，你不能说，你今天搞一次活动就叫假日小队活动了。一个学期，你要有方向。就像前一个星期六，我被我的学生“绑架”去参加我们杭州的一个“毅行”大会，走了 15 千米。四年级的一个班级报名，把我也报名报进去了。有一个假日小队活动的主题是“锻炼”，锻炼不带任何的政治色彩，我觉得也没有理想信念，但是他们的本质就是这样一个活动，他们每一个节假日把杭州大大小小的山头爬遍了。当然杭州的山都很矮，杭州的山最高的山北高峰，像我这样的也可以气不喘就登到顶。像宝石山也就是一个小土坡而已。但是对于小学生来说，就是这样的一次活动。“毅行”活动，要走 15 千米，我们小学生不允许走。他们报名的时候不知道谁问了一句：“你们什么学校的？”他们说：“我们崇文实验学校的。”他又问：“你们校长有没有报名呀？”他们就说：“对！给校长报一个名，她肯定赖不掉！她肯定就要走。”然后，我就被“绑架”了去走。我就训练了一个星期就跟他们去走了。那么这是一个什么？他们就是一个假日小队，就是五六个人的一个小队带动了一个班级，然后一个班级带动了一个家长群，再带动我们老师。那天我们全校跟着他们出发的人数是三百多个，到达 15 千米目的地的人是二十几个。当然最后，我们团支部书记也带着他的团员青年队伍去了。那你又从这个角度去理解组织是什么？是谁在认同这个组织？

我们还有很多这样的活动，像鼓号队，我们每年的开学典礼，鼓号队是很热闹的，校门口一定是锣鼓喧天的，我听到鼓乐声就心情激动。可能各位离开小学很久了，没有这样的感觉。我每次在学校里面，听到队鼓敲起来，我的心跳就加快，就会莫名地热泪盈眶。这是什么？这是一种仪式。仪式就是有一种震撼力，这个仪式属于谁？属于组织。组织搞这些仪式的目的是什么？就是加强学生对组织的认同感。

当然，咱们还有许多阵地。咱们学校占地面积很小，只有 30 亩地（2 万平方米），上面有 2 万多个建筑平方。学校有 48 个班级，每一个班级的学生不超过 30 个，所以二十几个学生就是一个中队。为了把所有可以活动的空间都让给学生，我们全校老师没有办公室，我们的老师都在教师办公。一个教室两个老师包班，两个老师就在教室办公。老师没有办公室，一个楼层只有一个小小的休息室，就是一个茶水间，然后里面放点咖啡、点心。你在教室办公累了，可以去茶水间喝杯咖啡，煮点点心。但是我们有一个比较豪华的少先队队室，面积比校长办公室大一点点。那是给少先队自己办公的地方。大队辅导员也不在那里办公，因为大队辅导员的角色还是老师，所以他们要和学生在一起。那个地方是少先队组织议事的地方，我们少先队组织称之为“阵地建设”。还有网上的中队空间，有学生自己做的“小海燕”电视台。我们网上还有一个“童眼看崇文”，登录密码全都在学生那里，都是由少先队自己去做的。这些“阵地建设”，让孩子真正有一种主人的感觉。当然，这些要做，一定要有一个核心的“实践”。大家都知道，今天的学生你要让他们搞活动，空口白话没有用。我们有一句名言是“生命在于运动，组织在于活动”。你的组织一定要有活动，可是你们的活动怎么做呢？

学校最核心的是课程，一个学校最与众不同的地方就是你的课程设计。所以我们称之为“新班级教育”。我们有自己的课程体系，我们按照学习五大领域的三大课程分类：一类是学科类课程，如语文、数学、英语等；第二类叫作体验类课程。第三类是选修类课程。体验类课程是什么呢？就是少先队组织的课程。少先队组织的课程里有很多体现的就是少先队活动的体验性。少先队员一定是在少先队活动体验当中去明白他自己在活动组织中的作用与地位。这就是他要找到一种组织归属感和组织的约束力。组织要赋予他以约束力。因此我们的课程有五类：第一类叫作“雏鹰争章”课程，这是跟着全国少工委走的。第二类叫作“学校的节日教育课程”。我们把传统假日和现代纪念节日以及校本节日三大类节日叫作“节日活动课程”。这一周是我们全校的艺术课程，就是少先队组织学生处艺术组三个部门联合组织牵头的课程。一周时间学生全都是艺术活动，不上一节语文课，也不上一节数学课。这一周学生参与整个活动，这样学生会对这个组织没有归属感，会不喜欢这个组织吗？因为我们坚信组织在于活动。有了活动，他们就有了组织的概念。这就是我们课程体系里头的第二类课程。第三类是“仪式教育课程”。我们把“队仪式”“国旗仪式”等一系列仪式变成一个课程，分散在各个时间段、各个时间点上进行。在国外的教堂经历让我在想，在队教育当中，我们是不是也要扩大这个仪式。学生在举着拳头宣誓“时刻准备着”，他们不明白是什么意思，但是他们一定知道这是一种庄严、一种承诺。所以我主张，队仪式一点都不要简化。前阵子，全国各地都觉得队仪式很不好，桎梏了少年儿童的手脚。即使我们一直这样做，学生一直觉得非常崇高。这是仪式课程。

还有综合实践课、公益类课程。我们学校的公益类课程里面有一项是3月5号雷锋日雷打不动无论刮风下雨都坚持义卖，义卖的钱就捐给有需要的人，所以像汶川地震、玉树地震这些大灾难来临的时候，杭州市红十字会的第一笔捐款都是杭州崇文实验小学少先队大队长带着就去捐款了。他们只要听到新闻，他们就知道，他们要去帮助人了。有人有难了，需要他们了。你说这是什么？看上去像是玩，这就是理想信念，这就是与人为善，这就是与我们现在提倡的核心价值观里紧密结合的部分。还有元旦的时候，我们的学生一定会自己做一张贺卡，走上街头，走到各个地方去问候那些坚守在岗位上的人，我们叫

“新年送祝福”。任何人都会做，你就会去坚持自己队活动的传统。这个传统一直流传下去的时候，它就变成一种文化了。文化是什么？文化就是一种力量，强大到让人难以改变的力量。这就是我们在做的一些少先队的工作。我们最重点的工作是课程建设。

以前我参加少工委的会，我介绍我们这个队活动，我讲我们队课程的目标、实施方式、课程评价等等，少工委的老师都会和我说：“俞老师，你不用这么学术的。你只要讲你们怎么做的，做些什么事就可以了。”而今天到这我就发现，原来你们这么学术，可我只是那样做而已。谢谢各位！

关于俞国娣报告的提问

问：老师，你好。从你所说的来说，我感觉你们学校确实做得还挺好的，比大多数学校都做得好。据我所知，很多学校其实都做得很差，但是如果我们要推动它做得更好，有个慢慢的过程。在少先队变革的过程中，我们最重要的第一步应该怎么做呢？

答：其实最需要的就是有更多有热心于教育的有识之士，加入小学的教育中。我想说，如果，我们中国的许多校长都能够像我一样热衷于少先队工作，那么你说的那个问题也就不存在了。我想说的最关键的问题还是人的问题，人的思想问题，认知的问题，最后才是人的行为问题。我相信在座的这么多的硕士生、本科生，一定有许多会加入我们队伍中来的。谢谢。

中篇

少年儿童组织认同理论研究

少先队员组织认同量表的编制及其信效度研究

姜金栋[1,2]，晏祥辉[1,2]

（1. 成都师范学院四川少年儿童组织与思想意识教育研究中心，四川成都 611130）

（2. 成都师范学院心理学院管理心理学研究所，四川成都 611130）

摘　要： 少先队员对少先队组织的认同是衡量基层小学少先队工作的有效性之一，但是国内尚无科学地衡量少年儿童对少先队组织认同的方法。本研究基于管理学、心理学领域对组织认同的研究思路，依据问卷编制的标准流程，在访谈 78 名被试和调查 832 名被试的基础之上，开发了由 54 道题目组成的，包含行为认同、活动认同、情感认同与认知认同四个维度的少先队员组织认同量表（Y-OIQ）。研究结果表明，Y-OIQ 量表的 a 一致性信度为 0.85，四个分量表的一致性信度分别为 0.83，0.75，0.80，0.71；Y-OIQ 量表还具有较高的内容效度、结构效度、区分效度以及实证效度。

关键词： 组织认同；少先队员；小学；少先队组织

一、前言

近年来，关于少年儿童和青少年的思想意识及其价值观教育是我国基础教育的热点话题，其中，对 6~14 岁少年儿童进行思想意识教育受到党和国家的高度重视。2005 年，团中央、教育部等部门下发《关于进一步加强少先队工作的意见》，对 6~14 岁少年儿童的思想意识教育开始成为基础教育的重点内容。2015 年 6 月 1 日，习近平总书记亲切接见中国少年先锋队第七次全国代表大会全体代表并发表重要讲话，指出基层小学要充分发挥少先队的先锋模范作用，促进少年儿童思想意识全面健康发展。其中，对少年儿童进行思想意识教育，其核心在于提升其对少先队组织的认同，通过培育在思想上认同少先队组织目标、组织理念的少年儿童，为祖国培育大量的建设者与接班人。

（一）国内外关于组织认同的研究

自从 1958 年，March 和 Simon 提出了组织认同，并将其定义为个体与某些群体或归属于某些群体的同一性感知开始[1]，国内外研究者日益关注对组织认同的内涵、核心成分基础理论的研究。随着组织认同研究的逐渐发展，研究者将组织认同定义为个体对组织归属感和对组织态度的一致性，并认为成人的组织认同包含认知、情感、评价与行为四个维度[2][3]。

对于组织认同的理论基础，研究者大都认为，成人的组织认同理论起源于社会心理学家关于社会认同和社会交换理论的研究[4]。所谓社会认同，是指个体认识到他属于特定的社会群体，同时也认识到作为群体成员带给他的情感和价值意义[5]。而社会交换理论认为，人类的一切行为都受到某种能够带来奖励和报酬的交换活动的支配，因此，人类一切社会活动都可以归结为一种交换，人们在社会交换中所结成的社会关系也是一种交换关系[6]。

在社会认同和社会交换理论的支撑之下，国内外关于成人组织认同的研究发展迅速，不仅编制了大量测量成人组织认同的量表，也发现了诸如员工的组织政治知觉、组织承诺、员工的人格、领导者的人格等因素对成人组织认同的影响。

（二）国内外关于少年儿童组织认同的研究

国外研究儿童的组织管理以及分析儿童认同特定组织的机制的研究也不多见，目前国外对儿童的组织管理与思想意识主要是通过公民教育、家庭教育、教堂、大众传播和童子军等方式进行，其中以童子军（Boy Scouts of America）组织管理研究为代表。国外为了营造政治文化、培育儿童的政治组织意识，认为政治思想教育、组织纪律教育在培养童子军中起着重要的作用[7]。

而在国内，综合 1949 年至今的少先队组织管理方略，可以发现，少先队组织管理有两种主要的形式[8]：其一是基于上级指导下的“他组织”建设模式，该种模式主要采用讲座、讨论、授课和活动等自上而下的方式，从少先队的阵地建设、制度建设、辅导员队伍建设以及少先队活动建设 4 个层面加强对少先队的组织管理，并以此提升少先队员的组织凝聚力[9]；其二是基于少先队组织自身的“自组织”建设模式，即少先队员在《中国少年先锋队章程》与少先队成人指导者的指导下，自主地组织活动来加强少先队员对少先队的组织凝聚力[10]。这两种类型的少先队组织活动，一方面促进儿童对少先队组织的认识，另一方面也引领我们关注儿童对少先队组织的认同及其相应的行为表现研究。

（三）少先队员组织认同的定义及其内涵辨析

在我国，每一名 6～14 岁的少年儿童都要加入少先队组织。而少先队组织，是党和国家为了促进少年儿童的身体、心理、思想等全面、健康发展而建立的政府性、非营利性组织，其目的在于团结教育少年儿童，听党的话，爱祖国、爱人民、爱劳动、爱科学、爱护公共财物，努力学习，锻炼身体，参与实践，培养能力，立志为建设有中国特色的社会主义现代化强国贡献力量，努力成长为社会主义现代化建设需要的合格人才，做共产主义事业的接班人。因此，少先队员组织认同是指少先队员对少先队组织的归属感和对组织态度的一致性。

与提升成人组织认同的职业教育、筛选考试等不同，提升少先队员对少先队组织的认同主要通过组织教育与实践活动两种形式来进行，特别是他们对少先队活动的认同显著地影响其对少先队组织的认同。詹小娇（2013）采用调查法对一所城镇小学和两所农村小学进行研究，结果发现儿童对少先队组织活动的认同随着年级的增加而下降[11]。因此，结合成人组织认同的四个维度与少先队组织中特有的少先队活动，我们认为可以借鉴成人组织认同量表的编制程序，通过访谈与问卷相结合的方法开发测量少先队员对少先队组织认同的测量量表——少先队员组织认同量表（Young Pioneers' Organizational Identification Questionnaire，简称 Y-OIQ）。

（四）研究目的提出

基于上述分析，本研究基于管理学、心理学关于组织认同的理论，编制少先队员组织认同量表，采用探索性因素分析方法分析 6~14 岁少先队员组织认同的维度，并在此基础之上，分析当下少先队员的组织认同现状，为今后有针对性地提升少年儿童对少先队组织的认同提供操作性的指引。

二、少先队员组织认同的访谈及其问卷的初步编制

（一）访谈提纲的编制与访谈被试的选择

6 名心理学、教育学和管理学专家依据少年儿童的心理特点与基层小学少先队的现状与所处的地位，从各自学科的视角对少先队员的组织认同进行了分析，最终认为少先队员组织认同的访谈应该包含以下 8 个方面：（1）少先队员对少先队组织目标、规章制度、行为规范的知觉性认同；（2）少先队员对少先队组织（如少代会、大队部等）文化的知觉；（3）少先队员加入少先队组织的动机性认同（包括组织吸引力）；（4）少先队员对少先队组织的情感；（5）少先队员加入少先队前后行为的变化；（6）少先队员对少先队活动的评价性认同；（7）少先队员对少先队组织内的人际关系的评价（包括与中队长、大队长、大队辅导员的关系）；（8）少先队员对少先队身份的认同情况。

为了保证访谈结果的准确性与全面性，研究者选择了基层中小学 3~7 年级的少先队员、少先队辅导员、在校大学生、四川省少工委部分领导共 78 名被试进行了访谈，访谈被试的性别与年级分布如表 1 所示：

表 1　　78 名访谈被试的性别与类型

		三年级	四年级	五年级	六年级	七年级	成人指导者	大学生	总计
性别	男	6	4	5	3	10	1	8	37
	女	6	4	5	4	10	4	8	41
总计		12	8	10	7	20	5	16	78

注：①为了保证访谈的质量，研究者并未选择 1~2 年级被试和 8 年级被试进行访谈；②成人指导者包括 4 名少先队辅导员和 1 名少工委领导者

（二）主试的选择与访谈的程序的进行

为了迅速达成访谈的目的，实验者首先在我校心理系大四的学生中招募了 8 名主试，对其进行了为期一天的访谈提问技术、质询技术和深度访谈技术培训。每名主试选定其中一个主题后尝试对实验者进行预访谈。经过训练后，8 名主试已经较为熟练地掌握了访谈的方法。于是实验者安排被试进行访谈，每名主试选择两个主题进行访谈，对不同年级的少先队员的访谈时间限定为 10 分钟，对大学生的访谈和对成人指导者的访谈限定为 20 分钟，以便深入地挖掘 78 名被试对上述 8 个内容的看法并录音。

访谈结束后 8 名主试依据访谈的录音，分别对这些文字进行关键词提取，统计其中出现的诸如喜欢红领巾、为成为少先队员而高兴、遵守少先队章程等关键词的行为事件。

最后实验者将 8 名主试所归纳的关键词依据这 8 个方面进行深入挖掘，找出其中共同的差异的关键行为描述，将其以陈述句的形式表达出来。

（三）初测问卷的形成

依据上述的 8 个方面，研究者最终归纳出了由 80 道题目组成的少先队组织认同量表初稿，6 名教育学、心理学、管理学方面的专家对这 80 道题目进行评价，删除了 4 道与组织认同和少先队无明显关系的题目，最终形成了由 76 道题目所组成的初测问卷（部分问题见表 2）。

表 2　　　　　　　　　少先队组织认同问卷范例

1　有时候少先队队徽丢了都不知道
A. 一点也不赞同　　B. 很不赞同　　C. 很难说　　D. 很赞同　　E. 十分赞同
2　中国的未来与少先队没有什么关系
A. 一点也不赞同　　B. 很不赞同　　C. 很难说　　D. 很赞同　　E. 十分赞同
3　和其他少先队员在一起比和老师、父母在一起更好玩
A. 一点也不赞同　　B. 很不赞同　　C. 很难说　　D. 很赞同　　E. 十分赞同
4　每次一看到少先队队旗，我感觉有一股热气"哗"的一下就冒出来了
A. 一点也不赞同　　B. 很不赞同　　C. 很难说　　D. 很赞同　　E. 十分赞同
5　看着别的队员给低年级的小弟弟、小妹妹戴红领巾，我常想自己什么时候也能给低年级的弟弟妹妹戴红领巾
A. 一点也不赞同　　B. 很不赞同　　C. 很难说　　D. 很赞同　　E. 十分赞同

同时，为了避免被试先入为主的判断，我们虚构了问卷调查的目的，将问卷表述为为了促进学校的进一步发展，要求其对下述的行为与观点进行评价，分数越高，越赞同该行为（表述），为了防止顺序效应，实验者编制了 4 个版本的问卷顺序，并强调本问卷为匿名问卷，以保证答案的真实准确性。正式施测的指导语如下：

"亲爱的同学（小朋友），您好。为了学校的进一步发展，我们列举了一系列常见的行为或观点，请你依据你的真实想法，评价你多赞同该行为或观点。本调查为不记名调查问卷，答案也没有对错之分。请您诚实作答，诚实回答和认真完成的孩子都是好孩子哦。"

三、研究结果

（一）被试的选择

为了保证问卷的实用性，我们采用分层随机抽样的原理随机选择了 2 所城镇小学（3~6 年级）、1 所城市学校（3~7 年级）、1 所城郊中学（7 年级）、1 所城郊小学（3~6 年级）以及 1 所农村小学（3~6 年级），随机发放了 850 份问卷，最终回收了 840 份问卷，其中有效问卷 832 份，问卷回收率为 97.88%。

（二）研究结果

1. 不同年级被试的性别比例分布

832 名被试的年级和性别比例分布如表 3 所示，卡方检验结果表明，不同年级之间被试性别比例分布较为均衡 [χ^2 (4) = 1.23, p = 0.87]。

表 3　　不同年级的 832 名被试的性别分布

		性别		合计
		女	男	
年级	三年级	70	72	142
	四年级	96	87	183
	五年级	108	116	224
	六年级	82	73	155
	七年级	66	62	128
合计		422	410	832

2. 不同年级被试的年龄差异比较

不同年级被试的平均年龄分布如表 4 所示，单因素方差分析结果表明，不同年级被试存在显著的差异［$(F(4, 831) = 649.155$，$p < 0.001$］，事后 LSD 检验结果表明，任意两个年级被试的年龄均有显著的差异，且年龄跨度涵盖了 7 岁到 13 岁的少年儿童。

表 4　　不同年级被试的平均年龄

年级	三年级	四年级	五年级	六年级	七年级	总数
M(*SD*)	8.23(0.47)	9.30(0.49)	10.26(0.81)	11.14(0.41)	11.97(1.07)	10.13(1.40)
N	142	183	224	155	128	832

3. 少先队员组织认同量表（Y-OIQ）的信度

KMO 和 Bartlett 球形检验的结果表明，整个问卷的 KMO 值为 0.88，Bartlett 球形检验的近似卡方值为 14 570.45，$df = 2\,850$，$p < 0.001$，可见由 76 个项目所组成少先队员组织认同初测问卷已经符合做因素分析的条件，并且数据之间呈现出正态分布（一般来说，KMO 大于 0.8 以上较适合做因子分析；若 Bartlett 球形检验的 F 值显著，表示所取数据来自正态分布，可以做进一步的因素分析）。

4. Y-OIQ 问卷的结构分析

我们首先采用主成分分析法中的最大方差法进行探索性因素分析，结合具有 Kaiser 标准化的正交旋转法，经过多次尝试，将因素矩阵混乱的题目删除，最终得出了由 4 个维度、54 道题目组成的少先队员组织认同量表，每个维度的命名、所包含的主要内容及其题目数如表 5 所示：

表 5　　　少先队员组织认同量表（Y-OIQ）的维度、包含的题目数以及主要内容

维度	题目数	主要内容
行为认同	12	（1）少先队员的个体行为表现
		（2）少先队员的行为是否符合少先队规范
活动认同	15	（1）对少先队活动的评价
		（2）对少先队活动相关他人的评价
		（3）对少先队活动的喜爱度
情感认同	15	（1）少先队组织中的人际情感
		（2）对少先队组织的情感
认知认同	12	（1）对少先队组织目标的认同
		（2）对少先队组织行为规范的认同
		（3）对我与少先队组织之间关系的认同

（四）少先队员组织认同量表（Y-OIQ）的信度与效度分析

1. 少先队员组织认同量表（Y-OIQ）的信度分析

54 个题目的 KMO 检验 和 Bartlett 球形检验的结果表明，整个问卷的 KMO 值为 0. 89，Bartlett 球形检验的近似卡方值为 10 129. 30，df = 1 431，$p<0.001$，可见由 54 个题目所组成少先队员组织认同量表已经适合做因素分析，并且数据之间也呈现出正态分布。

进一步的分析表明，少先队组织认同测量量表（Y-OIQ）问卷的 Cronbach's a 一致性系数为 0. 85，分半信度系数为 0. 82，行为认同分量表的 Cronbach's a 一致性系数为 0. 83；活动认同分量表的 Cronbach's a 一致性系数为 0. 75；情感认同分量表的 Cronbach's a 一致性系数为 0. 80；认知认同分量表的 Cronbach's a 一致性系数为 0. 71。

将四个分量表的总分加总，我们进一步计算四个分量表与量表总分之间的相关，结果如表 6 所示，Y-OIQ 量表的总分与行为认同维度、活动认同维度、情感认同维度和认知认同维度之间呈十分显著的正相关，除了行为认同维度与情感认同维度之间无显著相关之外，任意其他两个维度的相关都显著，但是相关系数都低于 0. 52，表明两个分量表所测量的"内容"相关度不紧密，也间接证明了少先队员组织认同量表（Y-OIQ）四个维度划分的有效性。

表 6　　Y-OIQ 量表的总分与分量表分数的皮尔逊相关

	总分	行为认同	活动认同	情感认同
行为认同	0.589**			
活动认同	0.733**	0.179**		
情感认同	0.673**	0.028	0.514**	
认知认同	0.569**	0.392**	0.117**	0.073*

2. 少先队员组织认同量表（Y-OIQ）的效度分析

首先，从内容效度和构建效度上看，Y-OIQ 量表是基于心理学、管理学和教育学三大学科基础和 6 名心理学专家、管理学专家与教育学专家所提供的组织认同的内容，依据心理学量表编制的科学程序编制的，且在项目和维度的命名过程中充分尊重了各位专家的意见，最终形成了由 54 道题目组成的少先队员组织认同问卷。从问卷编制的过程和结果上看，本问卷具有较高的内容效度。

其次，从区分效度上看，少先队组织与成人组织最大的区别在于少先队是通过开展各种丰富多彩的实践活动来提升少先队员对少先队组织的认同的，因此与成人组织认同的四大维度不同的是在评价维度上，少先队员更多的是通过对少先队活动的主观评价来决定是否对少先队保持较高的认同。因此，从区分效度上看，Y-OIQ 具备了独特的区分效度。

再次，从实证效度上看，前人的研究表明，少先队员对少先队组织的认同随着少先队员年龄（年级）的增加而略有降低。不同年龄段被试在少先队员组织认同量表（Y-OIQ）上的得分如表 7 所示，从表中可以看出，随着年龄的增加，少先队员对少先队组织的认同（行为认同、情感认同和活动认同）确实略有下降。

表 7　不同年龄的少先队员在少先队员组织认同量表（Y-OIQ）上的得分差异

年龄（岁）	N	总分	行为认同	活动认同	情感认同	认知认同
7	3	228.00	54.33	57.34	67.65	48.66
8	106	219.09	50.31	60.32	64.02	44.42
9	171	219.39	52.18	61.64	62.83	42.73
10	215	213.12	51.70	59.08	58.90	43.43
11	190	213.92	51.95	57.61	59.84	44.51

表7(续)

年龄（岁）	N	总分	行为认同	活动认同	情感认同	认知认同
12	130	208.84	49.08	57.81	58.33	43.60
13	17	209.78	47.84	58.05	60.46	43.42
总数	832	214.67	51.20	59.20	60.55	43.70
F（6.825）		5.49***	4.16***	5.36***	9.44***	1.63

此外，从表8中也可以看出，随着少先队员所处年级的增加，其对少先队组织的认同也略有降低，特别是在七年级（初一）下降得较为明显。该结果与表7的结果证明了本量表具有较高的实证效度。

表8　不同年级的少先队员在少先队员组织认同量表（Y-OIQ）上的得分差异

年级	N	总分	行为认同	活动认同	情感认同	认知认同
三年级	142	218.70	49.94	60.20	64.27	44.28
四年级	183	218.89	52.50	61.97	62.42	41.98
五年级	224	212.68	51.89	58.40	58.04	44.34
六年级	155	214.17	52.24	57.43	59.71	44.77
七年级	128	208.25	48.27	57.70	59.16	43.11
总数	832	214.67	51.20	59.20	60.55	43.70
F（4.827）		8.20***	9.86***	10.50***	17.32***	5.19***

综上所述，依据心理学量表编制的少先队员组织认同量表不仅具有较稳定的结构，也具有较高的信度和效度，已经满足心理学量表的基本需求，可以用于后续的实践研究。

四、讨论

本研究依据心理学量表编制的科学程序，编制了少先队员组织认同量表，研究结果表明少先队员组织认同量表具有稳定的结构与较高的信度和效度，足以用于后续的少先队员组织认同相关的实证研究，但是本研究中尚有一些内容值得商榷。

首先，少先队员组织认同的内涵。本研究所指的少先队员组织认同，是指少先队员对少先队组织的归属感与对少先队组织态度的一致性，对少先队组织认同的高低仅反映出少先队员对少先队组织的看法与认可。因此，使用本量表进行测量时，仅限于分析对少先队员组织的认同，更进一步说就是通过本量表的调查所反映出来的仅仅是少先队员对少先队组织所培养的组织行为、对少先队组织的情感、对少先队活动的看法与对少先队组织的认知这四个层面的现状。通过该量表的调查，即可有的放矢地对少先队员进行有针对性的培养，即在低年级阶段，在少先队员对少先队组织有充分的认知的了解后，少先队教育的重点放在少先队员的行为和对少先队组织的情感培育上，同时在少先队活动上，随着少年儿童心理的逐渐发展，少先队活动应该在尊重其身心发展规律的基础之上进行系统的规划与重新设计。

其次，从少先队组织认同量表及其分量表的结果上看，随着年龄（年级）的增加，少先队员对少先队组织的认同总分呈现下降的趋势，具体来说，是在行为认同、活动认同和情感认同上下降剧烈，但是在认知认同上并无十分显著的差异。究其原因，一方面可能是因为少先队员对少先队组织的认知基本上在七八岁时就基本定型，即七八岁的少年儿童通过大量的组织活动与教育提升了其对少先队的认知，因此随着年龄的增加，单纯的认知上的教育已经难以满足少先队员的心理需求；另一方面可能是因为随着少年儿童年龄的增长，少年儿童智力、人格、情绪、思维等的发展，我们现有的少先队活动、少先队组织教育等已经不适宜少年儿童的年龄发展特点。

最后，除了少先队组织认同量表所反映出来的问题之外，诸如少先队辅导员的少先队活动课组织能力、科技的进步、社会环境的变化等都能显著地影响少先队员对少先队组织的认同。本研究仅仅是一个开端，未来尚需分析上述相关因素如何影响少先队员对少先队组织的认同及其内部的心理机制，在充分研究其机制的基础之上，进行有针对性的教育，最终提升少先队员对少先队组织的认同。

五、结论

本研究表明，少先队员组织认同是由四个维度构成，分别是行为认同、活动认同、情感认同和认知认同。上述四个维度所组成的少先队组织认同是一个较为稳定的结构，可以通过少先队员组织认同量表（Y-OIQ）进行测量，且少先队员组织认同量表的一致性信度为0.85，分半信度为0.82，四个分量表的一致性信度分别为0.83，0.75，0.80，0.71。

致谢：感谢成都实验小学西区分校、武侯实验小学、达州市通川区复兴镇中心小学、温江区实验小学校、成都师范学院附属小学等单位对本研究的大力支持。

参考文献

[1] March J G, Simon H A. Organizations [M]. New York: Wiley March Organizations, 1958.

[2] Dick R, Wagner U, Stellmacher J, et al. The Utility of a Broader Conceptualization of Organizational Identification: Which Aspects Really Matter? [J]. Journal of Occupational and Organizational Psychology, 2004, 77 (2): 171-191.

[3] 罗迪. 员工组织认同与组织公民行为关系研究——基于德阳地区国有企业的研究 [D]. 成都: 西南财经大学, 2011.

[4] Edwards M R. Organizational Identification: A Conceptual and Operational Review [J]. International Journal of Management Reviews, 2005, 7 (4): 207-230.

[5] Tajfel H. Social Psychology of Intergroup Relations [J]. Annual Review of Psychology, 1982, 33 (1): 1-39.

[6] Van Knippenberg D, Sleebos E. Organizational Identification Versus Organizational Commitment: Self-definition, Social Exchange, and Job Attitudes [J]. Journal of Organizational Behavior, 2006, 27 (5): 571-584.

[7] Hall P D. A Historical Overview of Philanthropy, Voluntary Associations, and Nonprofit Organizations in the United States, 1600—2000 [M] // Powell W, Steinberg R. The Nonprofit Sector: A Research Handbook. 2nd ed. New Haven: Yale University Press, 2006: 32-65.

[8] 洪明. 少先队的组织属性及其变革——自组织—他组织框架下的再认识 [J]. 教育理论与实践, 2011, 31 (6): 42-45.

[9] 马金国. 少先队辅导员专业化问题及对策研究 [D]. 重庆: 西南大学, 2014.

[10] 朱安虎. 浅谈少先队自主管理模式 [J]. 现代阅读, 2013 (1): 54.

[11] 詹小娇. 小学少先队组织工作现状调查研究——基于少先队员的视角 [D]. 福州: 福建师范大学, 2013.

从萌芽到形成：少年儿童组织认同意识的培育模型

廖全明

（成都师范学院心理学院，四川成都 611130）

摘　要： 本研究以西方组织认同理论为基础，通过对少年儿童群体人格认同、群体社会认同与组织认同意识相互关系的分析，得出少年儿童组织认同还处于萌芽阶段的结论，并提出了少年儿童组织认同的培育模型。

关键词： 组织认同；群体人格认同；群体社会认同；少年儿童

少年儿童时期是人生社会化发展的开端，身体发育日趋成熟，具有了一定的思维能力，探索欲望强烈，接受新鲜事物快，是自我意识和社会意识形成发展的关键期。少年儿童在与同伴交往和社会交往过程中，逐渐将自我身份和组织身份融合统一，将自我观、价值观、支持态度、责任感等思想意识与情感同组织价值、组织文化、组织活动、组织成就等融合起来，表明少年儿童个体实现了组织认同。但少年儿童特定的兴趣丰富易变、意志力薄弱、情绪不稳定特点决定了其组织观念和行为的不稳定性，思想意识还未定型决定了其组织认同意识的较大可塑性。少年儿童组织认同意识显然经历了一个从萌芽到形成的漫长过程。从少年儿童阶段就开始培养组织认同意识，在其大脑皮层上建立起许多暂时神经联系，往往能够留下不可磨灭的痕迹，使儿童的组织认同行为牢固地树立起来，为培养少年儿童的社会主义核心价值观、建设社会主义和谐社会奠定坚实的基础。现有文献更多地着眼于企业员工或成年人的组织认同问题，为此本文着力于揭示少年儿童身份认同、社会认同和组织认同的关系和本质，探讨少年儿童组织认同意识培育的基本规律，使少年儿童组织成为其自我概念的重要组成部分，自觉与少年儿童组织融为一体，为实现社会主义核心价值观教育目标奠定基础。

一、萌芽：少年儿童的群体人格认同与社会认同

社会认同理论认为，当一个人与另外的人进行交往时，他不是作为单独的个体，而是作为某个社会群体的成员与人交往。为了获得积极的社会认同，个

体通过将自己所属群体与相关群体进行比较，热衷于自己所属群体，获得自尊和自我意识，从而将群体社会身份和所属群体作为个体自我概念的有机组成部分[1]。如果个体认识到自己属于某个强大的群体，个体可以明显感受到超过个人能力的成功，有助于个体建立更加强大的自我意识，从而将自我与组织有机地融合起来，形成强烈的组织认同观念和组织认同行为习惯。

（一）少年儿童的群体人格认同

对群体身份的知觉意味着个体会与群体内其他成员用同样的标准认同和评价自身和外界的各种现象，包括我们是什么、我们想成为什么以及我们不应该是什么、我们不应该成为什么等方面，所有群体成员都有相同的感知，正是这种群体成员身份认知体现了群体意识的建构，即“我们”和“他们”[2]。少年儿童总体上好奇心强、求知欲旺盛，表现了强烈的集体荣誉感和自豪感，积极同违反集体规则的现象做斗争，但不同年龄阶段的少年儿童表现了不同的群体身份认同特点。如低龄的少年儿童在听唱少先队队歌、参加集体活动、举行少先队代表大会时会情感热烈、热血沸腾，在成人的指导下乐于帮助有困难的同伴，能根据群体的需要完成一些力所能及的任务，在群体之间的竞争中能积极主动维护所属群体的团结和荣誉。他们更容易以组织成员身份来定义自我身份，即少年儿童认同了自身的群体成员身份。随着少年儿童年龄的增长，自主性和成人感逐渐增强，产生了对成熟的强烈感受和追求，渴望家长、老师和学校能给予他们成年式的尊重和信任，对教师、父母和其他成人产生明显的抵触甚至对立情绪，对完成群体赋予的任务会犹豫不决、思虑再三，关注自我的不同特点多过关注群体的共同特点，少年儿童既希望属于某个群体组织又可能游离于群体组织的边缘。

（二）少年儿童的群体社会认同

社会认同理论创建者 Tafel 等人认为社会认同是个体意识到属于某一群体，进而认为自己与该群体成员在一定社会范畴上相同或相似，并与其他群体成员存在差异[3]。少年儿童涉及的社会认同领域主要有国家认同、民族认同、乡土认同、社区认同和未来认同等。国家认同包括了对自己国家和人群的认知成分以及情绪情感成分。少年儿童国家认同意识的发展是一个逐渐发展的过程，7~9 岁时出现对自己国家和民族成员的系统性偏爱，10~14 岁时开始能够理解地区、国家之间的从属关系，能够认识到作为国家群体成员的身份，14 岁以后国家认同感的心理成分开始出现较大的个别差异[4]。少年儿童民族认同是个体认识到自己属于某一特定社会族群群体，并认识到其身份带来的情感和价值意义。少年儿童从 7 岁开始民族认同过程，10 岁后表现出一定的民族自豪感和归属感，进入青春期后才开始了解和探索民族身份及其意义。父母的种群态度和文化程度、家庭的社会化程度等都会影响儿童的民族认同意识的发展[5]。学校、家庭等各类教育内容较少涉及乡土认同、社区认同及未来认同，少年儿童对乡土、社区及未来等具体认同领域的观念还显得较为肤浅感性。有关乡土认同、社区认同及未来认同的研究文献多是关于成年人的，很少有专门研究少年儿童的文献。

（三）少年儿童组织认同意识的萌芽

少年儿童身体发育逐渐成熟，心理发展空间巨大，对集体或组织的自我认同意识逐渐发展起来。少年儿童从家庭环境进入学校环境开始了其系统社会发展的进程。学校通过系统的文化科学知识教育、一定的规章制度约束，以及针对少年儿童心理特点开展的大量活动如少先队队会、队务、共青团、少年儿童节日等，有的孩子开始在某个正式组织或非正式组织中担任一定的干部角色，使他们开始形成良好的社会责任意识和社会行为习惯。特别是组织内部成员之间共同的兴趣爱好、共同的思想和行为习惯，会让少年儿童获得强烈的心理满足感和归属感，将自我的思想意识与组织价值、组织文化等逐步融合起来，从而强化他们对相应组织的认同意识。少年儿童开始将组织利益和个人利益区分开，孙宏艳（2012）研究发现高达87%的少年儿童表示只要是对国家和集体有益的事情，就会如自己的事情一样去做好，51.9%的少年儿童表示为了集体和组织的利益可以放弃个人的利益[6]；在参与组织活动的态度上，83.10%的少年儿童表示希望积极参加集体活动，80%以上的少年儿童同意通过选举方式产生所在组织的干部[7]。同时相关研究也表明，少年儿童在对待集体利益与个人利益问题上存在个体性和社会性共存的特点，在帮助组织成员方面可能表现出动力不足的问题。少年儿童的身体发育迅速但不平衡，心理发展明显属于从幼稚到成熟、从矛盾到和谐、从幼儿到成人的过渡阶段，理性思维能力处于初期发展阶段，更多地利用形象思维即通过事物之间的直接比较和自身的实际感受来判断自身与组织身份之间的关系，如少年儿童的价值观可能受到学校、家庭和社会多方面因素的影响，对善良、诚实、勇敢、守信和孝敬认同度较高，而对进取、合作、敬业、守时认同度偏低。因此，少年儿童的组织认同意识发展仍处于萌芽阶段。

二、形成：少年儿童组织认同意识的培育模型

处理少年儿童群体人格认同、群体社会认同与组织认同的关系不是要立即建立一个严密的组织管理系统，使人自然地按照组织规则的要求表现自己的行

为，而是希望建立一个人人都愿意为组织做贡献、个人目标与组织目标高度一致的教育系统。其内在要求是促进少年儿童的群体人格认同意识以及群体社会认同意识快速发展，形成与组织价值、组织文化、组织活动等因素密切结合起来的自我观、价值观、支持态度和责任感等组织认同意识。少年儿童好奇心强，接受新鲜事物快，思想意识和人格特征发展空间大，只要措施得当，及时进行引导、启发和教育，培养他们明辨是非曲直的意识和能力，对澄清他们学习生活中遇到的各种疑惑，对培养他们的群体意识和群体人格以及人生观、价值观和世界观均具有重要意义。组织认同意识的强化使少年儿童可以以组织的标准来要求自己，接受和内化组织的文化、活动、价值需求作为自己思想系统的组成部分，在任何情况下也能自觉地保持与组织规则一致的行为习惯。组织认同意识的培育过程反过来无疑对少年儿童的健全人格和社会化发展具有重要意义。本文认为少年儿童组织认同意识的培育模型见图1：

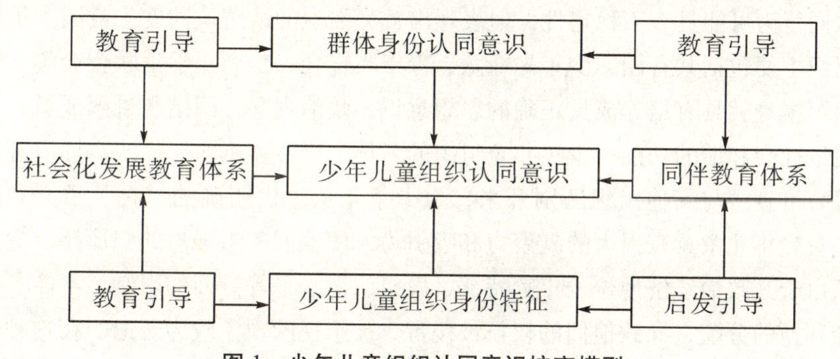

图1　少年儿童组织认同意识培育模型

（一）培养少年儿童的群体人格，促进群体身份认同意识发展

组织是人们为实现一定的目标而集合起来的群体，也就是由具有各不相同人格特征的个体组成的群体。如果不同个体的人格特征共同成分逐渐积累，就形成群体人格特征，从而对个体的学习成绩、适应状况、组织认同产生重要影响。培养少年儿童的群体人格特征，可采用早期教育策略、榜样策略、自我教育策略等。弗洛伊德的精神分析理论特别强调童年经验在人格形成中的重要作用，因为个人生活中的任何不幸都可以从童年创伤中寻找根源。儿童期抚养者、教育者的教育态度如同情支持、通情达理、爱护关心等，有利于正直、诚实、勇敢、善良、谦虚等符合社会要求的个体与群体人格特征的形成和发展，而孩子的攻击性、破坏性等不利于组织形成的人格特征则与家庭不良的早期教育环境有直接关系[8]。对少年儿童组织认同培育同样要重视榜样策略。教师、家长、同伴、社会英雄人物等都可以成为少年儿童人格发展的榜样，通过这些

组织中本身带有群体典型身份特征的个体的启发引导，少年儿童可迅速地实现情感认同的转移，从家长、教师或同伴等转移到组织中来，产生强烈的组织认同意识，尽管这种认同意识可能会因为榜样的变化而发展变化。群体人格形成的自我教育模型是指少年儿童自己制订行动计划、自觉监督执行以实现人格教育目标。少年儿童精力旺盛，自我发展动力强，有实现人生理想的强烈愿望，只要加以适当引导，发挥出他们的自我教育潜力，对培养少年儿童组织要求的群体人格特征往往事半功倍。

（二）建立独特的少年儿童组织身份特征

组织身份特征最能体现组织成员对组织本质的、稳定特征的集体看法[9]。社会认同理论认为，如果组织能够提供与其他组织相区别的特征，这个组织对成员就具有吸引力。越是相信本组织具有与众不同的文化、价值、成就与活动，成员的组织认同度就可能越高。少年儿童由于其特定的身心发展特征，组织认同行为可能具有不稳定性，但表现出较为强烈的情感认同度。我国少年儿童组织主要包括共青团、少年先锋队、青年联合会、工会、学生联合会等，这些组织本身就具有培养成员正确的思想意识、政治观念，团结和凝聚成员，努力促进社会和谐的功能。少年儿童组织的名称、口号、旗帜、仪式、标语等象征符号可直接与其他组织区别开来，为少年儿童提供明确的目标、意义和方向，对少年儿童具有强大的凝聚力和吸引力，使他们产生强烈的归属感。少年儿童由于其政治经济地位、年龄特征、思想认识水平等方面的限制，不能参与社会利益的分配，导致他们的权益被侵害、被忽视的现象较为普遍。在这种情况下，少年儿童组织常常成为他们的代言人，代表他们参与社会生活，为他们提供较好的自身利益诉求渠道，帮助解决学习生活中的困难，可有效拓展其在组织内的自我价值意识，有效增强少年儿童对组织的认同意识。

（三）建立少年儿童社会化发展教育体系

少年儿童组织认同意识的发展是儿童社会化发展的有机组成部分，掌握社会规范、处理人际关系的能力、社会适应能力是少年儿童组织认同意识发展的重要依据，因此促进少年儿童社会化发展是提高组织认同意识水平的有效途径。在具体方式上要从家庭、学校、社会等多个方面进行。首先，家庭应尽量采用民主型教育方式，创造温馨、和谐的家庭气氛，带头遵守社会行为规范，充分尊重子女的看法和行为，积极教育引导子女的问题行为，重视培养孩子的健全人格。在家庭教育内容上，要注重礼仪、习俗和规范的教育，使儿童形成社会角色意识和规范意识。其次，学校教育要重建教育目标，更新教育内容和教育方式，增加对学校教育效果的社会化评价。在教育目标上，应改变知识掌握这个单一教育目标，增加道德规范和价值规范教育目标。在教育方式上，应以活动课为主，通过符合儿童心理特征的游戏、互访、讨论等多样化的方式，增加孩子对社会的感性认识，提高少年儿童对社会现象的辨别能力。最后，社会教育应加强对网络、电视、报刊等媒体的监管。少年儿童缺乏明辨是非的能力，对网络、报刊等媒体上宣传的不良信息容易产生错误认识，会盲目地接收和模仿。因此应注意加强网络、报刊正面信息的宣传报道，对网络上出现的容易引起儿童误解的信息应加以解释，对孩子进行必要的引导。少年儿童是国家的未来、民族的希望，家庭、学校、社会都应为他们的健康成长营造良好的环境。

（四）发展少年儿童的同伴教育体系，打牢组织认同意识培养的潜在基础

少年儿童同伴群体主要包括亲朋好友的子女、邻居、同学等。这些同伴群体成员一般都具有相同的兴趣爱好、相近的认识发展水平，对同伴群体的优秀成员具有较高的模仿性或示范性，善于模仿成年群体的思想和行为，能够从同伴群体那里获得强烈的归属感和满足感。如果几个同伴组成的群体形成了善良、诚实、友爱、坚强、自信等积极的团队氛围，这种意识和行为可能发生迁移，形成各种少年儿童组织的文化氛围，这无疑为少年儿童组织认同意识的形成打下了牢固的基础。在具体教育方式上，可采用角色扮演或换位教育策略，即让儿童学会站在别人的角度上思考问题。如少年儿童可能会有欺负行为或攻击行为，那是因为他们还没有学会换位思考问题，他们为了表现自己的能力而去欺负体格弱小或性格懦弱的同学，结果可能造成双方都形成一些不良社会心态。

（五）建立教育活动化策略体系

在少年儿童社会化发展和组织认同意识发展过程中，学习扮演某种社会角色是核心内容。少年儿童通过组织形式每年都将开展大量的活动，如少先队代表大会、共青团员代表大会、六一儿童节、青年节、夏令营等，除了这些组织形式的活动以外，还有各种游戏活动、班队会活动、小组活动等教育活动，这些活动本身具有强烈的社会组织色彩，是培养少年儿童组织认同意识不可缺少的重要组成部分。这些活动本身能带给少年儿童极大的满足和快乐，在活动中承担各自的角色，学习处理人与人之间的关系，学会相互支持和帮助，形成彼此认可的思想政治观念和行为习惯；在活动中，他们还会模仿现实中成年人之间的关系模式，模仿各种社会准则，学习成年人的优秀品质和待人接物的态度；在活动中，少年儿童为了把活动做好，会愿意控制自己的需求，遵守活动的规则，按照组织的要求行事，从而形成组织共同的行为习惯。

参考文献

[1] 涂薇，余嘉元，夏春. 分离中的社会认同 [J]. 安徽农业大学学报（社会科学版），2008（3）.

[2] Hogg M A. Social Identity Theory [M] //Burke P J. Contemporary Social Psychological Theories. Palo Alto，CA：Stanford Social Sciences，2006：111-136.

[3] Tajfel H，Turner J C. The Social Identity Theory of Intergroup Behavior [M] //Worchel S，Austin W. Psychology of Intergroup Relations. Chicago：Nelson Hall，1986：7-24.

[4] 佐斌. 论儿童国家认同感的形成 [J]. 教育研究与实验，2000（2）：33-39.

[5] 撒丽，高承海，万明钢. 儿童民族认同的形成与发展 [J]. 当代教育与文化，2013，5（6）：18-25.

[6] 孙宏艳. 我国少年儿童价值观的变迁及其启示 [J]. 中小学管理，2012（5）：52-54.

[7] 张利利. 中小学生"社会公民"身份认同的调查研究 [J]. 教育观察，2012（4）：18-24.

[8] 林菁. 弗洛伊德的人格发展理论对儿童心理健康教育的启示 [J]. 福建师范大学学报（哲学社会科学版），2001（2）：133-137.

[9] 徐玮伶，郑伯埙. 组织认定与企业伦理 [M]. 台北：桂冠图书股份有限公司，2003.

少先队组织认同量表的初步编制

朱明婧

（中科院心理所，北京 100101）

这是一个和姜金栋老师一起研究的关于少年组织认同项目的初步探索，在进行文献探索时，我们发现都是比较政治性的文章，不是有实证性研究的论文。我想既然要研究少年儿童组织认同，势必需要一些工具来研究少年儿童组织的认同。有这个想法之后我就开始了下面的这些工作。这个工作是比较初期的，而且想要和各位校长共同探讨下。

关于少年儿童的组织认同，首先我们一定要了解组织认同，以往的研究者在不同方面探讨了组织认同的概念。从认知角度他们认为组织认同跟个人的自我概念形成息息相关，组织认同是自我概念形成的一个过程，属于认知的一个成分。也有人从认知和情感的视角（来说明组织认同），他认为组织认同不仅包含了组织成员对组织身份的认知，还包含了成员对组织身份的情感依附。后来许多西方学者从情感的视角做了大量的研究。他们研制的一些量表都从情感的视角对组织认同进行了更细致的探讨。目前为止 Van Dick 在 2004 年分别从认知、行为、情感、评价方面，在社会基础上提出的四维观点，是目前为止最全面的观点。我们想要研制这个工具的初衷就是把 Van Dick 的量表的架构作为我们的基本研究架构，同时进行一些量表条目的编制和修订。

关于这个四维结构我们可以更详细地说明一下。它的四个成分，第一个是认知维度，关于组织认同的一些认知它的原英文是 knowledge，a member of group，就是关于你的团体你的一些想法，你认为作为一个成员关于组织认同你有哪一些知识的了解。第二个是情感维度，就是对组织认同的情感的 innocent task 的依附。第三个是评价维度。评价分为两个部分：第一部分是组织内部，第二部分是组织外部赋予组织的价值一些含义。第四个是行为维度，就是说你作为组织成员，你如何对组织有一些支持的行为。这个四维架构当中，研究架构的逻辑就是我必须有一个基础，这个基础就是一些认知的成分。你把自己认作这个组织的一分子，你有关于这个组织的一些知识和信息。那么当这个基础奠定之后，其他三个成分才会相继发生作用。你才会与这个组织产生或强或弱的情感联系。或者说你才会对这个组织有一些消极或积极的评价。当你对这个组织产生了一些认同之后，你就会开始关注外界是怎么评价这个组织的，这也是一种认同。你认为自己代表这个组织，你就会做一些支持组织的行为。这就是一种逻辑联系。这就是这种四维结构的联系。那么在这个理论组织架构之下我们开始来编制一些条目。

组织认同的完整说法是少年儿童组织认同。这是从认知、情感、行为、评价四个维度来说的。我们认为如果要做少先队组织认同的工具，它包括对少先队身份的认同和干部的认同，对辅导员的认同和对活动以及标志（以戴红领巾为代表）的认同。我们要编制这个量表所基于的两种理论框架，一个是维度成分，一个是内容成分。

首先基于 Van Dick 的组织认同的量表。针对这四个维度，他其实提出了 7 个条目的组织认同问卷。他原本的一些条目，如：我认为我自己是组织内部的成员或是我喜欢为这个组织工作，我们把企业组织认同的部分换成少先队组织认同的部分，然后成为我们最基础的 7 个条目的量表。接着我们还参考了其他的关于组织认同的一些比较经典的组织条目，并且在四成分的定义和少先队的不同成分定义上面生成了我们的这个量表。我们整个心理团队专家对这些条目进行删减和修订，然后找了一些小学生被试做了一些预调研，根据他们的反馈如语言表达各方面难度做了进一步的改善。这就是我们的 10 个认知维度条目，然后产生了 13 个情感维度、9 个评价维度和 7 个行为维度条目。我们产生 39 个条目之后，做成了电子问卷，收获了 377 份问卷，分别报告指导语和一些基本信息，如你来自哪个年级、何时参加少先队的，结束语就是他们将对我们的问卷问题或是表达方式有问题的地方写下来。目前比较粗浅地来看，这 377 份问卷，男女比例各半。这个问卷覆盖了小学一年级到小学六年级的学生。今天上午施老师（施建农）也说过三年级以下的学生实际上是他们的家长给他们解释之后，孩子边看边做。信度是 0.97，这个信度非常高，说明测试的一致性在可接受的范围。我们也看了几种相关系数，这三种条目目前为止小于 0.30，我们会考虑把这三个条目删除。我们最后的条目是让他们提一些建议，建议主要集中在三个方面，如题目的理解难度，一二年级的孩子理解比较困难，不理解什么是少先队，他们也从老师的讲授中去理解什么是少先队。可能觉得题目的内容过于重复，他们建议增加一些关于少先队辅导员和老师的条目，以及对一些条目的建议。

接下来，我们主要的工作是针对他们的建议对问卷进行一些修订，把它投入更多的学校去进行团测，对一些如结构效度等进行修订。

这就是我的报告，谢谢大家！

问题1：针对您刚才的那个量表，您说少先队的一些组织认同是以 Van Dick 的认知行为情感评价维度的量表为基础的，关于少先队身份和干部的认同，我有一个问题想向你请教一下，少先队干部和一般少先队身份的差异在哪里？您能不能稍微和我解释一下？一般少先队身份的认同和你量表第一个部分，有什么关系？

答：是这样子的，现在我们的40个条目，如果我们要做结构方程模型的话，我们被试的量必须要在十到十五倍之上才有可能产生这样有效的结果，那么对于这个最终产生的结构，比如首先分了少先队身份、干部、辅导员等五类，下面的二阶的结构，分成认知、评价。大家可以看到这些条目，在认知里面，第三个是对少先队身份的认同。比如他的一言一行代表着少先队，并且他认为他自己是少先队的一名成员。干部的话，就是说，他认为他们干部的选举方式是比较合理的，既然是比较合理的，就是比较认同他的。他还认为成为少先队干部可以很好地锻炼他的能力，这样就是在认知维度上的。在情感维度上，比如说，在少先队做事，他觉得很喜欢，或者觉得很烦，他也能感受到少先队干部的一些关心。其他的也是一样的。这就是说，我们在四大维度下，在五个方面，至少一到两个条目来构成我们整个完整的问卷。

问题2：在你众多条目当中，你们的载荷是取的多少呢？

答：我们初步看了一下，因素分析发现，只有一个点是小于0.14的，关于这些我们还没有分析结果，现在我们只是初步的，这个电子问卷是爸爸妈妈看了之后给孩子来念这个问卷，所以我们主要是看这个问卷他们在做的过程当中有什么问题，这其实是预研究阶段，我们看他们对这个问卷在理解上有什么建议，之后再进行修改。之后再看我们进行第一次施测之后的结果。现在我们展示是一个比较初步的情况。

问题3：如果实验出来之后正式试验有两个不同载荷，那怎么处理，是直接删除还是？

答：如果他有双重载荷的情况下时，一般，我们可以把一些条目直接删除，但是，你可以看下，结合这个条目本身的一个内部情况还有整个研究架构，你可以考虑主观地探查这个条目到底删还是不删。你还可以结合几种相关的系数是否在0.30以下，发现他们的共同因子是否在0.20以下，如果这些条目限定它都不满足的话，你就可以考虑把它删除，而且国内有一个做验证性因素分析的误区就是，探索性分析用的是主成分分析法，但要是你想做结构的话，应该用主轴因子分析法，而且你要做的是斜交旋转，而不是正交旋转。

问题 4：关于您量表制定的五个方面：对身份组织认同、对干部组织认同、对辅导员认同、对身份认同和对标志认同，这五个方面是怎么选择出来的？而且我认为这五个部分不能涵盖所有的少先队员对少先队组织的所有认同。比如说我觉得我国的少先队组织不同于其他国家的少先队组织，很大程度上是对仪式和对文化，尤其他们那个鼓号队，当鼓号队的号奏乐响起时，少先队员有不一样的力量。我就想问下，朱博士，你对这五个维度是怎么做出选择的？

补充：少先队的对象包括到初二，而您刚才阐述的您的对象没有完全覆盖。我认为您在做的时候应该把年龄界限划清楚。

答：我也是第一次接触组织认同领域，你刚才问的组织认同五个方面的选定，我其实参考了我们国家我认为实证研究做得比较可以的詹小娇的论文。你刚才说的号队，我们其实有涉及，我们把它归到了标志这一类。在标志中，我们包含了仪式这类的。我们下来可以继续探讨，毕竟我们还处于初步研究阶段。还有，对于第二个问题，一开始我们选择的是 6~12 岁的少年儿童，如果发现 6~12 岁的儿童，能够更好地干预，也许如果可以的话，还会把年龄扩大到 14 岁。具体的我们还要探讨一下。谢谢你的建议。

少先队民族团结主题活动对民族地区学生中华民族认同及他族交往的影响

尹可丽　张敏

（云南师范大学教育科学与管理学院，云南昆明 650500）

摘　要：以民族团结教育为主题的活动是民族地区中小学少先队组织开展重要活动之一。本研究采取分层随机整群抽样的方法，对云南省8个少数民族自治州、3个少数民族聚居地级市小学5年级至初二年级共8 128名学生的民族团结教育活动、民族团结知识及其民族认同进行调查。结果发现民族团结教育活动对学生的民族团结知识记忆有显著影响；民族团结教育活动通过影响学生对民族团结知识的掌握间接影响中华文化认同、影响不同民族同学之间的交往。

关键词：民族团结教育活动，民族团结知识，中华民族认同，他族交往

基金项目：国家自然科学基金项目（批准号：31260240）

一、引言

少先队活动是初中和小学课外活动的主要组成部分，对培养少年儿童的国家意识、民族自豪感、科学精神和审美能力等发挥着重要作用。我国十分重视对中小学进行民族团结教育，将中小学民族团结教育视为实现各民族团结、和睦相处的重要基础。《学校民族团结教育指导纲要（试行）》指出，课堂教学是民族团结教育的主渠道。除课堂教学主渠道外，不同学校应根据自身的实际情况，因地制宜地开展多种形式的活动。要充分利用班会、团队活动、升旗仪式、专题讲座、墙报、主题板报等方式，组织开展“民族知识、绘画与手工、演讲、民族歌舞，民族故事”等丰富多彩、生动活泼的竞赛等活动[1]。在少数民族地区，小学及初中的少先队组织是学校开展各类民族团结教育活动的重要组织机构。在学校的少先队辅导员、班主任、德育课教师等指导下的少先队所组织或参与的学校民族团结主题活动的目标之一，是加强学生对中华民族大家庭的认同，增进不同民族学生的友好交往。

汉语“民族”概念，首先是指单一民族。56个民族，即中国各民族。其次，指复合民族。56个单一民族的集合体称之为“中华民族”[2]。中华民族是包括中国境内56个民族的民族实体，并不是把56个民族加在一起的总称。56个民族已结合成互相依存、统一而不能分割的整体，是自在的民族[3]。佐斌、秦向荣认为中华民族认同就是中华民族中的成员对自己中华民族归属的认知和感情归属[4]。对西南地区少数民族大学生的研究指出，中华民族认同包括“社会文化认同”与“归属感”两个要素。社会文化认同涉及对中华民族的政策、经济，以及文化方面的态度；归属感涉及对中华民族的归属感和自豪感等总体感受[5]。对回族青少年[6]和维吾尔族青少年[7]的研究结果说明，中国青少年的民族认同和国家认同呈现积极的正相关。青少年能够将单一的本民族概念，融合到56种民族统一为一体的“中华民族”这一概念之中，从而理解中国的历史，是56种民族团结奋斗、共同努力创造的结果，进而产生国家认同。而这种观念的产生，正是中国通过学校教育、媒体、文艺宣传、各类社会活动等长期进行民族团结教育的结果。

本研究的目的，是考察民族地区少先队开展或参与学校组织的民族团结教育活动与学生在课堂上学习到的民族团结知识有什么关系，民族团结知识的学习和主题活动是怎么对学生的中华民族认同发挥作用的，又如何增进了不同民族学生的友好交往。

二、研究对象与研究方法

（一）研究对象

2013年，在国家社科基金项目（09BMZ006）的支持下，课题组在云南省迪庆藏族自治州、怒江傈僳族自治州、大理白族自治州、德宏傣族景颇族自治州、楚雄彝族自治州、西双版纳傣族自治州、红河哈尼族彝族自治州、文山壮族苗族自治州8个少数民族自治州，以及保山市、临沧市、普洱市3个少数民族聚居地级市采取分层抽样的方法，按照学校属性（村级小学，乡级中、小学，市级中、小学）×年级（小学5、6年级，初中1、2年级）×学校学生的民族构成情况（即当地某种少数民族学生占绝大多数的学校，汉族学生占绝大多数的学校、多民族混合学校），在各地州选取中小学10所左右。每所学校以班级为单位抽取学生，对班级的抽取要求是随机抽取。每个年级保证有1~2个班级，抽样人数为100~150人。共抽取了76所中小学校的小学5年级至初二年级187个班级，共8 483名学生为研究样本，按学生的民族身份从中选取了民族人数超过100人的学生为研究对象共8 128人。人口学变量情况如表1。

表中不足数据为存在缺失值。

表 1　　学生的人口学变量

性别	人数	%	年级	人数	%	学校	人数	%	民族	人数	%
男	3 653	45.3	小 5	2 083	25.8	村小	1 175	14.6	傣族	586	7.3
女	4 274	53.0	小 6	1 950	24.2	乡小	1 488	18.5	彝族	619	7.7
			初 1	2 160	26.8	县小	1 462	18.1	苗族	184	2.3
			初 2	1 868	23.2	乡中	2 051	25.4	白族	599	7.4
						县中	1 855	23.0	哈尼	277	3.4
									壮族	377	4.7
									傈僳	648	8.0
									佤族	714	8.9
									藏族	603	7.5
									汉族	3 454	42.8

（二）研究工具

1.《民族团结教育活动问卷》

课题组在前期调查中，收集到学校少先队开展或参与组织的常见民族团结教育活动 12 种，在此基础上编制了《民族团结教育活动问卷》。请学生勾画出近 1 年中，参与这些活动的次数。问卷有 12 个项目和一个开放式问题。12 个题项的备选次数为 0 次、1 次、2 次、3 次、4 次以上，共 5 个选项。1 个开放式问题请被试对其认为未列出的活动方式做补充。以 603 名藏族学生的数据对问卷进行探索性因素分析得到“知识活动”“观摩活动”和“文体活动”3 个特征根大于 1 的公因子，一共能够解释 50.98%的变异。3 个因素结构清晰，各项目均在相应因素上具有较大载荷，处于 0.62~0.75。以藏族学生数据得到的知识活动的 6 个项目、观摩活动的 3 个项目、文体活动的 3 个项目为观测变量，以知识活动、观摩活动和文体活动为潜变量进行傣族、彝族等其他 9 个民族的多群组的验证性因素分析的结果表明，三个因子 12 个题项的问卷适合其他民族学生使用。10 种民族的学生该问卷的总的内部一致性 α 系数在 0.77~0.90，问卷总的信度良好。

2.《民族团结知识的记忆问卷》

对民族团结相关知识的记忆水平，是衡量青少年民族团结认知水平的一个重要的、基本的指标。就目前来说，国家规定的民族团结教育的内容，是教师传授该项教育的内容，也是学生学习该项教育的内容。因此，研究主要参考

《学校民族团结教育纲要（试行）》的内容标准，编制出能够考查学生对在校学习的民族团结知识的记忆内容的问卷。要求学生判断自己对学习当地主体少数民族知识、除当地主体少数民族之外的中华各民族知识、民族政策与理论的记忆程度，由完全没有印象、没有印象、不清楚、有点印象但记不得、有印象而且记得一些内容、有印象而且记得很多内容、印象很深刻七个选项构成，计为0~6分。将被试的数据随机分半，一半进行探索性因素分析，得到“民族政策与理论”“各族历史事件、人物与节日”“语言艺术经济”“宗教与习俗”“本地民族事件、人物与节日”5个特征根大于1的公因子，一共能够解释59.63%的变异。5个因素结构清晰，各项目均在相应因素上具有较大载荷，处于0.43~0.86。另一半数据进行的验证性因素分析也证明5个因子的模型与实际数据相契合。该问卷的总的内部一致性信度达到了0.93，5个因子的内部一致性α系数达到了0.70或大于0.70。问卷达到了心理测量学的要求，可用于测量青少年对民族团结知识的记忆。

3.《中华民族认同问卷》

该问卷根据史慧颖等人编制的民族认同问卷修订而来[8]。原中华民族认同分问卷11题。本研究对藏族学生中华民族认同分问卷进行探索性因素分析，因子旋转方法为斜交。最终得到7个题项2个特征根大于1的公因子——“中华归属感”“中华文化认同”，一共能够解释58.82%的变异。2个因素结构清晰，各项目均在相应因素上具有较大载荷，处于0.54~0.88。以傣族、彝族等其他9个民族数据进行的多群组验证性因素分析删除了一道不符合测量学要求的项目。最终《中华民族认同问卷》由6个题目构成。10种民族学生的中华民族认同问卷的信度在0.59~0.78，具有可接受的信度。

4.《不同民族学生交往问卷》

在多民族聚居地，不同民族成员之间会产生交流、交往活动。对于在校学生来说，校园给他们提供了民族间交往场所。根据实际情况编制了3个条目测查青少年与他族学生的交往：“你的亲密朋友中有多少人是其他民族?”“你有多喜欢与其他民族的同学在一起?”“你认为自己与其他民族的同学关系有多好”。选项为四点评分。三个条目的内部一致性α系数为0.61。

采用SPSS16.0和Amos 18.0管理与处理数据。

三、研究结果与讨论

（一）学生参加的民族团结教育活动的情况

表2是对4个年级学生参加的民族团结教育活动的次数的统计结果。从总

体来看，学生参与次数平均最多的是文体活动，这些活动包括参加学校组织民族节日活动、参加民族歌舞文艺活动、跳民族健身操等。其次是知识活动，包括参加爱我中华、知我中华的读书演讲系列活动、听红领巾广播站宣传民族团结知识、参加民族知识竞赛活动、观看黑板报宣传的民族团结知识、参加民族团结的主题班会或班队会等。平均参与次数最少的是观摩活动，包括参观民族团结教育基地，如纪念馆、博物馆等，调查家乡各民族的巨大变化，参加各民族学生结对帮扶手拉手活动等。

表 2　各年级学生参加民族团结活动的次数（平均次数±标准差）

年级	知识活动	观摩活动	文体活动
小 5	1.67±1.04	1.26±1.04	2.07±1.29
小 6	1.65±1.07	1.42±1.09	2.25±1.22
初 1	1.38±1.07	1.10±1.07	1.79±1.28
初 2	1.52±1.08	1.22±1.14	1.97±1.24
总计	1.55±1.07	1.25±1.09	2.01±1.27

（二）民族团结教育活动与学生的民族团结知识、中华民族认同、他族交往的关系

本研究采用结构方程模型建模来考查学生参加的民族团结教育活动对其中华民族认同、他族交往的影响。在建立模型时，根据实际教育教学实践经验和观察，本研究发现如果仅让学生参加活动但学生不清楚活动目的，并且无相关知识的讲解，活动并不能取得很好的教育效果。因此，研究假设学生参加的民族团结活动需要通过其对民族团结相关知识的了解和掌握才能影响其对中华民族的认同，而学生对中华民族的认同又进一步影响其与他族学生的积极交往。

1. 各变量之间的相关分析

经过问卷调查后，对收集到的数据进行相关分析（见表 3）发现，三类活动与民族团结知识的记忆相关程度都达到了显著水平，并且二者的相关系数得分都高于三类活动与中华民族文化认同、中华民族归属感、他族交往的相关得分。民族团结知识与中华民族认同、他族交往的正相关也达到了显著水平。中华民族认同的两个维度与他族交往的正相关得分也达到了显著水平。值得注意的是，民族团结教育的三类活动参与的次数与学生的中华民族认同的得分为较低的负相关，即学生参加的活动，尤其是观摩活动越多，学生的中华民族认同的得分似乎显示出降低的趋向。

表3　民族团结知识、中华认同、他族交往、民族团结教育活动之间的相关

	政策	各族人	语言	宗教	本地人	中华归属感	中华文化认同	他族交往	知识活动	观摩活动
政策	1									
各族人	0.52**	1								
语言	0.61**	0.55	1							
宗教	0.55**	0.52**	0.64**	1						
本地人	0.46**	0.53**	0.52**	0.47**	1					
归属感	-0.03*	0.08**	-0.05**	-0.08**	0.05**	1				
文化认同	0.23**	0.27**	0.16**	0.13**	0.27**	0.25**	1			
他族交往	0.17**	0.14**	0.12**	0.11**	0.15**	0.10**	0.21**	1		
知识活动	0.33**	0.24**	0.34**	0.29**	0.25**	-0.01**	-0.01	0.06**	1	
观摩活动	0.33**	0.21**	0.34**	0.31**	0.22**	-0.14**	-0.07**	0.07**	0.63**	1
文体活动	0.33**	0.27**	0.38**	0.33**	0.30**	-0.04**	0.08**	0.11**	0.49**	0.49**

2. 民族团结教育活动影响学生中华民族认同、他族交往的路径分析

本研究采用混合路径模型考察民族团结教育活动、民族团结知识与中华民族认同、他族交往的关系。采用协方差结构模型的极大似然法对测量模型进行参数估计和检验，模型的拟合指数如下：$\chi 2/df$（1381.503/39）= 35.42，RMSEA = 0.065，NFI = 0.95，CFI = 0.95，GFI = 0.97。从整体来看，该测量模型达到了拟合良好模型的标准。检查发现，各路径系数均达到了显著水平。民族团结教育活动通过影响学生的民族团结知识，对中华民族认同、不同民族学生之间的交往有间接效应。从图1可以看到，学生参加的民族团结活动对其与其他民族学生的交往存在着完全中介影响，总的影响效应量为0.10。其影响路径有四条：（1）民族团结活动对他族交往具有直接的积极作用，其效应量为0.05；（2）民族团结活动作用于民族团结知识，进而对他族交往产生积极的间接影响，民族团结知识的中介效应量为0.054；（3）民族团结活动作用于民族团结知识，对中华民族认同发挥积极的影响，再进一步对他族交往产生积极的间接影响，效应量为0.046；（4）民族团结活动对中华民族认同产生消极影响，进而负向作用他族交往，中华民族认同的中介效应量为-0.052。

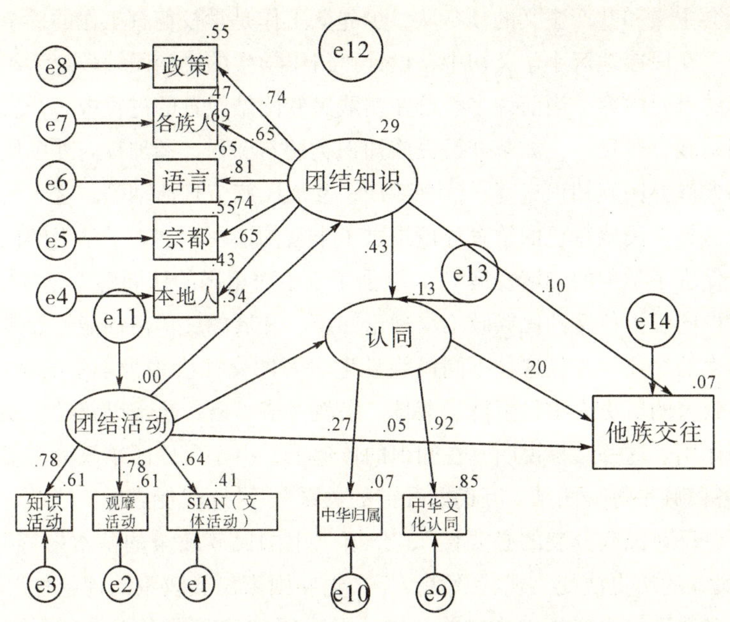

图 1　民族团结活动、民族团结知识、中华民族认同及他族交往的关系路径

以上分析表明，虽然学生参加学校民族团结活动的过程即可增加不同民族学生间的交往，但这种交往的情况可能存在着表面行为增多而思想观点不同的问题。因为数据表明，民族团结活动对中华民族认同的影响，会发生两种情况，如果仅有民族团结活动，其结果反而降低了学生的中华民族归属感和中华文化认同，从而对不同民族学生间的交往产生负面影响；但是如果学生参加的民族团结活动与其接受的民族团结政策、本族和他族文化常识、传统节日、宗教等知识教育相结合，其活动的结果却能够增加学生对中华民族的认同，进而增加学生与他族的交往。这也许是因为学生所在地当地少数民族的文化和发展是各校开办的文体活动、知识活动和观摩活动的丰富、生动、便利的资源，比如，大理州中小学民族团结教育活动中就有三月节民族知识问答、祭扫“杜文秀大元帅墓”等地方民族特色的活动[9]。楚雄州中小学开展“火把节”“彝族年”“花山节”等民族节日活动[10]。因此，学生参与的民族团结活动有可能让学生更多了解到本族或其他单一民族的社会、文化历史、风俗等，因此更易增进学生的本族认同而非中华民族认同。

四、研究结论及教育建议

少先队是中国少年儿童的群众组织，是少年儿童学习共产主义的学校，是建设社会主义和共产主义的预备队，少先队工作是学校德育工作的一个重要组成部分。在民族地区小学及初中，设计、组织学生的民族团结教育活动是少先队工作的重要内容。当前许多学校在实践民族团结教育的过程中，开发了多种民族团结教育途径，比如，开设民族知识类校本课程，参加校内外民族体育交流活动，举办民族知识竞赛、读书活动，参加民族节日活动等。这些活动的开展为营造具有民族特色的德育环境提供了丰富的途径，加强了学生的民族团结意识，促进了学生的和谐发展[11]，增强了学生对祖国的认同感[12]。

学校向学生传递的民族政策与理论知识、开展的文体活动能够促进学生与他族学生的交往，并且这种不同民族学生之间的交往会因为学生的民族知识，比如各族人的历史人物、事件、节日，宗教习俗、语言艺术以及经济发展等知识发挥作用。这一结果说明，在知识的传递上，由于民族团结政策与理论宣扬“中国各民族平等、团结、互助、和谐的关系”，讲授“促进民族团结、维护国家统一、反对民族分裂的必要性”，介绍“中国民族政策的基本内容”，讲解“中华民族的历史演变、现状及特点”“党和国家民族政策的优越性”等，这些知识对促进学生产生中华民族认同，形成团结和睦的意识发挥了积极的作用，而这些将不同学生团结在一起的观念是促使学生与他族交往的重要原因。

通过本研究的结果，本研究建议民族地区中小学少先队组织在设计学校的民族团结教育活动时，要有意识地考虑活动可能涉及的知识和价值观念，不能简单地认为开展了某种活动就能对学生的民族团结意识、国家观念和行为起到增强作用，也不能简单地认为增加了学生对其本民族文化、历史等知识的认识，提高了学生的本族认同就是增强了中华民族认同。要重视对民族政策与理论知识的宣传教育，加强对祖国统一、民族兴旺发达有贡献的著名历史人物和重要历史事件、民族节日的宣传教育。引导学校在开展某种民族团结教育活动期间，有意识地安排对应的主题班会、队会、讨论会等，由教师指导、学生主动反思参与活动的所得、所想，真正建立起学生的本族认同与中华民族认同、国家认同的统一。

参考文献

[1] 教育部办公厅，国家民委办公厅. 关于印发《全国中小学民族团结教育工作部署视频会议纪要》的通知：教民厅［2009］5号［A/OL］.（2009-07-07）. http://www.moe.edu.cn/publicfiles/business/htmlfiles/moe/A09_gggs/201001/xxgk_77786.html.

[2] 何叔涛. 汉语“民族”概念的特点与中国民族研究的话语权——兼谈

"中华民族""中华各民族"与当前流行的"族群"概念 [J]. 民族研究，2009 (2)：11-20.

[3] 费孝通. 简述我的民族研究经历和思考 [J]. 北京大学学报 (哲学社会科学版)，1997 (2)：4-12.

[4] 佐斌，秦向荣. 中华民族认同的心理成分和形成机制 [J]. 上海师范大学学报 (哲学社会科学版)，2011，40 (4)：68-76.

[5] 张庆林，史慧颖，范丰慧，张劲梅. 西南地区少数民族大学生民族认同内隐维度的调查 [J]. 西南大学学报 (人文社会科学版)，2007，33 (1)：67-70.

[6] 梁进龙，高承海，万明钢. 回族、汉族高中生的民族认同和国家认同对自尊的影响 [J]. 当代教育与文化，2010 (6)：63-67.

[7] 王嘉毅，常宝宁. 新疆南疆地区维吾尔族青少年国家认同与民族认同比较研究 [J]. 当代教育与文化，2009 (3)：1-6.

[8] 史慧颖，张庆林，范丰慧. 西南地区少数民族大学生民族认同心理研究 [J]. 民族教育研究，2007，18 (2)：32-36.

[9] 龙肖毅，尹可丽，杨光. 大理青少年民族团结教育现状调查报告 [J]. 大理学院学报，2010，9 (5)：83-87.

[10] 尹绍清. 楚雄州青少年民族团结教育现状调查及对策思考 [J]. 楚雄师范学院学报，2010，25 (2)：75-80.

[11] 马毅鑫. 开展民族团结教育的若干探索 [J]. 中国民族教育，2008 (1)：25-26.

[12] 王秀琴. 拓展民族团结教育活动的途径促进学生全面发展 [J]. 中国民族教育，2006 (4)：28-29.

小学三至六年级少先队员组织认同现状调查

年华　李戬

（四川师范大学教育科学学院，四川成都 610068）

摘　要：通过从自我归类、互依信念、评价（包含个人评价、他人评价）、积极情感、消极情感这五个维度对小学三至六年级少先队员组织认同的状况进行实地调查。结果显示小学三至六年级少先队员组织认同总的年级发展趋势呈现先上升后下降的趋势，不同维度发展的趋势和关键年级略有不同。除此之外，组织认同受到是不是队干部、家庭所在地、父亲教育水平、母亲教育水平这四个因素的影响较大，而性别因素对组织认同的影响不显著。

关键词：小学少先队员；少先队组织；组织认同

少先队组织是少年儿童正式的群众组织之一，是对少年儿童进行思想意识教育等的重要阵地，是培养和造就国家栋梁的摇篮。在 2014 年六一节前夕，习主席等中央领导人来到北京海淀区民族小学，参加主题队日入队仪式，观看少先队员们开展活动，并发表重要讲话，由此可见少先队组织建设发展的重要性。少先队员对少先队组织认同则是少先队组织的建设发展的前提，因此对小学少先队员组织认同的研究是十分必要的。

而现有的组织认同研究涉及的研究对象多限于中小学教师、企业职工、公务员等，几乎没有将少年儿童作为组织认同研究的对象来进行研究的。由于对小学少先队员组织认同研究较少，因此对于小学少先队员组织认同的总体状况难以掌握。不仅如此，由于小学阶段年限较长，小学少先队员年龄跨度较大，从发展心理学角度其身心发展特点发生了阶段性变化，其组织认同状况是否也随之发生了变化？也就是说缺乏不同阶段小学少先队员组织认同状况的差异性研究。除此之外，小学少先队员组织认同的状况是否受到性别等因素的影响不得而知。

一、研究设计

（一）理论基础

国内外不同学者对组织认同的界定不尽相同：

表 1-1 国外组织认同的界定

学者	界定
March & Simon (1958)[1]	提出了第一个较为清晰的组织认同模型。他们将组织认同视为是个体与某些群体或归属于某些群体的同一性感知。他们认为组织认同是社会认同的一种特殊形式。
Patchen (1970)[2]	从知觉与认知入手，认为组织认同包含团结的知觉、组织成员间共享特征的知觉以及组织成员支持组织的行为态度。
O'Reilly & Chatman (1986)[3]	认为组织认同是指个人认同且信服组织的价值观，并保持对组织的情感满意度。
Ashforth & Mael (1989，1992)[4]	认为组织认同是认知层面的，是个体将组织作为认同的对象发生的群体知觉现象。它能够为个体提供与组织同一性感受，从而促进个体形成符合组织价值的态度和行为。
Dutton (1994)[5]	认为组织认同存在于个人自我概念与其所感知的组织特征具备共同属性的时候。
Riketta (2005)[6]	认为通过认知或情感，组织成员把相应的成员身份与自我概念相联系，这时的自我概念与组织之间的关系就是组织认同。

表 1-2 国内组织认同的界定

学者	界定
徐玮伶和郑伯埙 (2002)[7]	认为组织认同是组织成员定义自我的过程或结果，个体通过归属组织的过程，促使自我概念与组织特性发生连结，因此产生分类效果。
王彦斌 (2004)[8]	认为组织认同是一个综合性概念，是组织成员在行为与观念等诸方面与其所加入的组织具有一致性。
宝贡敏，徐碧祥 (2006)[9]	认为组织认同是以自我概念为中心，同时反映了组织成员按照自我标准，从组织获得身份认可的过程。
魏钧等人 (2007)[10]	认为组织认同是一种情感归属，是个体对组织认知并内化组织价值观的结果。
董彦和王益宝 (2008)[11]	以王彦斌研究为基础，认为组织认同是个体和组织之间表现出的心理及行为上的一致，个体对组织不仅有责任感、契约感（理性），同样也有依附感、归属感（情感）。

组织认同通常界定于感知、认知、价值观一致性以及自我概念与组织的关系四个方面。也就是说，组织认同通常界定为个体在对组织的认知的基础上，寻求同一性的动态的过程。如何才能测量组织认同的程度呢？目前国内外组织认同测量的维度划分一般为一维、二维、三维、四维。其中支持四维的学者居多。

表 1-3　　国外组织认同维度划分

维度数	学者	维度
一维	Mael & Ashforth (1989, 1992)[12]	认为组织认同是一个整体的概念，表示的是个体所感知到的跟组织同步的一致性或是一种对组织归属感和依附感的感知。
二维	Karasawa (1991)	1. 成员对自我身份的认同 2. 成员对组织其他成员身份的认同
二维	Rousseau (1998)	1. 认知维度是成员对自己与组织一致性认知；2. 情感维度是成员对自己为组织的一员感到骄傲
二维	Smidts et al. (2001)	1. 认知；2. 情感
三维	Patchen (1970)[13]	1. 共享特征的感知；2. 是团结一致的感觉；3. 个人对组织的支持
三维	Cheney (1983)	1. 成员感；2. 忠诚度；3. 相似性
三维	Miller (2000)[14]	1. 认知性维度；2. 评价性维度；3. 情感性维度
四维	Lee (1969, 1971)	1. 归属感；2. 忠诚感；3. 分享特征；4. 态度和行为
四维	Jackson & Smith (1999)[15]	1. 组织吸引力；2. 对组织环境的知觉；3. 共命运的目标信念；4. 去人格化
四维	Dick & Wagner (2001, 2004)[16]	1. 认知；2. 情感；3. 评价；4. 行为

表 1-4　　国内组织认同维度划分

维度数	学者	维度
二维	刘剑锋和何立 (2008)[17]	Miller 等（2000）提出的组织认同三维度合并为两个维度：1. 情感维度；2. 评价维度
三维	王彦斌（2004）[18]	1. 生存性；2. 归属性；3. 成功性
四维	郭静静（2007）[19]	1. 组织认知；2. 积极评价；3. 情感归属；4. 自主行为
四维	孙健敏等（2007）[20]	1. 共同维度（包含归属感、身份感知、成员相似性、个体与组织一致性、组织吸引力、组织参与）；2. 感知与效忠；3. 人际关系；4. 契约关系（后三个维度为特殊维度，具有中国特色）
四维	王华（2008）[21]（在孙健敏等的研究基础上进行的）	1. 对直接上司的欣赏与感激；2. 对组织的归属感； 3. 以组织为骄傲；4. 与同事和谐共事
四维	奚菁（2008）[22]	1. 价值认同；2. 工作认同；3. 人际认同；4. 文化认同

表1-4(续)

维度数	学者	维度
四维	杨杰和刘玲(2010)[23]	1. 共享的组织目标和价值观；2. 认知趋同；3. 保持一致；4. 归属感
四维	杜恒波等（2013）[24]	1. 情感归属；2. 人际关系；3. 事业发展；4. 价值融合

通过对组织认同相关文献的梳理，不难发现虽然我国组织认同的相关研究起步较晚，但在借鉴学习国外研究经验的基础上，我国组织认同的相关研究能力进步很快，研究范围也越发广泛，为以后的相关研究提供了思路。但组织认同的相关研究仍有不足之处。如组织认同的界定众说纷纭，缺乏权威的概念界定；组织认同的研究对象多为企业员工、学校教职工、公务员等，对少年儿童的组织几乎没有涉及；另外由于国内外文化背景的差异、组织特点的不同、组织成员思维方式等的不同，直接借鉴国外经验也是不可取的。但由于国外研究起步相对较早，研究较为深入，仍具有一定的借鉴意义，可以依据研究对象的身心发展特点等，确定适合的维度，对已有问卷进行整合改编。

综合以往研究对组织认同的界定，本研究对组织认同作如下界定：组织认同是个体自己组织身份的认可与接纳，它包含了认知、评价、情感三个主要成分。

其中认知成分指小学少先队员感知自己与其他少先队员的相似程度以及对自己进行归类。评价成分指小学少先队员对少先队（员）的评价和小学少先队员感知其他人对少先队（员）的评价。情感成分指小学少先队员关于少先队组织的情感反应。

（二）研究方法与假设

将问卷调查法、访谈法与观察法相结合。提出以下假设：

假设一：在借鉴原有量表和结合访谈收集的资料基础上编制的小学少先队员组织认同问卷是有效的、可靠的，可以作为测量小学少先队员组织认同的工具。

假设二：小学三到六年级少先队员组织认同是一个多维度多层次的心理结构，至少包含三个中等相关而又相对区分的维度，如认知、评价和情感。

假设三：总体水平上小学三到六年级少先队员组织认同较强，但具体到各个维度，得分应有差异。

假设四：小学少先队员组织认同随着年级的发展会呈现出不断变化的趋势，总体可能会出现先上升后略有下降的发展趋向，不同维度发展的趋势和关键年级可能不同。

二、问卷编制

（一）开放式调查

在参考已有相关问卷的基础上，通过开放式访谈对小学少先队员组织认同进行广泛调查。初步了解小学少先队员组织认同的基本状况，并根据大部分小学少先队员关于组织认同方面的看法等，编制小学少先队员组织认同初始问卷。此次开放式调查的对象为成都市 c 小学、s 小学的少先队员。每个年级随机选取 3 名少先队员，每个学校抽取 3 名辅导员，共对 36 名小学少先队员以及 6 位辅导员进行了开放式调查。对小学少先队员进行开放式调查主要包含三个问题：①你如何理解组织认同？②提到少先队，你会想到什么？③你认为怎样才算认同少先队组织，或者说热爱少先队？对小学少先队辅导员进行开放式调查主要包含五个问题：①您是如何理解组织认同的？②您觉得哪些方面可以体现小学少先队员对少先队组织的认同？③您认为小学少先队员对少先队组织认同呈现出哪些特点？④您认为不同年级的小学少先队员对少先队组织认同特点存在差异吗？（最好举例说明）⑤您认为哪些因素会影响小学少先队员对少先队组织的认同？（比如父母的教育水平会不会？家庭是城市或农村？等等）由于访谈对象的差异性，访谈时间较为灵活，大多集中在 5 至 20 分钟范围内。

（二）问卷初步确定

1. 维度

收集整理上述开放式调查的资料，将资料归类分析，初步将小学少先队员组织认同划分为四个因素，认知因素、评价因素、情感因素、行为因素。Klink 等（1997）研究东德人的国家认同时，在量表中设定了关于行为的项目，比如 I do not read newspaper articles about the state of East Germany（反向计分题），通过其研究分析认为行为因素不适合作为认同的指标。由于 Klink 等（1997）研究具有较高的信效度，因此，没有将行为列入问卷维度中。本研究主要参照群体认同研究中认知、评价和情感三维度进行划分。

本问卷最终施测的对象为小学三至六年级少先队员，由于研究对象的特殊性、研究问题的新颖性，因此没有完全按照参考问卷项目的直译来设立项目，更多则是借鉴其问卷维度的内涵，自行设置项目，并在语言表达上尽量运用小学少先队员能明白的表达方式。

2. 项目

初步形成的预测问卷共 35 个项目，维度含义和项目数如下：

维度一：认知，包含13个项目。

维度二：评价，包含11个项目。

维度三：情感，包含11个项目。

问卷采用五级计分，①十分不符合；②比较不符合；③说不清；④比较符合；⑤十分符合。

其中包含反向计分项目14个。反向计分题在数据分析时再进行转换。将该问卷请心理学专业化研究生对问卷初稿进行评估。根据意见，我们认为反向计分项目过多会对数据处理时维度的划分造成干扰，除此之外问卷调查对象为小学少先队员，年纪较小，该问卷项目数量偏多。在c小学四年级二班选取20人进行初步问卷试做，根据试做情况，删除了8个反向计分项目。

修改后问卷共27个项目，维度含义和项目数如下：

维度一：认知，包含9个项目。

维度二：评价，包含9个项目。

维度三：情感，包含9个项目。

问卷仍采用五级计分，①十分不符合；②比较不符合；③说不清；④比较符合；⑤十分符合。其中包含反向计分项目6个。反向计分题在数据分析时再进行转换。

（三）预测

选取c小学三至六年级少先队员作为调查对象，在此调查对象中采用分层抽样的方法按年级抽取受测者。发放问卷155份，回收问卷155份，回收率100%。删除无效问卷（填写不完整）1份，有效问卷为154份，有效率99.35%。

用Excel进行数据的输入与管理，用SPSS16.0对数据进行统计分析。首先对录入的原始数据进行检验，如若发现不合理数据，应找出对应的原始问卷进行校对。如每个项目的选项均为1至5，若数据中出现其他数据，则该数据录入有误，应给予校对。数据检验完成后，将问卷中反向计分项目进行转换，在此基础上进行项目分析与因素分析。

1. 项目分析

项目的区分度主要在于测验项目对不同水平被试反应的区分程度和鉴别能力。本研究预测问卷的区分度是用临界比值法（极端值法）以及问卷项目得分与总分的相关系数两个指标来鉴别。

表 2-1　　预测问卷所有项目与总分相关系数

项目序号	相关	项目序号	相关	项目序号	相关
1	0.411***	10	0.524***	19	0.628***
2	0.648***	11	0.467***	20	0.603***
3	0.591***	12	0.597***	21	0.544***
4	0.669***	13	0.583***	22	0.586***
5	0.457***	14	0.550***	23	0.769***
6	0.651***	15	0.644***	24	0.665***
7	0.422***	16	0.655***	25	0.753***
8	0.425***	17	0.698***	26	0.632***
9	0.461***	18	0.647***	27	0.659***

注：* 表示 $P<0.05$　*** 表示 $P<0.01$　以下所有表格同

统计分析 27 个项目与总分的相关系数，结果显示所有项目题总相关均在 $p=0.000$ 水平上显著。其中，相关系数在 0.60 以上的项目有 14 个，0.40~0.60 的项目有 13 个，0.40 以下的有 0 个，0.40 以上的项目占所有项目的 100.00%。数据显示，项目均具有较好的区分度。

2. 因素分析

本研究中因素分析采用探索性因素分析。对 27 个项目进行因素分析可以通过巴特利特球体检验以及 KMO 测度两个统计量判断数据的因素分析适合度。本研究巴特利特球体检验结果为显著（$p=0.000$），KMO 为 0.878，适合进行因素分析。

对 27 个项目进行因素分析，因子提取的方法采用主成分法，设置筛选公共因子的特征值标准为大于 1。因子旋转的方法采用正交旋转，即方差极大化。因素分析结果显示特征值大于 1 的因子共有 6 个，可以解释总变异量的 64.214%，分为自我归类、互依信念、个人评价、他人评价、积极情感、消极情感六个维度。

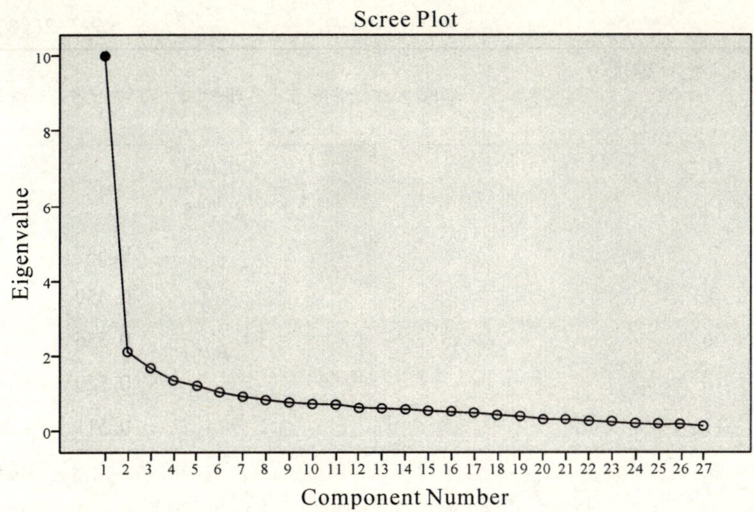

图 2-1　碎石图

表 2-2　预测问卷维度分析结果

载荷 维度 项目序号	维度 1	维度 2	维度 3	维度 4	维度 5	维度 6
18	0.742					
19	0.656					
23	0.595		0.539			
20	0.591					
25	0.535					
14		0.796				
16		0.783				
11		0.736				
21		0.580				
7						
22			0.779			
24			0.616			
15	0.534		0.598			
27			0.548			
3				0.774		
2				0.685		

表2-2(续)

载荷＼维度 项目序号	维度 1	维度 2	维度 3	维度 4	维度 5	维度 6
6				0. 645		
12				0. 505		
9					0. 687	
4					0. 559	
26					0. 556	
10					0. 529	
17					0. 511	
5						0. 667
1						0. 667
8		0. 565				0. 582
13						0. 558

由上表可以看出，不能简单地将组织认同分为认知、评价、情感三个维度。由于第 7 题不对应任何维度，因此考虑删除该题。8 题、15 题、23 题同时在两个维度上载荷超过 0. 50，考虑对项目进行适度修改。

3. 信度

同质性信度：对 27 个项目进行同质性信度分析，结果表明 27 个项目的 Cronbach's Alpha 系数为 0. 905。

（四） 正式测量

将 7 题删除后，形成正式问卷。选取 c 小学、s 小学三至六年级少先队员作为调查对象，在此调查对象中采用分层抽样的方法按年级抽取受测者。预测在 c 小学发放了 155 份问卷，正式测量时避开预测被试，采用全新被试。在 c 小学、s 小学共发放问卷 319 份，回收问卷 319 份，回收率 100%。删除无效问卷（填写不完整）5 份，有效问卷为 314 份，有效率 98. 43%。按预测处理数据方法进行数据处理。

1. 项目分析

统计分析 26 个项目与总分的相关系数，结果显示所有项目题总相关均在 p=0. 000 水平上显著。其中，相关系数在 0. 60 以上的项目有 11 个，0. 40～0. 60 的项目有 15 个，0. 40 以下的有 1 个，0. 40 以上的项目占所有项目的 96. 30%。数据显示，项目均具有较好的区分度。

表 2-3　　　　　　　　正式问卷所有项目与总分相关系数

项目序号	相关	项目序号	相关	项目序号	相关
1	0. 379***	10	0. 473***	19	0. 613***
2	0. 603***	11	0. 611***	20	0. 504***
3	0. 621***	12	0. 610***	21	0. 599***
4	0. 561***	13	0. 446***	22	0. 699***
5	0. 465***	14	0. 587***	23	0. 583***
6	0. 632***	15	0. 551***	24	0. 689***
7	0. 406***	16	0. 629***	25	0. 640***
8	0. 421***	17	0. 553***	26	0. 634***
9	0. 476***	18	0. 585***		

2. 因素分析

本研究中因素分析采用探索性因素分析。对 26 个项目进行因素分析可以通过巴特利特球体检验以及 KMO 测度两个统计量判断数据的因素分析适合度。

本研究巴特利特球体检验结果为显著（p = 0. 000），KMO 为 0. 905，非常适合进行因素分析。对 26 个项目进行因素分析，因子提取的方法采用主成分法，设置筛选公共因子的特征值标准为大于 1。因子旋转的方法采用正交旋转，即方差极大化。因素分析结果显示特征值大于 1 的因子共有 5 个，可以解释总变异量的 54. 015%。

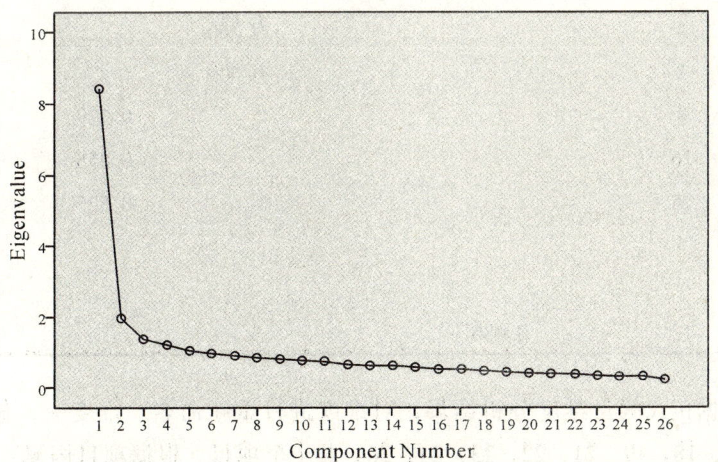

图 2-2　碎石图

表 2-4　　　　正式问卷维度分析结果

载荷＼维度 项目序号	维度 1	维度 2	维度 3	维度 4	维度 5
17	0.717				
22	0.680				
23	0.677				
18	0.665				
21	0.569				
24	0.530				
26	0.517				
19	0.488				
11	0.476				
14	0.446				
15		0.760			
13		0.729			
10		0.679			
20		0.676			
7		0.577			
6			0.654		
2			0.633		
3			0.590		
4			0.566		
9			0.509		
8				0.729	
16				0.558	
25				0.525	
5					0.708
1					0.664
12	0.486				0.500

根据正式测量维度分析结果，对维度进行重新命名。维度一，包含 11，14，17，18，19，21，22，23，24，26，共十个项目。根据项目内涵，结合已有研究将该维度命名为评价维度。［参考陈晶国家认同量表（NIS）第三、四

个维度和 Luhtanen & Crocker（1992）种族群体自尊量表（CSES）第二、三个维度。]

维度二，包含 7、10、13、15、20，共五个项目，根据项目内涵，结合已有研究将该维度命名为消极情感维度。[参考陈晶国家认同量表（NIS）第六个维度]

维度三，包含 2、3、4、6、9，共五个项目，根据项目内涵，结合已有研究将该维度命名为积极情感维度。[参考陈晶国家认同量表（NIS）第五个维度]

维度四，包含 8、16、25，共三个项目，根据项目内涵，结合已有研究将该维度命名为互依信念维度。[参考陈晶国家认同量表（NIS）第七个维度]

维度五，包含 1、5、12，共三个项目，根据项目内涵，结合已有研究将该维度命名为自我归类维度。[参考陈晶国家认同量表（NIS）第一个维度以及 Ellemers（1999）群体认同维度第二个维度]

3. 信度

同质性信度：对 26 个项目进行同质性信度分析，结果表明 26 个项目的 Cronbach's Alpha 系数为 0.908。

折半信度：评估各项目的难度，依据难度进行排序（根据各题得分情况进行难度评估）。按新序号将 26 个项目分为两个部分，第一部分由题号为单数的项目组成，第二部分由题号为双数的项目组成。第一部分 Alpha 系数为 0.844，第二部分 Alpha 系数为 0.914，由此可见该问卷具有很好的信度。

三、结果呈现

该问卷采用五点计分，总分中间值为 26×3=78，从测量结果看，三、四、五、六年级总分的平均分在 106.07~114.11，高于中间值 78，因此总体而言小学三至六年级少先队员组织认同较强。

（一）组织认同的年级发展趋势

1. 组织认同总的年级发展趋势

为了观察小学三至六年级少先队员组织认同随年级发展的趋势，以年级为自变量，以组织认同总分为因变量，进行单变量方差分析（univariate）。结果表明，组织认同总分有显著的年级差异，$F(3, 310)=4.241$，$p=0.006<0.05$。事后多重比较（LSD）发现，三年级低于四年级（3<4），低于五年级（3<4），高于六年级（$3>6^{*}$；$p=0.033$）；且四年级高于五年级（4>5），高于六年级（$4>6^{***}$；$p=0.001$）；五年级高于六年级（$5>6^{***}$；$p=0.007$），未标注“＊”的组别差异不显著。其中四年级小学少先队员组织认同总分平均分最高。

表 3-1　　组织认同总的年级发展趋势分析

年级	N	M	SD	事后多重比较（LSD）
三年级	82	111.06	11.516	3<4；3<4；3>6*
四年级	76	114.11	10.685	4>5；4>6***
五年级	84	112.39	17.318	5>6***
六年级	72	106.07	16.904	
总	314	111.01	14.645	

注：3 表示三年级；4 表示四年级；5 表示五年级；6 表示六年级

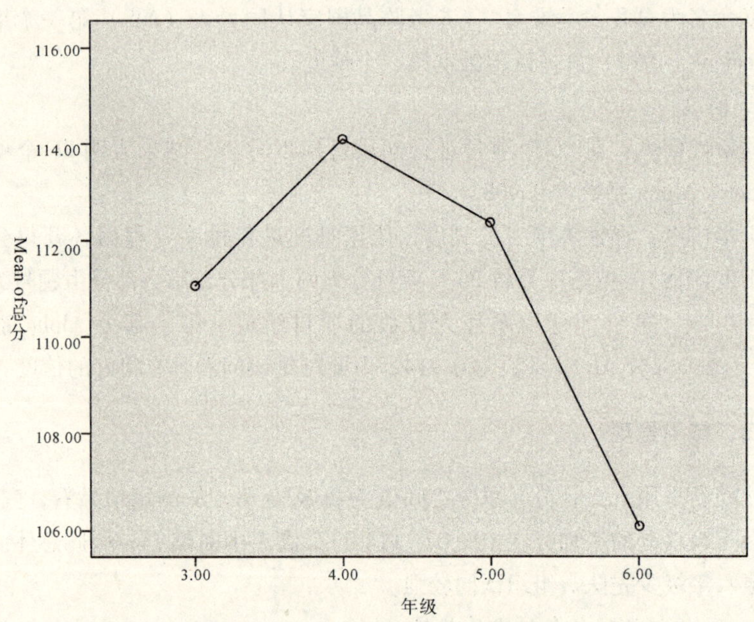

图 3-1　组织认同总的年级发展趋势

2. 组织认同各维度的年级发展趋势

分析组织认同各维度的年级发展趋势时，采用多变量方差分析（multivariate）的方法。Pillai's Trace 检验显示，，F（15，924.000）=，p = 0.000；Wilks'Lambda 检验显示，F（15，845.133）=，p = 0.000；Hotelling's Trace 检验显示，F（15，914.000）=，p = 0.000；Roy's Largest Root 检验显示，F（5，308.000）=，p = 0.000；总体而言，各维度总的年级差异是显著的。进一步

方差分析发现，大部分维度的年级差异显著，未标注“＊”的组别差异不显著。

表 3-2　　　　组织认同各维度年级发展趋势的多元方差分析

自变量	因变量	SS	df	MS	F	p	事后比较（LSD）
年级	评价	5.677	3	1.892	4.470	0.004	3<4；3>5；$3>6^{***}$； 4>5；$4>6^{***}$； $5>6^{*}$
	消极情感	6.900	3	2.300	5.821	0.001	3<4；3<5；$3>6^{***}$； 4>5；$4>6^{***}$； $5>6^{***}$
	积极情感	5.031	3	1.677	3.255	0.022	$3<4^{*}$；$3<5^{***}$；3<6； 4<5；4>6； $5>6^{*}$
	互依信念	5.711	3	1.904	2.203	0.088	3>4；3>5；$3>6^{*}$； 4>5；$4>6^{*}$； $5>6^{*}$
	自我归类	0.917	3	0.306	0.486	0.692	3<4；3<5；3>6； 4<5；4>6； 5>6
误差	评价	131.229	310	0.423			
	消极情感	122.490	310	0.395			
	积极情感	159.707	310	0.515			
	互依信念	267.832	310	0.864			
	自我归类	194.818	310	0.628			

注：①3 表示三年级；4 表示四年级；5 表示五年级；6 表示六年级；②在统计数据时，对消极情感维度的项目数据进行了反向转换，因此，分数越低，表示情感越消极

由表 3-2 可以看出，评价维度，四年级评价最高，六年级最低，六年级与其他三个年级存在显著性差异，而其他三个年级之间则不存在显著性差异。消极情感维度进行了反向转换，因此，分数越低，表示情感越消极。六年级消极情感最明显，依次高于三年级、五年级、四年级。在该维度上，六年级与其他三个年级存在显著性差异，而其他三个年级之间则不存在显著性差异。积极情感维度，五年级积极情感得分最高，其次是四年级、六年级、三年级，其中三年级与四年级、三年级与五年级、五年级与六年级存在显著性差异。互依信念

维度，三年级互依信念最强，其次是四年级、五年级、六年级，六年级与其他三个年级存在显著性差异，而其他三个年级之间则不存在显著性差异。自我归类维度，五年级依次高于四年级、三年级、六年级，四个年级均不存在显著性差异。

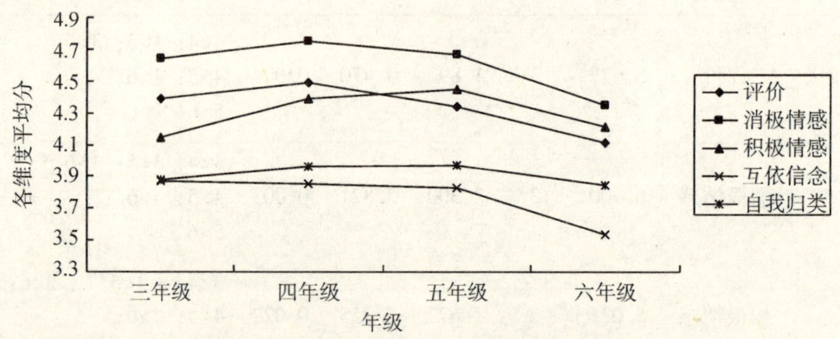

图 3-2　组织认同各维度的年级发展趋势

（二）组织认同的影响因素

对小学三至六年级少先队员组织认同的性别、是不是队干部、家庭所在地、父母教育水平的差异进行分析，所用方法同年级发展趋势分析方法相同。首先对组织认同总分进行单变量方差分析，随后对各维度的差异进行多变量方差分析，事后多重比较均使用 LSD，只是将年级这一自变量转换为性别、是不是队干部等因素，故不再对方法进行赘述。①

1. 组织认同的性别差异

由表 3-3 可以看出，小学三至六年级少先队员组织认同总分的性别差异不显著，$F(1, 308) = 0.668$，$p = 0.658 > 0.05$。男生组织认同总分的平均分为 110.72，女生组织认同总分的平均分为 111.46，两者无显著性差异。不再进行单变量方差分析。

表 3-3　　　　　　　　性别分布情况

	性别	N	M	SD
总分	男	165	110.72	15.370
	女	145	111.46	13.846

① 有些变量只有两个水平，可以进行 T 检验，但是用方差分析的效果与 T 检验相同，且方差分析可以考察一个自变量对多个因变量的影响，因此均采用方差分析的方法。

2. 是不是队干部对组织认同的影响

对小学三至六年级少先队员组织认同的身份差异进行分析时，所用方法同年级发展趋势分析方法。身份差异指的是少先队员是否担任队干部。结果表明，小学三至六年级少先队员组织认同总分有显著的身份差异，F（1，306）= 0. 660，p = 0. 003<0. 01。是少先队队干部组织认同总分的平均分为 115. 32，高于不是队干部组织认同总分的平均分 109. 66。

表 3-4　　身份（是不是队干部）分布情况

	队干部	N	M	SD
总分	是	78	115. 32	13. 669
	不是	230	109. 66	14. 790

进一步分析显示，小学三至六年级少先队员是不是队干部对组织认同影响在评价、积极情感、互依信念、自我归类上存在显著性差异。其中评价维度，F（1，306）= 6. 373，p = 0. 012<0. 05；积极情感维度，F（1，306）= 7. 255，p = 0. 007<0. 01；互依信念维度，F（1，306）= 8. 380，p = 0. 004<0. 01；自我归类维度，F（1，306）= 4. 593，p = 0. 033<0. 05 上存在显著性差异。

3. 家庭所在地对组织认同的影响

家庭所在地初步分为城市和农村。结果表明，小学三至六年级少先队员组织认同总分有显著的地域差异，F（1，305）= 1. 328，p = 0. 000<0. 001。

其中家庭所在地为城市总分的平均分为 113. 44，而家庭所在地为农村总分的平均分为 105. 84，低于前者。其中评价维度，F（1，305）= 25. 282，p = 0. 000<0. 001；积极情感维度，F（1，305）= 5. 627，p = 0. 018<0. 05；互依信念维度，F（1，305）= 6. 511，p = 0. 011<0. 05；自我归类维度，F（1，305）= 20. 761，p = 0. 000<0. 001 上存在显著性差异。

表 3-5　　家庭所在地分布情况

	所在地	N	M	SD
总分	城市	210	113. 44	14. 776
	农村	97	105. 84	13. 195

4. 父亲教育水平对组织认同的影响

父亲教育水平对子女的组织认同有影响，F（4，297）= 4. 672，p = 0. 001 <0. 01，事后多重比较见表 3-6。事后多重比较（LSD）发现，$1<2^{*}$（p =

0.036)；1<3*** （p=0.002）；1<4*** （p=0.000）；1<5* （p=0.023）；2<3；2<4*** （p=0.007）；2<5；3<4；3>5；4>5，未标注“＊”的组别差异不显著。

表 3-6　　父亲教育水平对组织认同总的影响

父亲教育水平	N	M	SD	事后多重比较（LSD）
小学及以下	23	101.70	20.175	1<2*；1<3***；1<4***；1<5*
初中	84	108.81	12.609	2<3；2<4***；2<5
高中	58	112.55	14.396	3<4；3>5
大学	100	114.62	13.939	4>5
研究生及以上	37	110.43	14.940	
总	302	111.11	14.705	

注：1 代表小学及以下，2 代表初中，3 代表高中，4 代表大学，5 代表研究生及以上

由图 3-3 可知，父亲教育水平从小学及以下到大学阶段，子女的少先队组织认同程度随之迅速上升；父亲教育水平大学到研究生及以上，子女的少先队组织认同程度迅速下降。

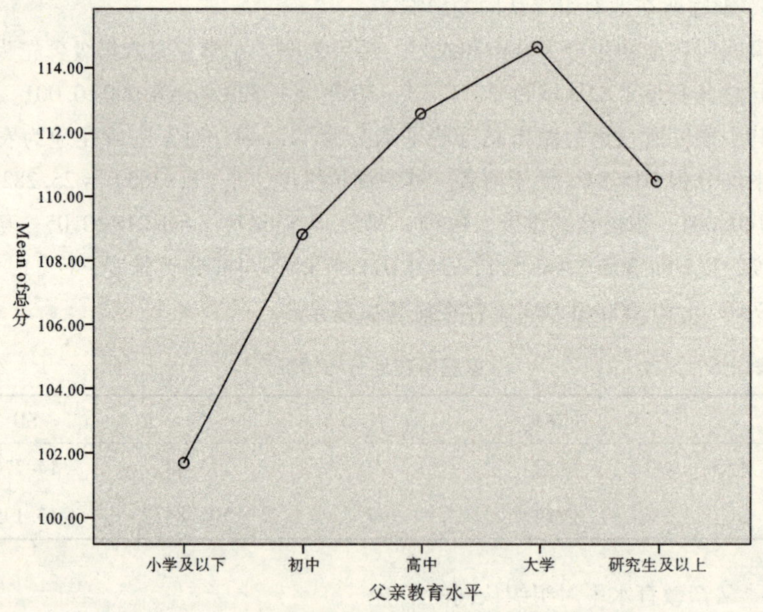

图 3-3　父亲教育水平对组织认同总的影响趋势

进行多变量方差分析，互依信念维度不存在差异，其他维度存在显著性差异，详见表3-7：

表3-7　　父亲教育水平对组织认同各维度的影响

自变量	因变量	SS	df	MS	F	p	事后比较（LSD）
父亲教育水平	评价	7.535	4	1.884	4.464	0.002	1<2；1<3***；1<4***；1<5*；2<3；2<4***；2<5；3<4；3>5；4>5
	消极情感	4.877	4	1.219	2.940	0.021	1<2***；1<3***；1<4***；1<5***；2<3；2<4；2<5；3<4；3<5；4<5
	积极情感	5.172	4	1.293	2.684	0.032	1<2；1<3*；1<4***；1<5；2<3；2<4*；2>5；3<4；3>5；4>5
	互依信念	7.534	4	1.884	2.190	0.070	1<2；1<3；1<4；1<5；2<3；2<4；2>5；3>4；3>5*；4>5
	自我归类	9.250	4	2.312	3.779	0.005	1<2；1<3*；1<4***；1<5；2<3*；2<4***；2<5；3<4；3>5；4>5
误差	评价	125.335	297	0.422			
	消极情感	123.157	297	0.415			
	积极情感	143.076	297	0.482			
	互依信念	255.435	297	0.860			
	自我归类	181.736	297	0.612			

注：1代表小学及以下，2代表初中，3代表高中，4代表大学，5代表研究生及以上

5. 母亲教育水平对组织认同的影响

母亲教育水平对子女的组织认同有影响，F（4，297）= 3.957，p=0.004<0.01. 事后多重比较见表3-8。1<2；1<3***（p=0.002）；1<4***（p=0.009）；1<5***（p=0.001）；2<3*（p=0.036）；2<4*（p=0.023）；2<5；3>4；3>5；4>5，未标注“*”的组别差异不显著。

表 3-8　母亲教育水平对组织认同总的影响

母亲教育水平	N	M	SD	事后多重比较（LSD）
小学及以下	25	102.68	18.816	1<2；1<3***；1<4***；1<5***
初中	76	108.24	13.969	2<3*；2<4*；2<5
高中	69	113.30	13.848	3>4；3>5
大学	103	113.22	14.109	4>5
研究生及以上	29	112.97	13.837	
总	302	111.09	14.710	

注：1 代表小学及以下，2 代表初中，3 代表高中，4 代表大学，5 代表研究生及以上

由图 3-4 可知，母亲教育水平从小学及以下到高中阶段，子女的少先队组织认同程度随之迅速上升；母亲教育水平高中到研究生及以上，子女的少先队组织认同程度缓慢下降。

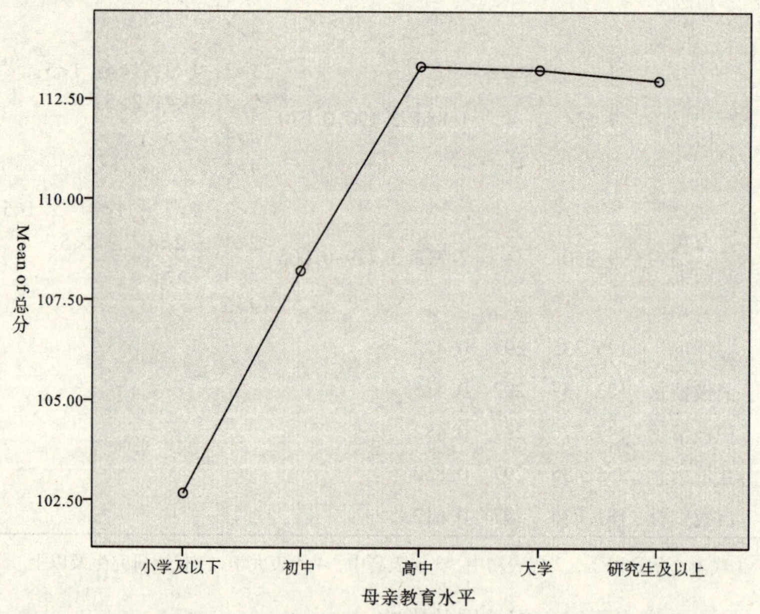

图 3-4　母亲教育水平对组织认同总的影响趋势

进行多变量方差分析，评价维度、消极情感维度、自我归类维度存在显著性差异，详见表 3-9。

表 3-9　　　　母亲教育水平对组织认同各维度的影响

自变量	因变量	SS	df	MS	F	p	事后比较（LSD）
母亲教育水平	评价	7.672	4	1.918	4.548	0.001	1<2；1<3*；1<4***；1<5*； 2<3；2<4***；2<5； 3<4；3<5； 4>5
	消极情感	4.328	4	1.082	2.600	0.036	1<2***；1<3***；1<4***； 1<5*； 2<3；2<4；2<5； 3>4；3>5； 4>5
	积极情感	3.658	4	0.915	1.850	0.119	1<2；1<3*；1<4；1<5； 2<3；2<4；2<5； 3>4；3>5； 4<5
	互依信念	6.447	4	1.619	1.870	0.116	1<2；1<3***；1<4*；1<5； 2<3；2<4；2<5； 3>4；3>5*； 4<5
	自我归类	7.165	4	1.791	2.905	0.022	1<2；1<3*；1<4*；1<5； 2<3*；2<4*；2<5； 3>4；3>5； 4<5
误差	评价	125.247	297	0.422			
	消极情感	123.579	297	0.416			
	积极情感	146.834	297	0.494			
	互依信念	257.101	297	0.866			
	自我归类	183.150	297	0.617			

注：1 代表小学及以下，2 代表初中，3 代表高中，4 代表大学，5 代表研究生及以上

总而言之，该问卷是有效的、可靠的，可以作为测量小学少先队员组织认同的工具，假设一成立。小学三至六年级少先队员组织认同是一个多因素多层次的心理结构，包含评价、消极情感、积极情感、互依信念、自我归类五个维度，假设二成立。总体水平上小学三至六年级少先队员组织认同较强，但具体到各个维度，认同程度有差异，假设三成立。小学三至六年级少先队员组织认同随着年级的发展会呈现出不断变化的趋势，各维度发展不平衡，总体出现先上升后下降的发展趋向，不同维度发展的速度和关键年级是不同的，假设四成立。小学三至六年级少先队员组织认同受到是不是队干部、家庭所在地，父母

教育水平因素影响较大，性别因素不存在显著影响。

四、反思与展望

（一）问卷的编制与性能

问卷的编制是在前人组织认同研究问卷的基础上，结合小学少先队员的身心发展特点编制而成的。通过开放式访谈、专业人员建议修正、预测等过程不断修改，最终呈现出用于正式施测的26个项目组成的正式问卷。

从问卷项目分析来看。预测与正式测量，绝大部分项目都有良好的区分度。预测0.40以上的项目占所有项目的100.00%，正式测量0.40以上的项目占所有项目的96.30%。

从问卷信度来看，预测Cronbach's Alpha系数为0.878，正式测量Cronbach's Alpha系数为0.908，折半信度第一部分Alpha系数为0.844，第二部分Alpha系数为0.914，均具有较好的可信度。

从问卷结构效度来看，两次施测与预设维度有差异，个别项目的维度归属出现变动。他人评价与个体评价在正式施测因素分析中被归为同一维度，除此之外没有太大变动。

（二）小学三至六年级少先队员组织总体状况

该问卷采用五点计分，总分中间值为26×3=78，从测量结果看，三、四、五、六年级总分的平均分在106.07~114.11，高于中间值78，因此总体而言小学三至六年级少先队员组织认同较强。

其中四年级小学少先队员组织认同总分平均分最高，依次高于五年级、三年级、六年级，总体呈现先上升后下降的发展趋向。小学三至六年级少先队员组织认同总体在性别上差异不显著，但在是不是队干部的身份区别上有显著性差异。其组织认同受家庭所在地以及父母教育水平的影响较大。

（三）展望

将在结果呈现的基础上进行细致的讨论与分析，结合现有教育学、心理学等理论竭力挖掘研讨背后的原因，得出结论并将结论运用于少先队工作实践中去。

参考文献

［1］March J G, Simon H A. Organizations ［M］. New York：John Wiley & Sons, 1958.

［2］Patchen M. Participation, Achievement, and Involvement on the job ［M］.

New Jersey: Prentice-Hall, Inc, 1970.

[3] O'reilly C A, Chatman J. Organizational Commitment and Psychological Attachment: The Effects of Compliance, Identification, and Internalization on Prosocial Behavior [J]. Journal of Applied Psychology, 1986, 71 (3): 492.

[4] Ashforth B E, Mael F. Social Identity Theory and the Organization [J]. The Academy of Management Review, 1989, 14 (1): 20-39.

[5] Dutton J E, Dukerich J M, Harquail C V. Organizational Images and Member Identification [J]. Administrative Science Quarterly, 1994, 39 (2): 239-263.

[6] Riketta M. Organizational Identification: A Meta-analysis [J]. Journal of Vocational Behavior, 2005, 66 (2): 358-384.

[7] 徐玮伶，郑伯埙. 组织认同：理论与本质之初步探索分析 [J]. 台湾中山管理评论，2002 (1).

[8] 王彦斌. 管理中的组织认同——理论建构及对转型期中国国有企业的实证分析 [M]. 北京：人民出版社，2004.

[9] 宝贡敏，徐碧祥. 组织认同理论研究述评 [J]. 外国经济与管理，2006 (1): 39-45.

[10] 魏钧，陈中原，张勉. 组织认同的基础理论、测量及相关变量 [J]. 心理科学进展，2007 (6): 948-955.

[11] 董彦，王益宝. 企业员工组织认同与忠诚度关系的实证分析 [J]. 经济论坛，2008 (1): 81-82.

[12] Mael F, Ashforth B E. Alumni and Their Alma Mater: A Partial Test of the Reformulated Model of Organizational Identification [J]. Journal of Organizational Behavior, 1992, 13 (2): 103-123.

[13] Patchen M. Participation, Achievement, and Involvement on the job [M]. New Jersey: Prentice-Hall, Inc, 1970.

[14] Miller V D, Allen M, Casey M K, et al. Reconsidering the Organizational Identification Questionnaire [J]. Management Communication Quarterly, 2000, 13 (4): 626-658.

[15] Jackson J W, Smith E R. Conceptualizing Social Identity: A New Framework and Evidence for the Impact of Different Dimensions [J]. Personality and Social Psychology Bulletin, 1999, 25 (1): 120-135.

[16] Dick R, Wagner U, Stellmacher J, et al. The Utility of a Broader Conceptualization of Organizational Identification: Which Aspects Really Matter? [J].

Journal of Occupational and Organizational Psychology, 2004, 77 (2): 171-191.

[17] 刘剑锋，何立. 企业文化对员工组织认同与关联绩效研究 [J]. 北方经贸, 2008 (8): 127-129.

[18] 王彦斌. 管理中的组织认同——理论建构及对转型期中国国有企业的实证分析 [M]. 北京：人民出版社, 2004.

[19] 郭静静. 企业员工组织认同结构维度及其相关研究 [D]. 广州：暨南大学, 2007.

[20] 孙健敏，姜铠丰. 中国文化背景下组织认同维度的探索性研究 [C]. 中国社会心理学会 2007 年全国学术大会论文摘要集, 2007.

[21] 王华. 中国文化背景下组织认同量表的开发及其验证 [D]. 北京：中国人民大学, 2008.

[22] 奚菁. 中国家族企业组织认同及其相关因素研究 [D]. 广州：暨南大学, 2008.

[23] 杨杰，刘玲. 组织认同与身份的质性分析与基模建构 [J]. 社会科学家, 2010 (2): 126-130.

[24] 杜恒波，刘春红，聂蒙蒙. 企业中层管理者组织认同维度验证及测量研究 [J]. 浙江工商大学学报, 2013 (5): 83-90.

少年儿童思想意识教育的特性

李劲松　庞玲玲

（云南师范大学教育科学与管理学院，云南昆明 650500）

摘　要：少年儿童处于一个特殊的发展时期，是刚刚步入小学和初中的开始。思想意识教育是一种思想教育、道德教育、政治教育，对于少年儿童来说，更是一种天马行空的教育。本文主要根据少年儿童的认知特点、思想意识教育的特征，针对少年儿童思想意识教育外化到内化的过程指出一定的解决措施。

关键词：少年儿童；思想意识教育

对于少年儿童年龄阶段的界定始终没有一个明确的概念。孔子在《论语·为政》中记载道："吾十有五而志于学，三十而立，四十而不惑，五十而知天命，六十而耳顺，七十随心所欲，不逾矩。"从林崇德《发展心理学》的角度来看，儿童阶段是6、7岁到12、13岁，是儿童进入小学学习阶段的时期；11、12岁到17、18岁是青少年时期。从皮亚杰关于儿童认知理论的研究角度来看，7岁到12岁称为具体运算阶段[1]。即使没有统一的界定，但基本把少年儿童阶段认定为小学阶段和初中阶段。这两个年龄阶段都有一个明显的环境变化、心理成熟度的改变。

一、少年儿童的认知特点

所谓认知就是外界事物和环境作用于主体，通过主体大脑信息加工，引起一系列感觉、知觉、记忆、思维和想象等变化的过程。少年儿童时期是人的一生系统学习的第一阶段，也是人生成长的第二阶段。少年儿童作为国家建设的主力军，国家更是对他们有着深切的期望。国家之所以重视少年儿童在思想意识方面的教育，正是因为少年儿童这一阶段的特殊性。

（一）少年儿童认知的特殊性

年龄在心理学中本身就是一个自变量，只要年龄改变了，整个人的生理、心理及其思想动向都会随之改变。根据皮亚杰儿童认知发展理论的划分，七岁到十二岁是具体运算阶段，他们由具体形象的逻辑思维开始过渡到抽象逻辑思维。不再以自我为中心，思维的不可逆性逐渐减弱。他律到自律思维方式的改变促使他们对于事情的判断不再根据自身的喜好，而是可以从自身思想意识对于道德认识和道德行为的理解中进行评价和判断。少年儿童开始运用系统知识对所面临的问题进行思考和判断，使得他们的思想意识状态不断得到提升。少年儿童的特殊性不单是思维方式的一种改变，也是因为他处于两个发展阶段的过渡期，而这两个发展阶段对人的一生是至关重要的。

（二）少年儿童认知的不可控性

少年儿童处于一个“暴风雨”时期，可塑性很强，但不可控性在这个阶段同样突显。少年儿童在进入学校之后，心理活动开放，不善于修饰和控制，没有显著的动荡性[2]。脱离于学前教育来说，少年儿童又是一张白纸，这时对于老师、家长来说，与儿童之间建立融洽、温馨、和睦关系是很容易的。同样，此时的意识培养也是易于培养的。通过学校正式教育之后，孩子的大脑中都会形成一个知识框架。少年儿童开始有自己的感受、知觉、记忆、思维、想象，不再单单听从老师的讲授。正是因为不可控性，才会造成少年一系列抑郁、自闭、暴躁等心理问题。

二、少年儿童思想意识教育的特征

在解释何为思想意识教育时，先要理解什么是意识形态。“意识形态”的概念是法国大革命时期的理论家特拉西最早提出来的，到19世纪马克思对意识形态进行概括，都没有形成一个统一的说法。在我国，对意识形态比较有代表性的解释存在于肖前主编的《历史唯物主义原理》一书中。书中指出意识形态是“社会的观念上层建筑，是对一定社会经济形态以及由经济形态所决定的政治制度的自觉反映”[3]。意识形态主要以政治思想、法律思想、道德、艺术、宗教、哲学和其他社会科学表现出来。思想意识教育是意识形态的缩影，用教育的形式传授给少年儿童。

少年儿童思想意识教育的特征不但要表现少年儿童的特点，也要体现思想意识教育的的时代发展特征。当然这不是两者的简单相加，而是对两者本质的重新认识和阐述。领会和总结少年儿童思想意识教育的特征，将会有利于少年儿童身心同步发展和思想意识教育的学科建设及研究视野的开阔。

（一）人本性：少年儿童思想意识教育的根本

从心理学角度来说，马斯洛在20世纪60年代提出人本主义理论，人本主义开始关注人的价值和人格发展。在那时，西方就开始注重学校中学生个人的发展，而不仅限于知识的获得。因为每个人都在成长的过程中实现自我，提升自我。以人为本的思想不断被东西方接纳并引领一时。21 世纪最激动人心的突破不是来自科学技术，而是来自日益增强的做人意识[4]。《义务教育初中思想品德课程标准》中提到：“人文性，尊重学生的学习和发展规律，关怀学生的成长，用优秀的人类文化和民族精神陶冶学生情操。”虽然“应试教育”仍是教育的主流，但顺应新课改的颁布，各级各类学校都对课改有了不同程度的倾斜，学校教育的实体对象是活生生的人，是处于心理健康、身体健康关键发展时期的少年儿童。人之所以做出某一行为必有某一思想指导作为后盾，知情意行也需要一定的评价标准来判断，久而久之，人们形成一定的价值评价标准。少年儿童是思想意识教育的主要受益者，是我们以少年儿童的基本特性为基础，变形式不变内容对其进行教育的教育。少年儿童具有各自的人性特点，所以人本性就是我们进行教育的基础、根本。解放少年儿童人本性，获得人的自由和实现少年儿童的全面发展，从而把“人的世界和人的关系还给人自己”，使人获得“更高的解放”[5]。

（二）时代性：少年儿童思想意识教育的延续

思想意识教育是马列主义、毛泽东思想、邓小平理论、“三个代表”重要思想、科学发展观等伟大思想方向性的继承，是时代对伟大思想要求的精华。伟大思想也在随着时代的进步不断地完善，不断地为中华民族伟大复兴提供战略性的指导。伟大思想的深奥理论不可能被少年儿童简单地理解，思想意识教育承载着历史的气息、时代的呼唤，向少年儿童讲述各个时代的丰功伟绩，在此基础上又不断结合党和国家的意识形态传授新的理念。少年儿童处于一个复杂的心理斗争阶段，学校理论知识的传授有时与校外的实践事件格格不入，这时更需学校讲授时代前沿的知识对少年儿童复杂的内心进行平复。不是一些思想意识教育已经过时，而是在这一刻它已经染上时代的颜色。思想意识教育是对时代的思想和政治诠释，是对 21 世纪少年儿童最直接的教育。因为它对少年儿童的教育直接影响到少年儿童对时代的看法，进而影响着他们的世界观、人生观、价值观。

（三）组织性：少年儿童思想意识教育的载体

所谓组织，是由一定共同目的、思想、兴趣结合起来的团体。国家是一个大团体，少先队是一个小团体。在少年儿童的思想教育道德教育方面，要与时俱进，用发展的眼光去使思想道德教育内容适应当今社会发展的需要[6]。少先队是一个具有组织性的少年儿童思想政治教育的主要代表者，局部离不开整体，整体的力量也将更加完整。在少先队这个团体当中，长期的活动教育可以让孩子更加深刻理解组织认同感和集体责任感，明白个人与组织、集体是一个不可分割的整体，以小见大，也明白个人与国家的关系。少年儿童的零散教育需要一定组织进行教育，让少年儿童明白组织认同感和集体责任感，以便他们能够在未来理解得更加深刻。

三、解决措施

在对少年儿童进行思想意识教育的同时，应该考虑为什么会有这个少年儿童组织与思想意识教育学科的存在。教育部为什么会选择在这个年龄阶段进行教育？针对少年儿童的特殊性、协调性，以及思想意识教育的特征，怎样才可以使外化的思想教育内化为少年儿童自身的东西，并从“知”的传授通过“情”“意”的融会贯通运用到“行”的实践。当然少年儿童的教育不仅仅局限于学校正式教育，也需要依靠家庭、社会的非正式教育。

（一）学校教育——课堂方式要改变

哲学上讲，具体问题需要具体分析。少年儿童的特殊性要求在校的课堂讲授方式不能一成不变，教育部不断提升课堂教学方式，不单单是针对语文、数学等正课，辅课更需要课堂方式的改变。思想意识教育本身就偏重于空洞的理论，对于少年儿童来说，不仅难理解，更不知如何践行。首先，因为少年儿童阶段的学习动机是以外部因素为主的，他们的自控力是自身难以把握的，学校的课堂讲授方式应以具体生动的形式展现，不能仅仅局限于课本知识，这样才会抓住学生的眼球，吸引他们的注意力。在我实习的一所小学中，学校的老师让孩子自己动手给同学上课，这样既能锻炼学生的实践操作能力，也能在思想教育方面起到质的变化。再次，要把思想意识教育生活化。思想意识教育起源于生活，也要回归于生活。少年儿童的思维方式由具体形象过渡到抽象思维，这本身就是一个思想上的改变，让思想意识教育的内容从生活中得出，也就是要求老师多向学生讲授身边发生的例子，让孩子们感受到思想意识教育并不是一种空洞的说教。最后，学校在对少年儿童的进行思想意识教育之后，要有一个明确的考核制度，合理奖惩、及时反馈。可以通过一些适当的竞争来增加少年儿童对思想意识教育的理解。

（二）家庭教育——沟通时间要加长

事实证明：父母是少年儿童的第一位老师。大量文献表明，少年儿童的教育不仅限于学校的正式教育，更为重要的是父母的非正式教育。如果说孩子在学校接受的是理论，家庭就是最好的实习地。少年儿童在这个阶段脾气秉性发生突变，以及强烈的叛逆心理都是正常现象。首先，父母应该转变自己的教养方式和沟通方式，正确引导学生的学习动机；其次，少年儿童“独立性”也在不断地增强，父母在与孩子沟通的过程中要讲究平等对待，让孩子感受到他受到了尊重；最后，父母一定要给孩子提供一个温馨和睦的家庭氛围，因为父母的言行不一或者不和谐都会增加孩子的逆反心理。

（三）社会教育——宣传力度要加强

社会，是一个复杂的学校，同时也是检验思想意识教育成果的实战性基地。少年儿童自控力比较差，这时候在学校所学的思想意识教育没有任何抵抗力，当然，从众的心理也很容易形成。首先，网络是一个可以自由发表言论的地方，面对复杂的网络言论，究竟谁是谁非，少年儿童是没有判断力的。所以，网络监管部门要提供一个健康的网络环境。其次，社会团体组织要针对少年儿童的特点组织一些适合少年儿童特点的活动，在集体活动中让少年儿童明白思想意识教育的教育内容。最后，社会中的成年人，要给少年儿童做一个榜样，因为成年人的行为最容易被少年儿童效仿。

少年儿童思想意识教育涉及教育学、心理学、社会学、哲学等多种学科的内容，在这个特殊实体阶段进行特殊教育，任重而道远，仍需要各界的积极配合和探索。

参考文献

[1] 陆有铨. 皮亚杰理论与道德发展 [M]. 北京：北京大学出版社，2011.

[2] 林崇德. 发展心理学 [M]. 北京：人民教育出版社，1994.

[3] 肖前. 历史唯物主义原理 [M]. 北京：人民教育山版社，1991.

[4] 董杰. 论现代思想政治教育的特征 [J]. 理论与改革，2009 (3).

[5] 马克思，恩格斯. 马克思恩格斯全集：第3卷 [M]. 北京：人民出版社，1960.

[6] 翟月芳. 浅析少先队在加强少年儿童思想道德教育方面的作用 [J]. 陕西青年职业学院学报，2015 (1).

国内少年儿童组织认同研究现状与展望

郭 璨[1]　谢 丹[2]　郭 平[2]

（1. 西南大学教育学部，重庆 400715；
2. 成都师范学院教育学院，四川成都 611130）

摘　要： 少年儿童组织以其独特的方式影响着儿童发展的各方面。当前我国儿童教育面临着新的挑战，少年儿童组织认同的研究对于增强儿童思想意识教育、提高儿童组织工作有效性具有重要意义。本文采用内容分析法，对目前国内公开发表的有关儿童组织认同的文献进行梳理、统计和分析，从文献年度分布、文献来源、研究内容和研究热点四个维度对文献进行全面剖析，总结当前国内儿童组织认同的研究现状和不足，指出未来少年儿童组织认同研究发展的方向和趋势。

关键词： 少年儿童；组织认同；国内研究

基金项目： 四川省社会科学高水平研究团队“四川儿童组织认同研究团队”；四川省高等学校科研创新团队“教育咨询与质量监测评估研究”（项目编号：15TD0037）。

一、研究背景

组织认同作为组织行为学中的一个变量，近几年来已经成为学者们研究的热点话题。学术界对组织认同的原因和后果变量的实证研究有很多，但对组织认同这一概念本身的研究却很少。组织认同是指组织成员在行为与观念诸多方面与其所加入的组织具有一致性，觉得自己在组织中既有理性的契约和责任感，也有非理性的归属和依赖感，以及在这种心理基础上表现出的对组织活动尽心尽力的行为结果。少年儿童组织认同指少年儿童对于自己所在组织及其目标的认同，并且希望维持组织成员身份的一种状态。少年儿童组织认同是少年儿童组织成员共同拥有的信仰、价值和行动取向的集中体现，表现为一种组织或集体观念[1]。组织认同实现实际上就是一个帮助少年儿童适应组织文化，对组织产生认同的过程。

在我国，少年儿童组织作为一个特殊的教育群体，主要以少先队的形式存在，除了港澳台少部分地区仍存在童子军之外，少先队是我国最大的少年儿童组织。当前，少年儿童思想意识教育正面临着新的历史机遇和时代挑战。面对这一新的挑战，需要更科学、更专业的理论做指导[1]。我们从组织认同的理论视角看，少先队的组织教育实质上就是实现组织认同的过程。

目前国内从组织行为学角度对组织认同的研究很多，但从教育学角度对少年儿童组织认同的相关研究不多。我国对儿童组织的研究真正始于1989年，是段镇为庆祝少先队四十周年而作的《论中国儿童组织的社会功能》，他指出，少先队是我国全体学龄期少年儿童的自愿联合体，是儿童的社会结合形式和儿童社会关系的一种有组织表现[2]，具有教育、自治、参与、娱乐、交往和保护等功能。尽管在之前有很多关于我国童子军的研究，在这里我们主要探讨的是少先队这一儿童组织。此后，我国学者对儿童组织开展了系列相关研究，比较有代表性的是：鲁丹琴的《少年儿童组织教育功能探析》、陈雯雯《教育人种志对少年儿童组织思想意识教育研究的启示》、李贵金《论少年儿童组织与思想意识教育的功能》等等。

本文采用内容分析法，对1989年以来国内公开发表的儿童组织认同的相关文献进行系统梳理，从文献来源、文献年度分布、研究热点、研究主要内容和发展与展望五个方面进行分析和整理，以期从不同角度阐述儿童组织认同的研究现状，提炼研究新进展，发现问题并提出建议。

二、研究设计

（一）研究方法

本文主要采用内容分析法。内容分析法通常将非定量的文献内容进行客观、系统的整理分析，从而转化为定量的数据进行量化，并对量化结果进行描述。在教育技术学研究中，内容分析法是一种主要的研究方法。该法既是一种主要的文献资料的分析方法，同时又是一种完整、独立的科学研究方法[3]。其目的是清晰了解研究对象的本质性事实和趋势，揭示其中所蕴含的内容，并对事物的发展趋势加以预测。其实施步骤通常包括这样几个步骤：首先确立研究目标，选择研究样本，选择分析单元，设计分析维度体系，根据不同研究维度设计类目表格，依据类目表格对研究内容进行归类统计，利用统计分析工具对所统计的数据进行客观、系统和量化的描述并得出结论。

（二）资料来源

本文的文献资料主要来源于中国期刊全文数据库（CNKI），具体检索思路是采用高级检索方式，精确检索年限为2001年至2015年的相关文献，文献（包括期刊论文和学位论文）在各个主题词上的数量分布见表1：

表1

主题词	文献数目
组织认同	1 038
少年儿童组织	140
儿童组织认同	150
少先队组织认同	6

经过分析筛选，最终选择相关度高的132篇文献作为研究样本。其中，包括学术期刊论文96篇，学位论文31篇，报纸文章5篇（在数据统计分析的过程中，将报纸文章归入期刊论文一类进行统计）。

（三）内容编码体系设计

本研究对研究样本从文献年度分布、文献来源、研究热点和研究内容四个维度进行数据统计分析。研究过程中，每一篇独立的期刊论文或是学位论文都被看作一个独立的分析单位。由于期刊论文和学位论文代表了不同的研究层次和研究领域，因此在四个维度的数据统计分析的过程中对二者都分别进行了统计，即统计按照论文总数、学术论文数、学位论文数三类来统计。

在四个研究维度中，在对文献内容进行内容编码体系设计时，主要根据文献内容研究的几个方面，同时参考组织认同、少年先锋队等相关研究中的设计类目，其中包括孙健敏等人的《中国背景下组织认同的结构——一项探索性研究》、段晶晶的硕士论文《少先队社区教育的现状调查研究——以山西省太原市为例》等，进行体系的设计。将少年儿童组织认同的相关文献内容编码体系设计为以下五类：少年儿童组织及其功能研究、少年儿童组织认同与组织管理、少年儿童组织与思想意识教育研究、少年儿童组织教育的原则和方法研究及中国少年先锋队的研究。每一类别下的二级类目及其数量分析在相关文献研究内容分析部分做具体阐述。

（四）研究信度分析

内容分析的信度分析是指由两个或两个以上的参与内容分析的研究者（评判者），按照相同的分析维度，对同一材料独立进行评判分析的一致性。一致性越高，内容分析的可信度越高；一致性越低，可信度越低。本研究信度分析的基本过程包括：邀请两个评判者对材料进行独立分析；对他们各自的评判结果使用信度公式进行信度系数计算；根据评判与计算结果修订分析维度；重复评判过程，直到取得可接受的信度为止。内容分析信度公式，即

$R = \dfrac{n \times K}{1 + (n - 1) \times \bar{K}}$。其中，R 为信度；$\bar{K}$ 是平均相互同意度；K 是两个评判员之间相互同意的程度，其值为 $K = \dfrac{2M}{N_1 + N_2}$，其中 M 是两者完全同意的栏目，$N_1$ 是第一评判员所分析的栏目数，N_2 是第二评判员所分析的栏目数[4]。依据此方法的计算法则，在本研究的研究过程中，邀请 A 和 B 评判者两名，加上笔者为主评判员 C，共三名评判员对评判结果进行系统分析。经过计算得出 $K_{AB} = 0.90$，$K_{BC} = 0.91$，$K_{AC} = 0.88$，利用上面的公式可以计算出信度 $R = 0.94$。根据信度的相关要求，R>0.9 则表示信度很好，因此，本研究主要以主评判员 C 的评判结果作为内容分析的结果。

三、少年儿童组织认同研究结果分析

（一）相关文献的年度数量分析

相关文献的年度数量能在一定程度上反映出该研究的水平程度和发展速度。我们在这里将有关儿童组织认同的相关文献从论文总数量、期刊论文数量和学位论文数量三个角度进行分析统计，按照不同的年份统计其论文数量，具体统计详见图 1 所示的年度变化趋势图。

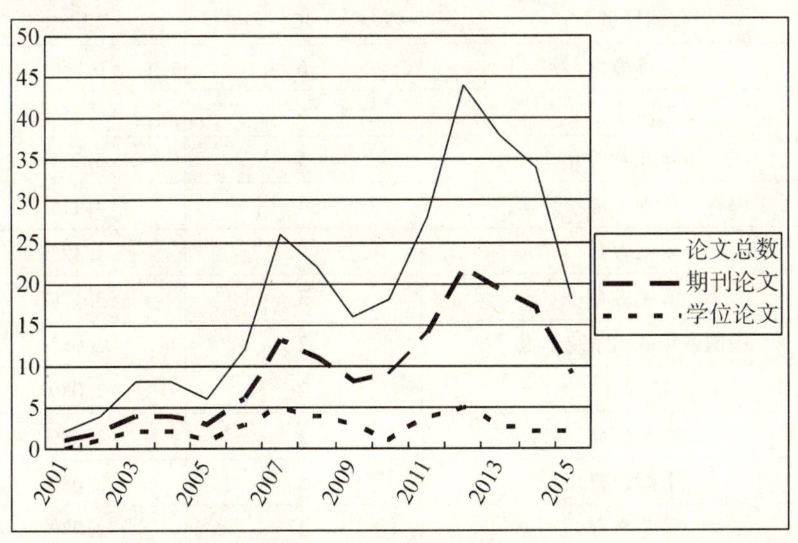

图 1　儿童组织认同相关文献年度分布表

从图 1 可以看出，在论文总数方面，2000 年前国内对儿童组织认同的研究文献相对较少，从段镇 1989 年研究儿童组织以来，到 2000 年关于儿童组织认同的文章只有 3 篇，直到 2005 年，有关儿童组织认同研究的文章都不多，从 2006 年开始，相关的文献逐年增加，到 2012 年达到一个顶峰阶段。2015 年数量下降的原因是因为截止数量统计的时间为 2015 年的 10 月。由此可以看出，近十几年来，学者们对儿童组织越来越重视，相关研究越来越多，尤其是近两年来很多少年儿童组织研究机构的成立，促进了学者们对儿童组织的研究。但从总的数量上来看，相对于很多热门的研究，儿童组织认同的关注度还有待提高。

从期刊论文来看，它占据论文总数的大部分，跟随论文总数的总体变化在发生着相应的变化，总体趋势大致相同。而学位论文则起伏跌宕，不是那么平稳，在 2008 年和 2012 年分别达到两个高度，说明研究生在儿童组织认同领域的思考没有那么敏锐，关注度也不是那么高。

（二）相关文献来源分析

1. 期刊论文来源分析

期刊论文来源主要指学术论文，对相关学术论文进行分析发现，96 篇学术论文涉及多家期刊，其中对超过 2 篇的期刊进行了数据统计如表 2：

表 2　　期刊论文来源分布表

载文期刊	载文量	百分比
辅导员	12	12.5%
江苏教育	6	6.25%
少先队小干部	6	6.25%
少年儿童研究	5	5.21%
上海青年管理干部学院学报	4	4.17%
安徽教育	4	4.17%
人民教育	3	3.12%
中国青年政治学院学报	2	2.08%
鸭绿江	2	2.08%
青年研究	2	2.08%
上海教育	2	2.08%
师范教育	2	2.08%

表2(续)

载文期刊	载文量	百分比
中国教育报	2	2.08%
合计	52	54.17%

由此可见，载文最多的《辅导员》超过了文献总数量的十分之一，载文2篇及以上的期刊也超过了文献总数量的一半。这说明学者们对少年儿童组织认同的研究相对来说比较集中，主要聚焦在教育和管理两个领域里面，同时也说明相关研究的范围不是很广，研究领域不多。

2. 学位论文机构分析

如果说学术论文在一定程度上反映着相关研究的广度，那么学位论文就能在一定程度上反映研究的深度。通过对相关学位论文的数据分析可以发现，31篇学位论文来至22所不同的高校机构，同一高校机构载文数最高的达4篇，超过2篇的有6所高校。从超过2篇的高校中可以看出，南方高校对儿童组织认同的研究居多，这在一定程度上反映着南方高校对儿童组织认同研究的重视和关注。

表3　　学位论文机构分布表

高校机构	载文量	载文比例
西南大学	4	12.90%
福建师范大学	3	9.68%
山东师范大学	2	6.45%
华东师范大学	2	6.45%
华中师范大学	2	6.45%
郑州大学	2	6.45%
合计	15	48.39%

（三）相关文献研究内容分析

在对样本文献进行内容分析上，本文采用内容编码体系，将132篇样本文献进行编号，从内容上进行归类统计，同时区分学术论文和学位论文。从文献内容的统计上来看，可分为少年儿童组织及其功能研究、少年儿童组织认同与组织管理、少年儿童组织与思想意识教育研究、少年儿童组织教育的原则和方法研究及中国少年先锋队相关研究五个方面，具体的文献统计数量如表4所示。

表4　　　　　　　　　　**内容编码体系表及其结果**

一级编码	二级编码	期刊论文	学位论文	篇数	百分比
少年儿童组织及其功能研究	现状研究	8	2	10	19.6%
	教育功能和目的研究	4	1	5	
	组织性质研究	2	0	2	
	相关成员研究	7	2	9	
少年儿童组织认同与组织管理	认同与评估研究	3	0	3	13.6%
	影响因素研究	2	1	3	
	组织的设计与管理研究	9	3	12	
少年儿童组织与思想意识教育研究	儿童组织与思想意识教育的理论研究	8	4	12	20.4%
	少年儿童思想意识发展研究	7	3	10	
	少年儿童思想意识的形成途径研究	4	1	5	
少年儿童组织教育的原则和方法研究	教育方法研究	1	0	1	1.5%
	教育原则研究	1	0	1	
中国少年先锋队	少先队历史及现状研究	10	4	14	44.7%
	少先队辅导员的研究	14	3	17	
	少先队活动研究	21	7	28	

1. 少年儿童组织及其功能的研究

在对少年儿童组织及其功能研究的文献中，主要研究的内容包括少年儿童组织现状、少年儿童组织的功能和目的、少年儿童组织性质相关成员的研究。

在少年儿童组织现状的研究方面，比较具有代表性的有：燕小童《段镇的组织观——〈少先队学〉“组织论”》（2009），詹小娇《我国少先队组织工作现状调查》（2011），段镇《尊重儿童与尊重儿童组织——少先队工作的基本理念》（2009），李燕《童子军：遍及世界各地的青少年组织》（2000）等。学者杨毅静（2005）认为，当前我国儿童组织的一般趋势是注重培养儿童素质，注重儿童心理特征，注重与学科相结合，从而导致组织的地位缺失、主体缺失、内容和落实的缺失。詹小娇认为，目前我国儿童组织在组织建设、组织活动和组织认同感等方面都存在不足，需要从规范制度管理、优化队伍建设、明确工作任务、丰富宣传方式、加强礼仪教育、深化实践活动等方面进行改进。

在儿童组织的功能和目的方面的研究比较多，其中鲁丹琴《少年儿童组织教育功能探析》(2015)，段镇《论中国儿童组织的社会功能》(1989)，吴小玮《少儿组织的政治社会化功能——以中国少年先锋队为例》(2011) 等比较有代表性。对相关文献进行总结，可以发现其主要功能主要包括育人、凝聚、社会交往、维权、促进快乐生活、促进自我发展六项。其中鲁丹琴认为儿童组织教育的社会功能包括社会化功能、组织认同功能和思想意识启蒙功能。学者段镇认为，组织功能是组织特性的体现，是为适应社会需要和组织成员的需要而产生的，组织功能的鉴定是组织活动的实践，因此，他认为儿童组织的功能除了以上功能以外，还包括自治功能和娱乐功能。

在儿童组织性质的研究方面，以张先翱《实施少先队根本任务的途径和方法》(2010)，李燕《世界两大青少年组织特点与启示》(2001)，洪明《少先队的组织属性及其变革——自组织—他组织框架下的再认识》(2011) 等为代表。上述文献对儿童组织的性质有以下共识：少年儿童组织具有政治性、群众性、儿童性和半自主性、半科层化、生活性和神圣性。

在对儿童组织相关成员的研究方面，主要集中于对少先队辅导员的研究，如姜金栋《推进少先队辅导员专业化建设略论》(2015)，叶霜《提升我国少先队辅导员素质的有效途径》(2013)，杨广祥《当前辅导员专业化发展的问题与研究》(2013) 等。综观文献，大多认为人们往往只注重学科教师的专业化，却忽视了少先队辅导员的专业化发展，导致辅导员存在专业意识不强、工作繁杂、年龄结构偏大、流动性较大等方面的问题，需从专业地位、政策支持、入职标准及培训体系等方面进行改进。

2. 少年儿童组织认同与组织管理的研究

少年儿童组织认同与组织管理的研究中，从心理学和社会学角度对组织认同的研究和儿童组织管理的研究比较多，具有代表性的有：苏雪梅《组织认同理论研究述评与展望》(2007)，郭玉琴《学校少先队组织的结构与运作机制变革中的道德生成》(2007)，张先翱《实施少先队根本任务的途径和方法》(2010)，孔虹《创新组织结构打造活动品牌——新时期少先队组织建设浅探》(2010) 等。

对儿童组织认同及其评估的相关文献不多，只有 3 篇，但是可以运用一般组织认同理论的研究成果，指导少年儿童组织认同评估工作的开展。综合学者们的研究成果，可以发现有的认为组织认同是一维的，仅仅是对组织的认知认同；有的认为组织认同包含两个维度，即认知认同与情感认同；有的认为组织认同包含四个维度，即组织认知、情感、评价、行为。关于组织认同内容的研究，有的强调“共享的组织目标和价值观”；有的认为包含物质利益认同心理、自我成功性认同心理、归属性认同心理、对组织事务热心的行为和对组织事务尽心的行为；有的研究发现，组织认同内容包括四个维度，即发展认同、工作认同、人际认同与文化认同。

少年儿童组织管理的研究方面，概括起来看，少年儿童组织有两种形态：一个是机械模型，它与官僚结构大致是同义词，其特点是僵化的部门制、高度正规化；另一个是有机模型，保持着较宽的管理跨度，以层次少、扁平式的结构使基层组织教育工作者和少年儿童能够对问题做出迅速反应。随着时代变迁，少年儿童的主体地位上升，民主意识增强。因此学者郭玉琴认为应从基层组织、个性结构、年龄衔接、地理因素等方面考虑，设计、优化儿童组织结构，并从决策与计划、目标和目标管理、人员管理和激励、管理沟通、建设团队、控制、组织发展与变革、组织文化八个主要环节，提升少年儿童组织的管理工作。

3. 少年儿童组织与思想意识教育研究

少年儿童思想意识教育是一个新兴的研究领域，研究少年儿童组织与思想意识教育的问题及普遍规律，加以学科化、系统化建设，有利于更好地指导儿童组织的教育实践。学者们主要从基础理论、少年儿童思想意识发展和少年儿童思想意识的形成途径三个方面进行了研究。

在一定程度上，少年儿童的一般发展理论能够揭示并体现出少年儿童思想政治素养发展的特殊过程[5]。因此，学者们对少年儿童的思想意识发展，主要从行为主义、精神分析、认知主义、人本主义等流派进行了阐述。普遍认为，影响少年儿童思想意识具体内容形成和发展的因素可以划分为三大类：政治环境、经济环境、文化环境。

此外，陈雯雯等人的《教育人种志对少年儿童组织思想意识教育研究的启示》（2014）采用人种志探究方法研究儿童组织思想意识教育，并能运用人类学的方法从本质上把握教育与人的关系，建立少年儿童组织结构和少先队系统建设。她认为研究的关键是收集资料，除了参与观察之外，还要对主要的对象做访谈，了解儿童的思想过程的具体情况，在此过程中要抛弃偏见，敢于提出新的问题，并掌握一定理论基础。李贵金的《论少年儿童组织与思想意识教育的功能》（2015），从少年儿童组织与思想意识教育的个人作用和社会功能进行了论述分析。

4. 少年儿童组织教育的原则和方法研究

学者们对少年儿童组织教育的原则和方法研究的相关文献只有 2 篇：张杏

云的《让少年儿童在队组织中锻炼成长》（2005）和吴小玮的《以训练为中心的儿童组织——民国时期童子军之研究》（2013）。

研究发现，少年儿童组织的活动安排、集体建设等组织工作和教育活动都需要遵守教育的基本原则，都应该符合少年儿童组织本质属性的基本要求。因此，对于少年儿童组织教育来说，需要把握主体性原则、儿童性原则、实践性原则、辅导性原则和系统性原则五个重要的基本原则。张杏云认为少年儿童组织教育的方法包括个人辅导、集体教育、组织熏陶和传播影响等。

5. 中国少年先锋队的研究

少先队是我们党在新中国成立伊始创立的少年儿童群众组织。新中国成立后，在党的领导下，少先队主动适应时代要求，充分发挥自身优势，广泛开展一系列适合少年儿童特点的活动，为促进少年儿童健康成长发挥了不可替代的重要作用。从20世纪90年代以来，我国学者对少先队展开了系列的研究，文章数量多达上千篇，在所选文献样本中有关少先队的文献超过总文献的三分之一。总的来说，研究包括少先队历史及现状研究、少先队辅导员的研究和少先队活动研究三个方面。

在中国历史上，不同的历史时期都存在不同的儿童组织。对中国少年先锋队的历史，大都认为其起源于第一次国内革命战争的劳动童子团。学者马晓月（2014）以河南少先队为例，分析了河南少先队组织工作的现状，并就存在的问题提出了改进措施：提高对少先队工作的认识，加强少先队活动载体和课程建设，加强少先队小骨干和队集体建设，推动少先队教育与学校融为一体等。郭毅琳在《论少先队活动的创新与发展》（2011）中指出，少先队作为少年儿童自己的组织，如何发挥其独特作用，值得我们深入研究。与时俱进，掌握和运用新的教学理念，强化辅导员角色意识，重塑德育形象，实现必要转变，而转变的有效载体就是少先队活动的地方特色化，这才是少先队活动创新与发展的源泉。

此外，林频、赵国强等人从国际视野对儿童组织进行了比较研究，通过比较分析国际少年儿童组织，为我国少年儿童组织建设与发展提供了良好的借鉴作用。

总体来说，我国对少年儿童组织的研究正在逐年增加，但总的文献数量不多。从表4可以看出，关于少年儿童组织的研究主要偏重于对少先队的相关研究，相比之下，对少年儿童组织认同的研究和立足于少先队员的立场，探讨少先队员对这一组织的认识的研究较少。研究不够深入，广度也不宽。期刊论文数量与学位论文数量的增减情况基本一致，有的研究存在研究新颖度和创新性不够的情况。

（四）研究热点分析

研究热点能突出地表明一个学科或某一研究领域的研究现状和研究面貌。本研究的热点分析将从词频分析的角度进行，采用关键词检索来自样本的数据，利用 EXCEL 的统计功能进行词频的统计处理，选择词频大于 2 的关键词，从而确定 16 个高频关键词作为分析基础（详见表 5）。

表 5　　高频关键词表

序号	关键词	频次	序号	关键词	频次
1	少年儿童	16	10	问题	5
2	少先队	11	11	改革	3
3	儿童组织	11	12	小学生	3
4	教育功能	10	13	少儿图书馆	2
5	政治社会化	10	14	童子军	2
6	组织认同	9	15	个体个性化	2
7	思想意识教育	9	16	教师教育	2
8	社会认同	9	17	社会分类	2
9	少先队辅导员	8			

这些关键词很大程度上反映了当下的研究热点，由表 5 可以看出，当下有关儿童组织认同的研究热点主要集中在基础教育学、思想意识教育、社会认同及教育改革等几个方面。从居前几位的关键词可以看出，目前学者关注的焦点是少年儿童的组织形式、组织教育、组织认同及对儿童组织工作的建议等。

四、后续研究展望

（一）深入研究少年儿童组织认同

基于以上的分析可以看出，少年儿童组织认同的文献大多集中在少年儿童组织和组织认同的研究上面，研究儿童组织认同的数量不多，而且大多停留在表层，没有深入地结合儿童发展的心理和身体特征来进行研究。在儿童组织认同的设计和策略方面，其理论研究相对较缺乏。

（二）注重对在组织认同中少年儿童本身的研究

由于少年儿童组织性质和组成成员的特殊性，少年儿童是组织的主体。因此，少年儿童组织在组织成员的角色、组织结构、制度、活动、组织个性等方面，不可避免地带有自身的特点。研究分析儿童组织的现状及其问题十分必要，但大部分的研究都不是基于少年儿童的视角，因此，从少年儿童的角度去分析儿童组织工作的改进，注重对儿童本身的研究，能够促进儿童组织认同理论研究的进一步发展。

（三）加强对少年儿童组织认同的评价研究

由于少年儿童难以分层次地清晰表达自己的态度，目前也鲜少有学者对儿童组织认同感的评估工作进行研究。少年儿童对组织的认同度和认知度有多高，从哪些维度来确定少年儿童的组织认同感，如何实现少年儿童组织认同的组织行为策略等等都需要更深入细致的研究。

参考文献

[1] 张先翱. 实施少先队根本任务的途径和方法［J］. 少年儿童研究，2010（20）：45.

[2] 段镇. 论中国儿童组织的社会功能——为庆祝中国少年先锋队四十周年而作［J］. 社会科学，1989（10）：35.

[3] 李克东. 教育技术学研究方法［M］. 北京：北京师范大学出版社，2002.

[4] 谢幼如，李克东. 教育技术学研究方法基础［M］. 北京：高等教育出版社，2006.

[5] 王海英. 儿童的知识建构［J］. 上海教育科研 . 2005（12）：10.

新时期加强少年儿童社会主义核心价值观教育的途径探析

——基于探究性德育实践的视域

于敏章[1]，邓达[1]，曹睿[2]，刁佳玺[1]

（1. 成都师范学院教务处，四川成都 611130；

2. 仪陇县龙桥乡小学校，四川南充 637600）

摘　要：少年儿童作为社会主义核心价值观重点教育的对象，是探究性德育实践的重要载体。对此，我们要引导少年儿童全面深入理解社会主义核心价值观的科学内涵，坚持探究性德育实践的原则，探索在德育实践中加强少年儿童社会主义核心价值观教育的途径，全面推进少年儿童社会主义核心价值观教育工作，让少年儿童在社会主义核心价值观指引下健康快乐地成长。

关键词：社会主义核心价值观；少年儿童；德育实践；养成教育；校园文化

前言

中国共产党的十八大报告提出，“倡导富强、民主、文明、和谐，倡导自由、平等、公正、法治，倡导爱国、敬业、诚信、友善，积极培育和践行社会主义核心价值观。这 24 个字是社会主义核心价值观的基本内容，为培育和践行社会主义核心价值观提供了基本遵循。坚持育人为本、德育为先，围绕立德树人的根本任务，把社会主义核心价值观纳入国民教育总体规划”[1]。同时，李克强总理在 2015 年的政府工作报告中着重强调，“文化是民族的血脉，要积极培育和践行社会主义核心价值观，加强公民的思想道德和精神文明建设”。罗迪（2014）认为社会主义核心价值观教育具有深刻的文化属性，它不仅是一项政治实践活动，而且也是一项文化实践活动；张会军（2014）认为社会主义核心价值观是我国各族人民建设社会主义现代化国家的思想基础，对社会成员的人生观、价值观的形成和发展具有十分重要的影响；韩宪洲（2015）认为社会主义核心价值观的养成不是一时之功，不可一蹴而就，是融入全面发展的漫长时期；蔡丽华等认为党的十八大报告所提出的三个提倡是我们党和国家目前倡导的社会主义核心价值观的全面概括。社会主义中国正处于转型发展的关键时期，西方的多元文化价值观不断地传入我国，我国社会主义的价值观受到不同程度的影响，切实加强对全国人民的社会主义核心价值观教育，尤其是在探究性德育实践中加强少年儿童的社会主义核心价值观教育非常重要。

一、全面深入理解社会主义核心价值观的科学内涵

习近平总书记在2015年儿童节与北京市海淀区民族小学师生的座谈会中强调："社会主义核心价值观要从全社会树立起来并长期发挥作用，要从少年儿童抓起，要适应少年儿童的年龄和特点，从记住要求、心有榜样、从小做起、接受帮助等方面积极培育和践行社会主义核心价值观。"[2] 在新时期要加强对少年儿童社会主义核心价值观的教育，我们就必须引领少年儿童正确认识社会主义核心价值观的基本内涵。

首先，要认识价值观内涵。价值观是指一个人对周围的客观事物（包括人、事、物）的意义、重要性的总评价和总看法。价值观是人们对社会存在的反映，是社会成员用来评价行为、事物以及从各种可能的目标中选择自己合意目标的准则。其次，从学理上讲，价值观包括核心价值观和一般价值观。核心价值观就是判断社会事件或社会行为时依据的是非标准、遵循的社会行为准则，引导着社会的价值方向，在文化内核中起主导地位的优秀价值观，在整个社会主义价值观体系中居于统治地位的、起主导作用和决定作用的价值观，对广大人民的思想政治与行为规范具有重大的引导作用。最后，社会主义核心价值观是社会主义核心价值体系的内核，体现社会主义核心价值体系的根本性质和基本特征，反映社会主义核心价值体系的丰富内涵和实践要求，是社会主义核心价值体系的高度凝练和集中表达[3]。

二、在加强少年儿童社会主义核心价值观教育中开展探究性德育实践的原则

为了让社会主义核心价值观的种子在少年儿童心中生根发芽，可以通过学校开展探究性德育实践来培育和践行少年儿童的社会主义核心价值观。

（一）全面落实探究性德育实践中目的性与针对性原则

从少年儿童抓起，要全面落实探究性能力和社会主义核心价值观的完美结合[4]。捷克伟大的民主主义教育家、西方近代教育理论的奠基者夸美纽斯（Johann Amos Comenius，1592—1670）曾说，在学校教育中如果把"德育"放在第二位，学校就不能培养出社会所需的合格人才。因此，在当前的学校教育

过程中我们要高度重视德育教育，开展形式多样的德育教育活动，注重培养少年儿童科学的人生态度和良好的道德情感，积极引领少年儿童感悟人生的意义，培养他们对社会主义现代化建设的责任心和悠久灿烂的文化历史的使命感，引导他们过上积极健康的生活。

随着当前社会的发展，出现许多对少年儿童健康成长不利的影响因素，很大一部分学生自身也暴露出许多弱点和不足之处，我们当代教师必须遵循少年儿童的心理健康特点和身心发展规律，做到有的放矢，有针对性地制定措施与策略。因此，我们在开展探究性实践的过程中要把少年儿童从活动中获得主观的情感体验作为重要目标给予高度重视，通过制定具体的思想意识目标，把社会主义核心价值观有针对性地、有选择性地、合理地融入探究性德育实践中去。

（二）坚持探究性德育实践中的主动性与多样性原则

探究性德育实践实际上也是一种学生自主学习的过程，激发学生的主动性，引导他们积极参加德育实践活动。少年儿童是未来的主人，现阶段正处于身心发展的迅速时期和学习参与社会公共活动的重要时期，也是人生观、世界观和价值观形成的关键时期，积极引导他们主动参与活动，主动在公共活动中去体验自己的价值[5]。

当前中小学校探究性德育实践活动多种多样，促进了许多学校德育教育渠道的多样性，使得学校的思想政治课堂不再单调和老套，变得丰富多彩和生动有趣，实现了德育教育课堂的开放化和趣味化。加强中小学校校园文化建设，开展丰富多彩的探究性德育实践活动，将社会主义核心价值观的价值理念融入课内德育教育的开展和课外探究性德育实践活动中，在丰富多彩的探究性德育实践活动中发挥少年儿童的主体作用，提高他们主动参与探究性德育实践活动的热情。

（三）遵循探究性德育实践中的启发性与衔接性原则

在探究性德育实践中我们要遵循新课程标准“坚持运用正确的社会主义核心价值观念积极引导与启发少年儿童认真学习、独立思考和积极参与实践活动，做好德育实践中的各项任务的衔接性”原则。我们要积极鼓励学生从不同的角度和采用不同的方法去思考问题和探索问题，让他们在活动中历练自己的人生，感受社会生活实践中的真、善、美，不断地完善自我和提高自我。如在校园活动中开展丰富多彩的文娱、体育、劳动等活动比赛，丰富和完善少年儿童的课余文化生活。

要让社会主义核心价值内化于心、外化于行，我们要在学校开展探究性德育实践中抓好各项事务的衔接性。具体体现在“做好学生学习能力的培养和学校德育教育的衔接，做好书本知识与现实生活的衔接，做好学校文化知识的教育与社会生活常识教育的衔接，做好当前各个学科教学的衔接，做好班主任教育和家长教育之间的衔接，做好学生在校期间和节假日期间的衔接”，使探究性德育实践形成一个“互联网”，保持高度的协调性和一致性，让少年儿童在探究性德育实践中相互交流、相互学习，促进中小学校德育教育的全面发展。

三、在德育实践中加强少年儿童社会主义核心价值观教育的途径探析

党的十八大和十八届三中、四中全会之后，全国上下吹响了全面深化改革和建设法治中国的集结号，教育领域的综合改革和治理能力的现代化也在不断推进，中小学德育面临着新的机遇[6]。各级教育部门和中小学校要抢抓机遇、乘势而上，以改革增强活力，以改革增进实效，以社会主义核心价值观教育为主线，切实加强和改进中小学校德育工作。少年儿童的价值观的形成与发展是主体内在的思想矛盾运动转化的结果。加强少年儿童社会主义核心价值观养成教育，就是要在社会主义核心价值观教育中充分调动少年儿童的积极性，使其主动参与探究性德育实践活动，从而促进少年儿童身心的健康发展。

（一）开展探究性德育实践活动，提高少年儿童的思想认识水平

在现代教育改革发展中，各级教育部门和中小学校要通过开展探究性德育实践活动，让少年儿童积极参与到活动中来。通过一系列活动把少年儿童的道德情感激发出来，再通过道德情感激发他们的道德动机，促进少年儿童思想观念的转化，不断涌现出高尚的道德行为事迹，进而让社会主义核心价值观成为少年儿童自我价值实现的体现，全面提高他们的道德意识，实现他们人格内化的需要。如定期组织学生到革命烈士纪念馆参观和参与社区志愿者帮扶等活动，有利于激发他们的爱国情操和无私奉献的精神；开展家乡社区环境调查问卷，提高少年儿童的环境意识和社会公德意识；通过组织到科技馆和文化科技中心参观调查，增强少年儿童热爱科学和崇尚科学的意识。总之，要通过开展形式多样的探究性德育实践活动，进一步培养少年儿童的社会主义核心价值观。

（二）创新校园文化建设，构建社良好的校园环境

校园文化建设是全面实施探究性德育实践的有效载体，中小学校要树立科学的发展观，提高思想认识，明确校园文化建设的重要性、必要性，把思想自觉统一到学校校园文化建设的行动上来。加强校园文化活动的基础设施建设，

创新校园文化活动的思想内容，拓展校园文化活动的领域，规范校园文化活动的模式，努力构建和谐温馨的校园文化氛围，提高少年儿童的思想境界和科学文化素养。

中小学校必须加强组织领导，明确责任意识，确保校园文化建设工作的顺利进行。成立校园文化建设领导小组，全面组织领导校园文化建设工作，组织好各相关部门抓好“学校风纪、制度建设、宣传舆论、道德规范、教风建设、教学教研、思想建设、文化氛围、服务质量、环境建设、美化绿化”等制度建设。坚持“以人为本”的育人理念，充分发挥师生在校园文化建设中的主体作用。全校师生员工都要自觉地参与这种精神氛围和物质环境的建造与变革，自觉地接受校园文化氛围的陶冶和塑造。

（三）充分发挥学习德育课程在社会主义核心价值观教育中的渠道作用

当前处于社会转型时期，在学习德育课程教学过程中，教师既要结合书本上的德育理论原理教授，又要结合当前社会发展的现状，分析近期有关德育教育的实践案例，带领学生去探讨、分析，加强小组合作，进行答辩比赛等丰富多彩的课堂教学，提高少年儿童的积极参与意识，让他们在课堂互动交流中树立正确的思想意识和坚定的信念。

少年儿童时期是进行思想道德、心理品质和行为习惯养成教育的关键时期，也是引导少年儿童树立科学的人生观、价值观和世界观的重要时期。各级教育部门和中小学校以强化德育教育为出发点，坚持学习德育课程教学的主渠道，全面引导少年儿童正确地树立社会主义核心价值观。新时期加强少年儿童社会主义核心价值观教育，为少年儿童的健康成长和身心发展提供了有力的保障，同时有利于在当前社会转型时期树立起长期发挥作用的核心价值观。

参考文献

[1] 胡锦涛. 坚定不移沿着中国特色社会主义道路前进为全面建成小康社会而奋斗［EB /OL］.（2012-11-08）. http://www.qstheory.cn/zhuanqu/bkjk/2016-02/01/c_1117955640.htm.

[2] 习近平. 从小积极培育和践行社会主义核心价值观［N/OL］. 人民日报，2014-05-30. http://paper. people. com. cn/rmrb/html/2014 - 05/31/nw.D110000renmrb_20140531_1-02.htm.

[3] 中共中央办公厅印发《关于培育和践行社会主义核心价值观的意见》［EB/OL］.（2013-12-24）. http://opinion. people. com. cn/n/2013/c1003 - 23927238.html.

［4］周军. 论全面准确理解社会主义核心价值观体系［N］. 人民日报，2006-12-20.

［5］陈静. 社会主义核心价值观基本内涵探要［J］. 马克思主义研究，2007（6）：18-19.

［6］王定华. 关于社会主义核心价值观教育的几点认识［J］. 班主任，2015（2）：5-7.

组织认同理论在少先队组织管理中的应用

马旭龙

（云南师范大学教育科学与管理学院，云南昆明 650500）

摘　要：少先队是中国少年儿童的群众组织，是少年儿童学习共产主义的学校，是建设社会主义和共产主义的预备队，是学校进行教育教学工作的重要组织。其中，少先队管理工作是学校管理工作中的重要组成部分，搞好少先队管理工作对学校完成教育任务和实现教育目标，具有重要意义。在现代少先队组织管理工作中，借鉴企业管理中的组织行为学理念，运用组织行为学的原理来实施少先队管理，以提高少先队管理的科学化，有利于推动教育目标的实现。本文通过对组织行为学中组织认同理论在少先队组织管理过程中的适用性研究，探讨少先队组织管理的有效策略。

关键词：少先队；组织认同；组织管理；应用

一、少先队组织管理的现状及成因分析

少先队组织管理是少先队辅导员按照一定的要求和原则，采取适当的方法，建构良好的组织集体，为实现共同目标不断进行调整和协调的综合性活动；是辅导员辅导少年儿童学习共产主义、学习文化知识，培养高尚品德的管理教育的活动。但在目前的少先队管理中存在不少问题，这些问题将影响教育目标的实现。对少先队管理中存在的问题加以认真分析研究，提出可行的解决方案，对深化我国的教育改革具有重要意义。

（一）少先队组织管理的现状及存在的问题

1. 缺乏系统的理论指导

少先队组织教育管理是一项庞大的复杂的育人的系统工程，几乎涉及一切与人有关的学科领域，因此，少先队辅导员需要掌握的理论涉及的面也很广，其中与少先队管理关系密切的主要包括教育学、心理学、教育管理学以及这些学科交叉研究产生的边缘学科。但是，当前中小学少先队管理中仍然缺乏系统的理论指导，少先队管理者掌握的专业知识远不能满足现代少先队组织管理的

需要，大多数辅导员掌握的工作技能和技巧主要是通过管理和教育实践逐步摸索得来的，这说明辅导员大多是经验型的，缺乏科学的理论做指导，少先队组织的管理工作缺乏科学性。

2. 管理方法传统

经过多年的少先队管理经验的熏陶，目前的少先队管理行进在固定的管理模式中。与课堂教学相同，少先队辅导员习惯于扮演权威的角色，形成了传统的组织管理方法。第一，少先队组织的管理缺乏灵活性，缺乏民主，大多数少先队员习惯于逆来顺受，无创新意识，其主观能动性得不到发展，主体作用得不到发挥。第二，在传统的管理模式中，辅导员在少先队管理中对学生缺乏激励、鼓励，不能很好地给学生创造机会，使其体验成功的快乐，增强学生的自尊自信。第三，在传统的少先队管理中，辅导员在进行组织管理时，往往会忽视学生与学生之间的互相合作，这导致学生的协作意识淡薄。第四，在传统的少先队管理中，辅导员越俎代庖，在他们看来，学生“无须独立思考和行动，只要按照教师的意图行事便万事大吉”。第五，传统的少先队管理方法不是树立以人为中心的管理思想，不能充分挖掘和调动学生各方面的积极性、主动性和创造性，从思想到行动都不能确定尊重和维护学生主人的地位，不能充分发挥他们自我管理、自我服务、自我教育的作用。

3. 管理内容片面化

首先，当前的少先队管理注重常规管理，忽视学生能力的培养。当今社会对其成员应具备的素质提出了具体的要求，即要求学生具有很强的学习能力、适应能力、心理承受能力、交往能力、生存能力等。当代中小学生这几方面的能力都比较欠缺，通过教育，培养中学生的上述能力显得尤为重要。但在目前的少先队组织管理中，辅导员往往忽视学生的能力的培养，仅仅重视维持少先队运转的常规管理，如考勤、清洁、纪律、学习、行为规范的管理。其次，注重学习成绩，但忽视少先队管理的作用。文化课学习是学生的主要活动，也是学生成长过程中的重要积累，搞好学生的学习管理是完成学习任务的必要条件。但在实际的工作中，一些老师片面地以少先队活动、课程会影响学生的学习为由，将学生更多的精力聚集在文化课的学习上，给少先队管理造成了严重的阻碍，使少先队组织管理活动的开展难以顺利进行。实际上，学生的学习管理和少先队组织管理并不冲突，而是相辅相成、相互促进的，任何一方都无法代替另一方实现相应的教育目标。

(二) 少先队组织管理中存在问题的成因分析

1. 组织管理理念落后

组织管理理念是管理少先队组织的指导思想和原则，是少先队辅导员工作行动的指南和力量的源泉。分析和反思当前少先队管理存在的诸多问题，其根源还在于不少少先队辅导员的组织管理理念落后。在少先队的管理实践中，辅导员常把学生当作需要接受教育和管理的被动者，这样往往会低估学生的能力，忽视了学生的主动性，而不敢放手让他们自己去做。这会影响学生积极、主动人生态度的形成，使他们不能真正体会到少先队活动的愉悦，体会到因主动性的发挥而得到的精神满足和能力的发展。

2. 组织管理者教育理论知识的缺乏

少先队管理者在组织少先队活动时，部分辅导员过分凭借经验，凭自己的主观意愿来管理少先队，很少根据学生的特点和遵循组织管理规律，没有采用合理的科学的方法，这就导致少先队组织的管理效率低下，造成师生关系、生生关系紧张。没有科学理论指导的教育管理是不可能高效有序运行的。少先队管理者必须加强对管理学、教育学、心理学、教育管理学等理论的学习，以此掌握科学的教育管理原理，树立正确的教育管理思想，学会对少先队进行科学的系统分析，了解少先队内部、外部诸因素在组织系统中的地位和作用，分析各要素的联系及各系统的功能，从整体上把握少先队教育管理的运作状态及其发展规律，科学地组织和实施少先队管理的全面工作。实践表明，大凡在少先队组织管理中取得成功的辅导员，都是在科学的理论指导下，按照教育管理的规律来进行管理的。

少先队管理者缺乏理论指导与岗位培训不能按需进行有很大的关系，没能进行岗位培训的原因是多方面的。有些学校的领导不重视辅导员的培训工作，认为从师范院校毕业的就一定能胜任辅导员工作。实则不然，据了解，师范院校课程多年来一直是教育学、心理学、学科教学论这老三样，内容编排也以完整的学科理论为主，较少涉及管理学的知识。因而师范学院毕业的学生在刚参加工作时，对少先队组织的管理知识知之甚少。有的学校领导则缺乏战略眼光，不重视少先队辅导员工作，没有认识到少先队管理工作对学生的重要意义，不舍得把时间和金钱投资在辅导员培训上。

3. 教育环境的影响

自高考恢复之后，我国通过高考选拔机制遴选人才。在改革开放的进程中，通过考试选拔、任用、评价人才的模式逐步形成，而应试教育正是这种模式下的产物。在这种完全脱离了人的发展的实际需要、以应付升学考试为目的的违反教育教学规律的教育模式下，片面追求升学率、过度关注考试成绩的现象应运而生，这对少先队管理产生了不正确的导向。首先，学校偏重智育，忽视学生全面发展。在应试教育的模式下，以升学率来评价学校、以教学成绩来评价教师、以学习成绩来评价学生的评价方式成为主流，这实质上是以智育的状况作为检验学校教育质量的唯一标准。这样的现象导致学校领导、教师、学生在智育方面费尽心机，无暇旁顾，致使少先队管理活动被视为影响学生学习成绩的因素。其次，偏重统一要求，忽视学生个性发展。在应试教育的影响下，学校为了追求高升学率，并没有贯彻全面育人的方针。考试会继续并且长期作为学校选拔人才的主要手段，分数又是衡量教学质量的唯一标准，因此，教师们采用统一的教学方法、统一的考试、统一的评价标准、统一的管理，学生很少拥有根据个人兴趣进行选择的权利。与之相反，少先队的教育目标主要通过活动课程来实现，其教育目标是否实现很难通过考试来考察，这使学校可以相应减少少先队活动课程的课时，把更多的时间安排在文化课的学习上。最后，偏重知识灌输，忽视学生能力培养。应试教育以升学考试的需要为标准，并以此作为决定教育内容的依据。而学生在少先队各项课程、活动中的表现并不作为升学考试的一项考察项目，升学考试只涉及知识的积累与提取，教师只需要照本宣科，学生机械地背诵和复述即可。在应试教育的导向下，教师们是考什么教什么，学生是教什么学什么，这就加重了少先队管理者的负担，既要保证学生的学习成绩不受影响，又要能很好地实现少先队管理工作。因此，应试教育的沉重枷锁使少先队辅导员们无暇学习教育理论，也没有精力投入少先队组织的管理和研究。

二、组织与组织认同

（一）组织认同的内涵

“认同”，意为“相同的事物”。《社会心理学词典》中认为：“认同是表示个人同他人的一致关系，是把他人的目标和价值看成是自己的目标和价值的过程。认同是进一步或深层次的模仿，是学习行为内化的历程。”

组织认同作为认同的一种形式，是个体以组织作为认同对象的认同形式。概括地说，组织认同研究的是特定组织的成员与组织具有一致性倾向的现象[1]。从组织角度来讲，组织需要将组织成员的命运同组织的使命联系在一起，才能完成组织的目标；从个体角度来讲，如果社会的组织化程度越高，那么离开组织任何人都不可能独自生存，个体必须把自己维系在一定的社会组织中才能发挥自己的作用、实现自己的价值。

在组织中，当个体显示出希望自己拥有组织成员身份的心理和具有强烈的责任感时，个体才会有尽心竭力的工作态度，也才能够做出尽心竭力的行为表现。如果个体与组织之间在各方面具有较强的一致性，那么个体就会积极、努力地参与组织的事务、推动组织的发展。组织认同可以影响成员做出决定和形成意义，因为组织认同促使组织成员去思考，并且以考虑到组织价值和信念的方式来做出自己的行为。西蒙的说法最为简洁："正是成员对组织的认同，而不是其他的东西赋予了组织强大的力量，以保证众多成员协调行为，完成组织目标。因此，在过去的两百年中，组织认同在现代组织的兴起过程中发挥了主要作用，并使它们在与传统市场机制的竞争中取得成功。"[2]

（二）组织认同对组织的作用

组织认同对组织具有较明显的作用。研究证明：如果个体对组织的认同越强烈，那么个体就越有可能持有与组织一致的观点并且采取对组织有利的实际行动。在组织中，组织认同可以防止个体成员产生组织疏离感。如果一个组织成员对组织具有较强的组织认同，那么这个组织成员就有可能选择留在组织中并且加倍地为组织努力；反之，将可能降低或是失去对组织的认同。阿什弗和米尔认为，组织认同感的产生、发展会对组织中个体的行为和态度有影响。首先，会在组织成员中凸显出"去个性信任"。这是由于经过认同感过程，个体可能沉浸于先前与他人互动所形成的独立的信任行为之中。其次，加强个体对组织的承诺。组织中个体的认同感越高，那么个体感知到的个人成功和组织成功之间的联系就越紧密。再次，组织认同感可以内化组织文化。组织认同感会影响组织个体内化被感知到的组织认同中的信念、价值观、意义和目标倾向。作为对一贯性心理需要的结果，组织认同感会激发个体通过主动校正来使个体的行为和信念与组织的规范相一致。最后，影响个体在组织中的意义形成和意义传递。通过支持个体的信念和价值，组织认同感激发倾向于个体感知到的组织认同的意义形成，定义必须被注意和解释为与组织的地位和绩效有关的东西。[3]

三、组织认同理论在少先队管理中的应用

综上所述，组织认同很大程度上是个体的一种自我感受，其关注的是组织中的氛围和感情以及组织的目标、规范、信念等有关情感和价值等方面的内容。组织认同感越高，组织内成员的组织内信任就越强；组织内信任越强那么组织成员与组织之间和组织成员与成员之间的关系就越融洽，相互信任感也就越高。因此，在少先队管理中建立有效的少先队组织内的信任关系，引领少先

队员构建少先队组织文化，能使组织成员的信念、价值观、意义和目标等倾向符合组织目标，提升认同感。如果能在少先队组织管理中有效提高组织成员的组织认同感，引领成员主动构建组织文化，将有效提高少先队的组织内信任关系。下面我们从建立少先队组织内信任关系和少先队组织文化建设的维度来分析组织认同理论在少先队管理中的应用途径。

（一）少先队组织内信任与少先队组织管理

1. 组织内信任

关于组织信任的研究，一般可分为两个方面：一是组织内部的信任，二是组织间的信任。组织内部信任包含两个大的结构：组织中的人际间信任和组织中的系统信任。人际间信任又可以从横向人际信任和纵向人际信任两个维度理解，而系统信任则是指组织中的非人际信任，即组织成员对整个组织的信任。

2. 少先队组织内信任的建立有利于少先队组织管理

少先队组织内信任的建立，将对少先队的管理产生积极的作用。首先，组织内信任可以改善个体态度。组织内信任能增强个体的组织支持感，增强组织成员对组织的满意感，增强成员之间的情感承诺，促进个体的组织承诺。其次，组织内信任可以产生积极行为导向。组织信任会对组织成员的个体行为意图产生影响，还会对组织成员的组织公民行为、知识共享行为、参与管理和创新行为等产生影响。最后，组织内信任可以使组织成员的行为更倾向于组织目标的达成。组织成员对组织的高信任感，能够促进组织成员的本分行为、奉公行为、利他行为等组织公民行为，从而减少组织内部的矛盾与摩擦，保证组织内部的稳定性，维护组织内部的和谐气氛。

在组织内信任建立的过程中，要树立以人为本的理念。应充分尊重学生，以学生的健康发展为根本。因此，在落实过程中，要从每个学生的实际出发，使他们都能在达到基础素质要求的同时，发展符合个人特点的素质。首先，在确立组织整体目标时，学生是有不同需要的个体，不能以统一的理想化模式为标准。其次，要实现组织目标和个体目标双向互动，即组织和学生个体互相提出要求，互相促进，互为保障。最后，要关注学生个人目标，不能仅仅关注那些对学生提出的目标，还应当倡导学生畅所欲言地提出自己最想实现的目标。它们应当是多样化的、具体的、不拘一格的。根据实际可能，逐步纳入组织的活动计划里，让每个学生体会到组织对自己的一份尊重。如果没有个性化的目标，就不能反映学生个人真实的内心追求，不能发现和展示其特长，也不能加深个人对集体的认同感。

（二）少先队组织文化建设

1. 组织文化与组织认同

从组织文化与组织认同的关系来看，组织文化和组织认同是既相互区别又相互联系的两个概念，二者密切相关。概括而言，组织认同泛指组织成员对组织的认知、感受和看法，它被认为是集体对组织特有的价值观和特点的共同理解；组织文化则是形成和维持组织认同的内部符号背景。

就组织文化对组织认同的作用而言，组织文化对组织认同起着积极、重要的推进作用。组织文化具有内外两种功能：一是内部整合功能，组织成员会发展出一种集体认同感并明了该如何有效地一同工作；二是外部区分功能，组织文化作为组织成员的共有价值体系，它使组织独具特色，区别于其他组织，从而将自身的组织与外部其他组织区别开来，确认并增强对本组织的认同感。组织文化作为在组织行为中形成的组织成员共同认可的组织思维、目标、道德、价值观等的总和，它会促使组织成员的价值观念、思想意识、行为取向和组织的整体心理、价值观念、思想、行为进行整合，使组织成为一个员工利益的共同体，让组织成员对组织有一种归属感和认同感。组织文化的形成，尤其是组织价值观的形成对组织中人的行为和管理起到了规范化整合作用。[4]

就组织认同对组织文化的作用而言，培养和发展组织成员对组织的认同感有利于组织共同文化的深化。在组织中对文化的认同即对组织共同文化的确认。使用相同的文化符号、遵循共同的文化理念、秉承共有的思维模式和行为规范，这些是文化认同的依据。组织管理中的最高境界是对组织文化的认同。组织成员对组织的认同感一旦产生，就会心甘情愿地把组织所倡导的价值观念、行为规范，当作自己的价值观念、行为规范，从而形成和深化组织文化和组织集体意识，即广泛共享的信念、价值观，有助于组织成员之间达成共识，并采取协调一致的行动，进而对组织认同和管理产生积极的影响。

2. 少先队组织文化与少先队组织认同

少先队作为组织的一种形式，其文化构成与内容基本符合组织文化的特点。因此，基于组织文化对组织认同会产生积极影响这一结论，在少先队组织管理中通过少先队组织文化的建设，提高少先队员对少先队组织的认同感，同样会有效地促进少先队员组织集体意识的形成，并内化为个人的价值观念和行为规范。由此可见，少先队组织文化的构建，无疑对少先队组织认同有积极的推进作用。少先队组织文化通过其功能的发挥，使组织成员增强集体认同感并提高对集体事务的责任感和参与度；同时，组织文化作为集体的共有价值体系，能增强集体成员对少先队组织的认同感。通过形成组织成员共同认可的思维、目标、道德、价值观，促使成员的价值观念、思想意识、行为取向与教育终极目标所倡导的集体和社会的整体的心理、价值观念、思想、行为的整合，可以让少先队员对少先队组织产生归属感和认同感。

参考文献

[1] 高建奕. 组织认同研究综述 [J]. 昆明大学学报，2007，18 (1).

[2] 西蒙. 今日世界的公共管理：组织与市场 [J]. 新华文摘，2002 (1).

[3] 王彦斌. 西方组织认同感理论研究综述 [J]. 思想战线，2006，32 (6).

[4] 卢妍宇. 班级文化建设研究 [D]. 桂林：广西师范大学，2007.

青少年意向性的理论需求与实践导向①

何巧艳

（四川师范大学教育科学学院，四川成都 610068）

摘　要：本研究以约翰·塞尔意向性理论为基础，从青少年的心理发展准备、认知意向性的发展、情感需要的意向性发展与自我人格意识的意向性形成去揭示青少年意向性是一种把自己本身——从身体到心理的种种状态以及自己和客观世界的关系作为反映的对象去自觉地反映出来的特殊的心理活动，其实质是人逐渐走向自主乃至自由的过程；同时从适应青少年身心需要、促进认知意向性形成、满足情感意向性需要与建立自我人格意识四个方面去探索青少年意向性的实践导向。

关键词：青少年；意向性；实践导向

古往今来，人们都把青少年时期看作是儿童从童年向成年的“过渡期”。当代心理学和教育学都把青少年期视作人生理上基本成熟，认识和情感有了飞速的发展，理想、信念、世界观开始形成的重要时期，也就是在人的生理和心理发展过程中发生质的结构型改组的时期。因而，正确认识青少年期的身心发展规律和特点，因势利导地发挥其学习意向性，逐步地把他们培养成适应社会需要的终身学习者，是主体性教育实践成功的充要条件。

一、青少年意向性理论需求

在教育过程中，学生主要是通过教师这个直接或间接的语言中介去把握社会遥远而沉重的历史，明白社会错综且繁复的当下，承担社会憧憬和期待的未来。学生并非主客体关系中抽象的哲学概念，而是一个个既印有典型文化色彩、体现着一般年龄特征，更有着自己质的、主观的、具有第一人称的意识。

① 该论文由《意向性理论视野下的少年儿童思想意识教育》（课题号：15SZSJYZ-21，四川省人文社会科学重点研究基地课题，2015 年 07 月立项，在研，主持）、《导向型自主学习教学模式》（课题号：川教函〔2014〕446 号，四川省教育厅教育科研课题，2014 年 07 月立项，在研，主持）等项目支助。

他们的心灵通过意向性联系外在实在的世界，从情感、认知、自我概念形成等等向世界去表征着自己丰富的生活学习意向内容。

（一）心理发展的准备

青少年的心理发展是指青少年个体在生理、人格、个体与他人关系的社会性发展以及认识的发展，包括青少年个体受生理规律支配的生长和成熟，以及个体与环境相互作用而产生的变化。[1]在青少年期，个体具有独立性和依赖性、自觉性和幼稚性错综的矛盾；自我意识形成，抽象思维逻辑已占主导地位，并出现反思思维；思维的独立性和批判性也有所发展，但仍带有不少片面性和主观性。少年心理活动的随意性显著增长，可长时间集中精力学习并随意调节自己的行为；社会交往和社会认知、情感、认同大大增强，其社会行为也更自觉，但自我控制力不强，常出现前后自相矛盾的行为。

心理学家E. 埃里克森（Eric Erikson，1902—1994）认为，青少年阶段发展的主要任务是获得自我同一性，即自我认同。它是指个体组织自己的动机、能力、信仰及其活动经验而形成的有关自我的一致性形象。[2]自我认同帮助青少年回答“我是谁，我的价值是什么，我将来要做什么”的疑惑。自我认同既不是始于青少年期，也不是止于青少年期，它是一个终身发展的过程。在青少年开始探索和选择世界时，他们会努力评估自己拥有什么、欠缺什么，努力学习如何利用这些条件去形成更为清晰的概念，探索自我生命的方向，并逐步明白“我是谁”等问题。

而R. 哈维格斯特（Robert Havighurst，1900—1991）综合考虑个体的需要与社会要求，提出一种关于青少年期“发展任务”的心理社会性理论。它们是个体在人生的某些阶段必须通过身体成熟、社会期望及个人努力来获得的一些技能、知识、态度。在发展的每一个阶段掌握这些任务就会导致适应，并为以后更困难的任务做好准备。青少年期任务的完成带来的是成熟，否则将导致焦虑、社会责难、无法履行成熟个体的功能。[3]

从上面的论述可见，青少年的心理发展是有规律的，而这些规律又引发了基础教育中对青少年学习准备、学习关键期和最近发展区的关注。[4]首先，学习准备是指学生原有知识水平或心理发展水平对新学习的适应性的动态发展过程，包括学生身心发展成熟状况的学习准备和各年龄阶段所呈现的特殊学习准备；它影响学生在时间和精力消耗上的“经济和合理”。其次，关键期是个体早期生命中一个比较短暂的时期，在这个时期，个体对某种刺激特别敏感，如果能及时抓住个体教育的关键期，就能收到事半功倍的效果。最后，最近发展区是指学生在有指导的情况下，借助成人帮助所能达到的解决问题的水平与独自解决问题所达到的水平之间的差异，实际上就是两个邻近发展阶段间的过渡状态。

（二）认知意向性的发展

人们都是通过知觉摄入关于世界的信息，然后有意识或无意识地将这些信息整理成序，并在此基础上做出决定，或形成意图，并最后导致了行动[5]。认知是对事物逼真的反映。[6]它既包含了一种动态性的加工过程（认识），也包含了一种静态性的内容结构（知识）。[7]青少年的认知发展属于青少年心理发展的一个重要部分，包括感觉、知觉、记忆、思维、想象等的发展过程，这些过程具有鲜明的年龄特征。因为青少年期正是大脑皮层内部结构和功能复杂化的过程，而大脑皮层越趋成熟，联想、推理、概括和判断能力也越强。

让·保罗·皮亚杰（Jean Paul Piaget，1896—1980）从发生学观点和方法来研究儿童认知发展的顺序与阶段，探讨认知形成和发展的动因、过程、内在结构和机制等等。他认为认知发展是环境影响和大脑及神经系统成熟的综合结果。人在认识周围世界的过程中，形成自己独特的认知结构，叫作图式（schema），它代表人们用以应对环境中发生的事件的心理结构。而人们对有助于增加个人理解的新信息的包纳是“适应”（adaptation），它包括“同化”（assimilation）和“顺应”（accommodation）。同化指将新信息输入已有的认知结构中，而顺应则指改变已有的认知结构以适应新的环境和信息。同化与顺应之间所获得的是一种“平衡”（equilibrium），它意味着个体觉得舒服，因为个人所经历的现实与他所学到的认知是匹配的。当现实与个体认知不协调的时候，就会产生“失横”（disequilibrium），这就意味着儿童必须通过获得新的思维方式来解决冲突，以便实现“平衡”，而这种对平衡的渴望也就成了推动儿童走过各个认知发展阶段的动机。[8]

据此，皮亚杰提出了认知发展的四个阶段。在第四个阶段（11～15岁），即形式运算阶段，青少年的思维具有以下重要特征：假设—演绎思维、抽象思维和系统思维。具体说来，即他们已经能够脱离具体的、实际的经验，开始用一种更为逻辑的、抽象的方式来思考。他们能够进行反省，对自己的思想进行思考。在解决问题、得出结论的过程中，他们能够使用系统的、命题的逻辑。他们还能够使用归纳推理，把大量的事实聚合在一起，以此为基础建构理论。青少年也能够进行演绎推理，对理论进行科学的检验和证明，能够使用代数符号和隐喻象征。此外，他们能够思考假设，把自己投射到未来，并为之做准备。

另一位心理学家罗伯特·塞尔曼（Robet Selman，1942—）提出社会角色采择（social role taking）的理论，认为社会采择就是把自我和他人作为主体来理解的能力，是对他人像对自己一样做出反应的能力，是对自己的行为从旁观者的角度做出反应的能力。据此，他提出儿童发展五阶段说，即0~4阶段。

第四阶段，即青少年时期，是“深入的社会观点采择阶段”（in-depth and societal perspective-taking stage）。青少年关于他人的认识有两个突出的特征：第一，他们开始意识到动机、活动、思维及情感是由心理因素造成的；第二，他们开始意识到个性是特质、信念、价值和态度及其自身的发展历史构成的系统。因此，在青少年阶段，青少年能够站在他人的角度去考虑社会系统的问题，从而促进相互间的理解和沟通，进而形成团队意识和集体观念，并主动地维护社会系统的法律和道德[9]。

（三）情感与需要的意向性发展

需要与情感都是以世界是否符合人的愿望、欲望、观点所产生的世界向心灵符合的以言行事为要旨。当且仅当世界符合且满足了心灵的意向状态内容，人才会产生愉悦、快乐的情绪；反之，则会形成消极、焦虑的情绪。此外，需要还是有机体内部的某种缺乏或不平衡状态，它表现出有机体的生存和发展对于客观条件的依赖性，是有机体活动的积极性源泉[10]。而情感则更多地与社会性需要、认知、理性观念及观点相联系，并始终处于意识支配的范围内，以内隐的形式存在或流露出来，具有情境性、稳定性和深刻性的特点[11]。

马斯洛把人的需要划分为五个层次，这五个层次的需要构成人的行为动力，而且只有当客观的社会需要转化为个体的需要时，才能成为活动的动力，并以某种需要占主导地位来衡量个体发展的不同水平。作为青少年，其需要结构正处于不断变化和改组时期，因此呈现其独特的状况：其一，生理需要。青少年正处于第二迅速生长期，出现体能发展的高峰和性机能的发育。其二，交往需要。随着青少年人际关系范围的扩大、自我意识的发展和独立性的增长，青年人要求挣脱成人的约束和赢得同伴的承认与尊重。其三，认识与求知需要。青少年的求知欲非常旺盛，不仅涉及专业知识领域，还对其他学科知识、国家政治、体育文艺等等产生浓厚的兴趣。其四，自我实现需要。随着视野的开阔、知识的积累、人生观基本确立，青少年开始关注如何发挥自己的才能、争取做出成绩、创造美好的前途等自我实现的需要。

情绪与情感不同，情绪不具有意向性内容，却能指引情感的方向，让人感受到快乐与不快乐[12]；而情感总是意向性的，其发展是人的需要是否得到满足而产生的一种内心体验。青少年的情感发生发展过程从表现形式上看，呈现以下几个特点：其一，情感强烈，具有冲动性和爆发性。由于青少年需要强度大，自我意识迅速发展，比较敏感并易受情境感染，同时掌握了一定的行为道德规范，形成了一定的信念和理想，又很单纯，所以他们富于热情和激情，也容易感情用事而干傻事。其二，情感飘摇，倾向两极分化。青少年的内部需要正在改组，加上价值观不稳定，所以常导致他们的情感从一个极端走向另一个极端。其三，情感内隐，不外露。由于青少年控制情感能力的增强及整个心理发展水平的提高，他们的情感带有文饰的、内隐的和曲折的性质，需要成人对其的了解一定不能停留在表面现象上，而应经过深入细致的分析、做出判断。其四，情感延续时间较长。青少年常常因不能正确估计自己和周围人不正确地对待他们，而容易将一时的情感转化成“心境”（一种比较微弱、具有持久渲染性的情绪）[13]去持续很长的时间，表现为在优越中自我陶醉和在自卑中扩大忧患[14]。

总之，青少年正是各种心绪不断涌现以及需要结构正在改组的重要时期，其情感也随着各种需要的满足与否而跌宕起伏。为了促使青少年的发展需要与社会发展需要相结合，成人一定要注意对青少年情感的关注，要正确引导和创造条件满足青少年的正当需要，调节他们的情感波动，激发他们积极向上的学习动机。

（四）自我人格意识的意向性形成

自我意识是个体对自己本身与客观世界关系的一种意识。[15]它具有复杂的心理结构，是一个多维度、多层次、有组织的心理系统。在人们通过实践活动去认识客观世界、认识自己的过程中，它具有对环境信息进行选择、影响个体的自我期望水平、保持个性行为一致性和对个体的监督、调节与矫正功能。自我意识可以从认知、情感、意志三种成分维度进行分析，即自我认识、自我体验和自我调节。这三种表现形式联系在一起，凝聚在一起，便成为一个人的个性的中心内容——自我[16]。自我概念的核心特征即责任与计划，其中责任是自我在行动中的责任，计划是自我能在未来持存并能执行的计划[17]。判断人格统一性的标准是具有身体的时空连续性、结构所具有的相对意义上的时间连续性、记忆和人格连续性[18]。在青少年期，他们的独立性和自觉性迅速发展，并开始深入自己的内心世界，开始意识到自己的个性心理品质，其自我意识的发展正在接近成熟，但发展仍带有显著的不平衡性，具体表现为：

第一，自我的分析。因为第二性征的出现和性的逐渐成熟，青少年的外表变化以及周围成人对他们的态度变化，促使青少年经常反复观察自己、分析自己和控制自己，从而将注意力转向内心并试图去发现并实现自己在世界中存在的价值。

第二，意识到自己的形象。青少年具有自我肯定的渴望，因此他们开始对认识“自我”表现出兴趣。这种对“自我”认识的兴趣首先表现在他们对自己外在形象的关注，以引起更多的人尤其是异性同伴的关注。

第三，深入了解自己，关心自己的成长。当青少年开始注意到自己和别人的精神世界、个性品质，并逐渐注意到那些说明全部行为总体的个性品质时，他们日益能够根据自己所确定的生活目标来认识自己，并能进行长时间的独立思考和自我分析，有了关心自己发展和进行自我教育的强烈愿望。

第四，个性品质意识与自我评价能力的增长。这既是个体高度发展的重要标志，也是个体有意识地自我教育的前提。当然，青少年的评价逐步从别人过渡到自己时，还带有很大程度的片面性与不稳定性，因而周围人尤其是成人对他们的引导起很大的作用。

第五，自尊心的发展。自尊是对自我的总体评价，也是自我价值或自我映象。它产生于人际交往之中，给人以生存尊严。青少年对自己的个性品质有了新的认识，自我评价能力有了很大发展，其较为稳固的心理特点逐渐由不稳定向稳定过渡[19]。

总之，自我意识是一种把自己本身——从身体到心理的种种状态以及自己和客观世界的关系作为反映的对象去自觉地反映出来的特殊的心理活动。自我意识的发展究其实质是人逐渐走向自主乃至自由的过程[20]，自我意识的发展标志着个体心理成熟的程度，而“学习如何认识自我和理解自我”更是青少年时期主要的发展课题[21]。

二、青少年意向性的实践导向

在青少年期，青少年无论从心理过程还是个性发展来说，都已经趋近成熟。他们不仅在抽象逻辑思维上开始了新发展，还在生活与学习中发展了对知识的渴望，对未来的幻想；他们不仅具有热烈丰富的感情生活、富于创造性的学习，还迅速发展了自我意识，形成初步的人生观与世界观。但是由于他们身心发展的不平衡，他们的生活学习意向在学习生活过程中容易遭遇各种各样的挫折，亟须成人尤其是教师对他们进行适当而正确的引导。

（一）适应身心发展的需求

虽然心灵现象具有一种第一人称的本体论基础，不能为除“我”之外的人所确知，但是通过观察研究青少年的种种“以言行事”，教师们依旧可以把握学生们心理发展的一般内心体验与感受，合理拟定该阶段的青少年发展任务。首先，教师应注意学生群体的年龄特点和他们原有的学习准备状况，创造出丰富的学习条件，循序渐进地引导学生掌握不断学习的知识技能，产生愉快的学习体验，促进他们主动积极地去明确自己的学习目标，顺利完成青少年期的发展任务，获得自我认同感。其次，教师要抓住教育学生的关键期，及时进行适当的教育，去获得事半功倍的教育教学效果。如：抓住学生刚从小学进入初中时对新环境、新知识、新老师充满好奇和兴趣的心理，教师可以及时去激发学生的学习兴趣，培养学生良好的学习习惯，建立良好的人际交往环境等等。最后，教师要认真分析学生的实际发展水平和潜在发展水平，明确他们的最近发展区域，再有的放矢地去帮助他们确定可实现的目标，拟定学习计划、监管学习过程，尽量满足他们的学习意向性，让他们在一种愉快的情绪中得到真正充分的身心发展。

（二）促进认知意向性的发展

在意向的因果关系中基本的东西就是我们将要观察的那种状况，即人心导致它一直在思考的那种事态的状况[22]。以此为镜去考察教学生活：教师的意向使所有学生都能够自觉地学习并确实自觉地学习了，但是在这个教与学的因果意向事件中，即教师的意向与学生确实学习的因与果之间还存在着一段距离。而这段距离也就是：尽管青少年已经具备了抽象思维能力，会用抽象的观念来把握事物与现象，但与成人的思维水平还存在一定的差距。要填补这段距离，就需要教师在教学中采取多种策略，如教师应正确对待青少年思维发展的独立性、片面性和批判性，继续使用具体运算阶段的教学策略，用一些直观教具、直观经验去帮助学生迅速理解当前的学习内容，通过学生自己主动积极的同化或顺应，不断形成更高一级的平衡和建构起更新、更丰富的知识结构体系。此外，教师还要创设丰富的问题情境，应用启发式教学，充分发挥学生的创造精神，让他们多进行独立思考，学会自觉地、独立地对知识材料进行分析、概括、判断和推理，主动地去掌握知识技能，为思维的进一步发展打下坚实的基础。

（三）满足情感意向性的需要

青少年期是人的“心理断乳期”，青少年的需要与情绪随着身心发展而显得格外跌宕起伏。情绪提供整个意识状态或其后果的色调，它弥漫在行为能动者所有的意识经验里[23]。需要表征为世界向心灵指向，其满足条件是世界符合心灵。然而，并不是每一种需要的提出都能为世界所满足，因此，焦虑、悲观、颓废，甚至自暴自弃的情绪现象在青少年群体中屡见不鲜。可想而知，弥漫在这种消极情绪中的学习、生活意向性将会出现怎样的迷茫与混乱。为了帮助青少年顺利度过人生发展的重要时期，教育工作者首先应满足青少年身体发育的需要，调节和转移他们因性成熟所带来的矛盾冲突；注意对青年人交友选择进行引导，尊重他们的个性，给予温暖而亲切的关怀；及时地引导和帮助他们解决广泛求知和不善于选择的矛盾，将自我实现的需要与社会发展的客观需要相结合。在满足青少年各种需要的基础上，面对他们从他律走向自律过程中所遭遇的各种情感冲突，教师应积极热情地对他们进行情感调适和情感疏导，采取心灵沟通、在集体中进行情感矫治和深化等方式方法让师生间的关爱和尊重产生“超教育”的效能，使每一种教育因素都产生不可估量的作用。

（四）建立自我人格的意识

如前所述，自我概念的核心特征为责任与计划。责任表征为心灵向世界指向，而计划表征为世界向心灵指向。青少年学生的自我概念形成就是在于他们参与各种学习活动中所体现的责任，以及合理安排时间、对将来进行筹划，以使自我不仅持存更优化于未来。为了让青少年个体不断在社会化的进程中形成积极的自我意识，学习生活更具灵活性、敏感性与创造性，学校对青少年自我意识的培养至关重要。首先应引导学生确立符合实际情况的理想自我，鼓励青少年扩展生活、交往和实践范围，提供多种活动，对学生的生理、认知、伦理和心理素质进行综合的、整体的培养和发展。其次，营造鼓励性和奖赏性的教学环境，在良好的校风和班风中使学生团结互助、合作进取，使他们产生积极的情感体验，从而提高他们的学习积极性、增强自信心，形成自尊感。第三，建立学生为中心，促进学生主体个性化、多元化发展的教学模式，以利于学生积极自我意识的发展。通过多种多样的教学活动，鼓励学生在学习中了解自己、他人和社会，在活动中学会与人合作，并能合理安排时间，调节并管理好自己的各种情绪、通畅地表达自己的各种意向。第四，采取多样化、个性化、多角度的评价方式帮助不同类型的学生进行恰当的社会比较，不断反省自己的优缺点，建立起学习成就感和自信心，提高自我教育能力。

参考文献

[1] 皮连生. 学与教的心理学［M］. 上海：华东师范大学出版社，1997：35.

[2] 皮连生. 学与教的心理学［M］. 上海：华东师范大学出版社，1997：52.

[3] 雷雳，张雷. 青少年心理发展［M］. 北京：北京大学出版社，2003：5-6；黄甫全. 现代课程与教学论学程［M］. 北京：人民教育出版社，2005：72-73.

[4] 皮连生. 学与教的心理学［M］. 上海：华东师范大学出版社，1997：35.

[5] 约翰·塞尔. 心灵导论［M］. 许英谨，译. 上海：上海人民出版社，2008：227.

[6] 黄希庭. 心理学导论［M］. 北京：人民教育出版社，1991：507.

[7] 陈英和. 认知发展心理学［M］. 杭州：浙江人民出版社，1996：2.

[8] 雷雳，张雷. 青少年心理发展［M］. 北京：北京大学出版社，2003：8；静进. 儿童青少年的认知发展［J］. 中国学校卫生，2006：182；皮连生. 学与教的心理学［M］. 上海：华东师范大学出版社，1997：41-46.

[9] 雷雳，张雷. 青少年心理发展［M］. 北京：北京大学出版社，2003：9.

[10] 黄希庭. 心理学导论［M］. 北京：人民教育出版社，1991：180.

[11] 章志光. 心理学［M］. 北京：人民教育出版社，2002：317-318.

[12] 约翰·塞尔. 心灵导论［M］. 许英谨，译. 上海：上海人民出版社，2008：125-126.

[13] 黄希庭. 心理学导论［M］. 北京：人民教育出版社，1991：528.

[14] 许政援，沈家鲜，等. 儿童发展心理学［M］. 长春：吉林教育出版社，1996：415-420.

[15] 许政援，沈家鲜，等. 儿童发展心理学［M］. 长春：吉林教育出版社，1996：457.

[16] 黄希庭. 心理学导论［M］. 北京：人民教育出版社，1991：86-87.

[17] 约翰·塞尔. 心灵导论［M］. 许英谨，译. 上海：上海人民出版社，2008：260.

[18] 约翰·塞尔. 心灵导论［M］. 许英谨，译. 上海：上海人民出版社，2008：249-252.

[19] 许政援，沈家鲜，等. 儿童发展心理学［M］. 长春：吉林教育出版社，1996：457-465；皮连生. 学与教的心理学［M］. 上海：华东师范大学出版社，1997：54-57；雷雳，张雷. 青少年心理发展［M］. 北京：北京大学出版社，2003：35-46.

[20] 申继亮，李虹，等. 当代儿童青少年心理学的进展［M］. 杭州：浙江教育出版社，1993：205.

[21] 张日升. 青年心理学——中日青年心理的比较研究［M］. 北京：北京师范大学出版社，1993：175-205.

［22］约翰·塞尔．心灵导论［M］．许英谨，译．上海：上海人民出版社，2008：51.

［23］约翰·塞尔．心灵的再发现［M］．王巍，译．北京：中国人民大学出版社，2005：117.

地方少年儿童组织认同教育存在的问题与前景展望

——基于成都七所小学的考察

李荣华　唐奕　廖咏滔

（成都师范学院人事处，四川成都 611130）

摘　要：少年儿童组织认同教育直接影响着少年儿童的身心健康、人格发展，事关少年儿童正确世界观、人生观、价值观的形成。本文基于成都市七所小学少年儿童组织认同教育状况的实地考察，从学校的办学理念和育人思想、少年儿童组织活动平台、少年儿童组织代表性活动三个视角展开调查和分析，发现当前少年儿童组织认同教育存在标准缺乏统一性、体系缺乏完整性、内容缺乏现代性等问题。最后，用社会主义核心价值观统领少年儿童组织认同教育思想，用科学发展观规范少年儿童组织认同教育标准，用顶层设计理念建构少年儿童组织认同教育体系。

关键词：地方；少年儿童；组织认同；思想意识；问题

少年儿童组织是基层少年儿童思想意识教育的重点平台，其组织认同教育的方向、教育理念、教育模式和教育内容直接影响着少年儿童的身心健康和人格发展。曾经，少年儿童组织是少年儿童无比向往和崇敬的组织群体，深深吸引着少年儿童关注的目光。少年儿童以能成为一名少先队员为光荣，深刻地影响着少年儿童世界观、价值观、人生观的建立和发展，深刻影响了一代又一代的中国少年。然而，近年来，由于复杂的社会实际情况的影响和多元文化的冲击，加之少年儿童组织认同教育体系、教育话语的现代性缺失，少年儿童组织在少年儿童中的吸引力、影响力受到极大的挑战，少年儿童对组织的认同感、归属感、荣誉感渐趋模糊，不利于社会主义核心价值观引领下的少年儿童组织认同建设和少年儿童思想意识价值形成。因此，加强对基层少年儿童组织认同教育现状的基础现状考察和分析，对少年儿童组织认同教育理论创新发展和少年儿童组织认同教育实践具有重要的理论和现实意义。

一、成都市七所小学少年儿童组织认同教育状况考察

本文随机抽取了成都市七所基层小学，通过网络调查、实地走访等方式重点从学校的办学理念和育人思想、少年儿童组织活动平台、少年儿童组织代表性活动三个维度对这七所基层小学的少年儿童组织认同教育状况开展考察，并以此为基础，对当前基层小学少年儿童组织认同教育的一般范式和现状展开分析，以期为少年儿童组织认同教育的未来进行展望。

成都市实验小学

1. 办学理念和育人思想

据学校官方网站显示：成都市实验小学前身为1918年创办的四川大学附属小学，1952年，学校更名为成都市实验小学。“实验研究、辅导地方”是该校的建校使命。抗战时期，学校注重培养儿童“自动、计划、研究、创造”的能力，陶冶儿童“互助合作、坚忍奋斗、爱国爱群”的精神并养成“整洁、纪律、简朴、劳动”的习惯。新中国成立以后，学校特别强调采用直观形象、灵活多样的教学方法帮助儿童掌握知识规律。十一届三中全会以后，学校以办成“校园美、校风好、教改活、教学实、质量高的全国一流学校”为目标，通过整体改革教育实验，力求把学生培养成思想活跃、个性活泼、手脑灵活、充满活力的新一代。进入新世纪以后，学校的办学理念定义为“涵养儒雅教师，培养文雅学生，润养高雅学校”。

2. 少年儿童组织活动平台

实验小学“实小A城”是成都市实验小学开展少年儿童组织认同教育的重要平台。“实小A城”于2003年9月由成都市实验小学大队委员会研究、设计、筹备成立，组织开展了一系列的少先队活动；此外，成都实验小学还建有“自主少先队”“博雅社区”等少年儿童组织活动平台。

3. 少年儿童组织代表性活动

以“实小A城”为少年儿童组织教育活动平台，学校组织开展了一系列“A城”活动，如倡议全体少先队员开动脑筋，共同设计心中的A城、“A”城邮局、“A”城水晶心别动队、“雷锋在A城”“A城聊吧”“A城足球俱乐部”“A城跳跳球编辑部”“传承中华文化，弘扬民族精神”主题活动；感动A城年度人物评选；A城“做文雅学生‘知恩、感恩、报恩’三恩工程”、A城爱心日，我们在行动活动等丰富的少先儿童活动。

以“自主少先队”为载体，学校组织开展了学生自主性网络德育活动、母亲节感恩活动、雷锋活动月图书漂流活动、“荣辱观伴我行——珍惜生命，

遵守交通法规”警察叔叔进校园、“红领巾樱桃林”活动、“感念恩师”教师节主题征文大赛、参加中央电视台主办的“时刻准备着”六一国际儿童节特别节目的录制等等。

成都市盐道街小学

1. 办学理念和育人思想

据学校官方网站显示：盐道街小学创办于1919年，是一所久负盛名的省、市校风示范学校。学校先后被评为：全国现代教育技术实验学校、全国绿色学校表彰学校、四川省文明单位、四川省教师职业技能示范学校、四川省百所艺术教育特色学校、四川省现代教育技术示范校、四川省实验教学示范校、成都市义务教育示范学校。其办学宗旨是“乐学、拓新、尚美、求真”。

2. 少年儿童组织活动平台

盐道街小学以“厚德如盐、适融入道”作为少年儿童德育理念，搭建了系统化的少年儿童社团平台，如“哆来咪”音乐社团、“运动阳光”体育社团、“七彩世界”美术社团、“蔚蓝天空”科学社团、“英语先锋”英语社团、“比特精灵”信息社团、“朗朗”国学社团、“爱的社团”等。此外，学校通过国旗下的讲话、班辅园地、心语行动、乐美之星、成长小组等平台将少年儿童组织认同和思想意识教育融入各种活动中。

3. 少年儿童组织代表性活动

盐道街小学开展了“国旗下的讲话”“春日尚好，尽情奔跑 ”、文明微观察，对陋习SAY STOP、“我是一粒米”“大话法制之文明守法”“大手拉小手，幸福向前走”“职业梦工厂”“爱尚运动”“唱响童年，激情绽放”“绿色小使者，唱响春之歌”“出彩盐道人，精彩中国梦，爱国小公民”活动、“新年习俗早知道”活动、“帮助别人快乐自己”友善盐精灵等相关少年儿童组织教育活动，开展“乐美之班”“乐美之星”评选活动，系列开展“成长小组”活动，如分工协作来找茬、遨游书海、“一缕阳光，温暖寒冬”、亲情的力量、快乐源于体验、沐浴着阳光成长、“在感恩中奋进，在关爱下成长”捐建手拉手红领巾书屋活动等特色教育活动。

成都师范学校附属小学

1. 办学理念和育人思想

据学校官方网站显示：成都师范学校附属小学由川中名儒陆慎言先生创办于1909年，其前身是淑行女子学堂（成都师范学校前身）小学部。百年的办学历史使附小具有丰厚的文化积淀，孕育了附小优良的传统。在不同的办学时期，附小均以师资雄厚、教风扎实、校风严谨而著称。学校执着于“常规立校、科研兴校”之路，在改革中永葆活力。新时代的附小人传承附小精魂，明确提出了“万类霜天竞自由”的办学理念和“赤诚教育追求卓越”的学校精神，致力于凝练学校文化，以文化治校，以“主体学堂”的育人模式培养着“我会选择、我能行动、我敢超越、我很灵动”的学生，为其生命成长奠基坚实的基础，不断提升着附小优质教育的品牌。

2. 少年儿童组织活动平台

成都师范学校附属小学以班辅园地、班级名片、班级网站建设、志愿者活动、雏鹰电视台等等作为其少年儿童组织教育的重要平台。附小通过开通文明小博客、雏鹰展示平台加强与少年儿童沟通与交流。

3. 少年儿童组织代表性活动

成都师范学校附属小学以少年儿童组织认同教育平台为载体，开展了很富特色的少年儿童组织认同教育活动，如“爱上红领巾、践行价值观、文明我先行”“让亲情温暖生命”“播种美德，幸福一生”“校训背后故事多，少先队员风采展”“我们的名字，父母的期望”“追梦雏鹰，展翅飞翔”“从我做起，维稳社会”“书香童年，诗意人生”“大手牵小手，爱心接力棒”“传承力量，入学精彩”“唱响童年的歌”“开心农场，快乐田园，呼吸春天的气息”“穹顶之下，绿色出行”“红领巾手拉手——玩具总动员”大型公益活动、“公德装在心中，文明贵在行动”等活动。

双流县实验小学

1. 办学理念和育人思想

据学校官方网站显示：成都市双流县实验小学自 1936 年建校，以“一个都不能少”作为学校的办学理念，建构了“尊重差异，让每一个生命都绽放异彩”的学校核心价值文化体系，确立了“彰显实验学校特质，突出示范性形象，创特色鲜明、质量一流的全国素质教育示范性学校”的办学目标，明确了“让每一个孩子如花儿般尽情绽放”的学校发展愿景，进一步凸显了四大办学特色：一是走“科研兴校、科研兴教、科研强师”之路，坚持教育科研特色；二是大力实施“三体艺术教育”，坚持艺术教育特色；三是积极开展“小学校大社会”德育实践体验活动，坚持德育工作特色；四是注重母语基础，强化英语教学，激发学生双语学习兴趣，坚持双语教育特色。

2. 少年儿童组织活动平台

成都市双流县实验小学以“心灵驿站”“国旗飞扬”“安全教育”“节日庆典”“手拉手”等活动为少年儿童组织认同教育平台，从“少先队活动”“小学校大社会”“社团活动”“心理健康”等视角开展少年儿童组织认同教育活动。

3. 少年儿童组织代表性活动

学校积极开展“小学校大社会”德育实践体验活动，坚持德育工作特色，主要体现在下列的活动中，如：“品格教育，贵在坚持、有序”“从习惯开始”“我美丽的家乡”“科学好好玩，好好玩科学”“我的地盘我做主——闪亮之星”校园小达人活动、“红领巾相约中国梦”建队日庆祝活动、“向着梦想前进”“品格教育，从小做起”“放鸟归林，共促生态和谐”“感恩重阳，尊老敬老”“爱与责任道德讲堂”“收获快乐，收获成长”“国防综合实践”、美在你身边“开学第一课”、感恩课堂深圳道弘教育集团“唤醒心中的巨人”主题演讲等特色教育活动。

双流县华阳实验小学

1. 办学理念和育人思想

据学校官方网站显示：双流县华阳实验小学始建于清嘉庆十二年（1807年），距今已有202年的历史。学校以“专家、领导、教师、家长”充分参与的方式，提出了“春华秋实”这个核心理念。“春华秋实”理念下的学校使命是：以高洁之品外化于形，以似荷之静陶然于学，以合作共进促进成长，以力求更好赢得收获。“春华秋实”理念下的校训是：“才如春华，品如秋实”。学校发展所追求的目标就是让华阳实小真正成为一个催开“灼灼春华”，收获“累累硕果”的地方。

2. 少年儿童组织活动平台

学校以道德讲堂、小志愿者团队、国旗下讲话、小荷花展台、心理健康、榜上有名等作为少年儿童组织认同教育的重要平台。

3. 少年儿童组织代表性活动

学校组织开展了一系列的具有特色的德育教育活动，如“践行雷锋精神，弘扬传统美德”“诵中华经典，庆百年华诞，传书院文化，展元音风采”“友善传递爱的力量”“尊老爱老，小志愿者在行动”“缅怀先烈，努力学习”“学雷锋树新风，小志愿者在行动”“热爱生命、学会生存、幸福生活”“红领巾相约中国梦”“小伙伴结对，共植友谊树”“小荷花”示范班评比台、“大手拉小手、共学队知识”建队日活动、“我光荣，我快乐，我幸福”六一活动等少年儿童组织认同和思想意识教育活动。

成都崇州市中山小学

1. 办学理念和育人思想

据学校官方网站显示：崇州市中山小学（原名安阜小学），始建于1931

年，有着丰富的文化积淀。时任全国人大常委会副委员长周铁农为学校题写了校名。藏书丰富的中山图书馆是学校的标志性建筑。多年来，学校秉承孙中山先生的“博爱”思想，以“博学多才，爱满天下”为理念培育天下英才。教学科研、经典诵读、外语教学、现代教育技术应用、住宿制学校已成为学校五大特色。

2. 少年儿童组织活动平台

崇州市中山小学乡村学校少年宫是该校少年儿童组织认同教育的重要平台。少年宫活动以知识创新为基础、以培养实践能力为核心、以活动为特色，以面向学校、面向社会、面向孩子为活动宗旨，努力办成有鲜明特色的儿童活动阵地，创设良好的育人环境。

3. 少年儿童组织代表性活动

学校开展的特色活动主要有：“培育敬老家风，建设和睦家庭”敬老月活动、“践实社会主义核心价值观，争做中山向上向善好少年”建队庆祝活动、“勿忘国耻，开创未来，圆梦中华”“回顾昨天，成就明天的梦想”“唱响毕业歌，放心去飞”“红领巾我为你自豪”“雪中送炭，爱心涌动”“学雷锋事迹做文明少年”“争做学法守法好儿童，自觉尊宪护宪”、表彰“中山小诗人”“受人滴水之恩，当涌泉相报”志愿者活动等。

成都郫县德源小学

1. 办学理念和育人思想

据学校官方网站显示：郫县德源小学位于郫县德源镇禹庙上街188号。德源小学于2005年完成标准化学校建设。学校坚持贯彻全面发展教育方针，坚持“以生为本”教育思想，坚持科研兴校，在教育教学工作过程中去发展学生的综合素养，不断提升教育质量。学校读书活动特色誉满全国，“尚书文化特色”初步形成。学校的办学质量，办学水平得到当地百姓的广泛赞誉。德源小学是成都市“红领巾示范学校”“先进家长学校”“少先队红旗大队”“集群发展先进学校”“绿色学校”等。学校的办学理念是：“乐学、博学、健康”。

2. 少年儿童组织活动平台

郫县德源小学以开学典礼、建队节、心理健康月、学雷锋月活动为契机，搭建少年儿童组织认同教育平台，如以社会核心价值观主题的班会赛课、演讲、班队活动、主题活动教育、观看红色电影、志愿者服务等为长效化教育平台。

3. 少年儿童组织代表性活动

郫县德源小学作为成都市“红领巾示范学校”“少先队红旗大队”，其开展的少年儿童组织认同教育教育极富特色。其特色主要体现为："情暖金秋，爱在馨美"重阳节活动、"节约零花钱，为贫困孩子撑起一片蓝天"献爱心活动、"红领巾，记心中"建队节活动、向国旗敬礼活动、"世纪的约定——社会主义核心价值观24字歌"活动、社会主义核心价值观班会赛课、"勿忘国耻，圆梦中华"班队活动、"美德少年"表彰、"努力拼搏、勇创佳绩，心怀感恩、扬帆远航"毕业活动、心理健康活动月、"我的母亲（我的亲人）"系列活动、世界读书日"书香漂流进社区，好书带我忆经典""3月好人榜""弘扬中华传统美德、践行社会核心价值观"开学典礼、"践行核心价值观，争做四有好教师"演讲比赛、"父母教会我"开学典礼、"童心飞扬、温暖六一""追忆先烈"诗歌朗诵比赛、"学雷锋，树新风"志愿服务活动、"我爱我，给心理一片晴空"主题活动等等。

对以上七所小学的少年儿童德育工作和少年儿童思想意识教育情况的初步考察，虽然还不够全面和深入，但是从这些学校少年儿童思想意识教育工作和教育活动的一般性现象中，我们能够透过这些具象探寻少年儿童组织认同教育本质和特征，也足以看到当前基层小学少年儿童组织认同教育工作取得的成绩和良好的工作思路。

首先，少年儿童思想意识教育得到基层小学的高度重视。基层小学将思想意识教育作为少年儿童成长教育的重要内容。有的小学甚至将少年儿童的组织认同和思想意识教育作为学校办学理念的重要内容，对扎实推进少年儿童思想意识教育有重要的推动作用。其次，少年儿童思想意识教育平台和活动载体丰富多彩，契合少年儿童身心发展的实际，为少年儿童喜闻乐见，吸引少年儿童积极参与到具体的活动中去，有利于潜移默化地开展少年儿童思想意识教育，从认知和意识层面塑造少年儿童的良好品格。最后，少年儿童思想意识教育内容密切联系实际生活，具有时代特点，反映了社会现实对少年儿童组织认同和思想意识教育的影响。而这种社会变化和现实影响也促使教育工作者和研究者对当前少年儿童组织认同和思想意识教育工作存在的问题进行反思。

二、地方基层小学少年儿童组织认同教育存在的问题

随着对成都市七所小学的少年儿童组织认同教育状况调查的不断深入，基层小学少年儿童组织认同教育的一般范式逐渐显现出来，这种范式表现为少年儿童组织认同教育以相关纪念和主题活动为载体，大范围学生参与的偏重讲授话语表达方式的教育形式。基于对这种教育范式的思考和对教育现代化的现实考量，基层小学少年儿童组织认同教育和思想意识教育存在的问题也逐一

呈现。

（一）少年儿童组织认同教育标准缺乏统一性

在考察中，我们发现，虽然上级主管部门对基层小学开展少年儿童思想意识教育有统一的指导思想和教育体系，但是在教育标准上缺乏统一的标准。这种教育标准的缺失，表面看来是赋予了基层学校开展少年儿童思想意识教育更广阔的发挥空间，基层学校可以根据自身的情况开展各具特色的组织认同教育活动，应该能够取得良好的教育效果。但是，我们也应当清楚地意识到，教育的标准是衡量教育成败的价值尺度，当教育失去统一的评价标准，教育者则有可能陷入情绪化，教育机制则缺乏恒常性。

（二）少年儿童组织认同教育体系缺乏完整性

通过对基层小学少年儿童思想意识教育平台和活动的统计分析，我们可以发现有的学校组织认同教育体系较为完善，比如郫县德源小学，以红色少先队建设思想贯穿于整个少年儿童组织认同教育的过程，在学校营造一种良好的组织认同教育氛围。但是，我们也发现，有的小学开展少年儿童组织认同教育缺乏顶层设计和教育规划，教育活动流于形式，教育模式简单说教，很难形成少年儿童组织认同教育的长效机制。

（三）少年儿童组织认同教育内容缺乏现代性

改革开放以来，文化多元化和价值观多元化对我国的传统文化和价值观念产生了巨大的冲击，社会主义核心价值观在人们的价值观念中尚未完全确立，各种价值观念和多元文化无可避免地对少年儿童思想意识的发展形成深远影响。而当前小学少年儿童组织认同教育内容的素材、案例、榜样、情景等仍然停留在数年乃至数十年以前，远离当前少年儿童成长的现实环境，脱离少年儿童身心发展的现实特点。这种现代性的缺失，不但不能起到良好的少年儿童组织认同教育效果，反而有可能导致少年儿童逆反心理的产生。

三、社会主义核心价值观引领下的少年儿童组织认同教育展望

社会主义核心价值观对于巩固马克思主义在意识形态领域的指导地位、巩固全党全国人民团结奋斗的共同思想基础，对于促进人的全面发展、引领社会全面进步，对于集聚全面建成小康社会、实现中华民族伟大复兴中国梦的强大正能量，具有重要的现实意义和深远的历史意义。以社会主义核心价值观为指引，重新审视当前少年儿童组织认同教育的社会主义价值取向，促进少年儿童身心健康发展，引领当前少年儿童组织认同教育，是历史的客观要求，也是少年儿童思想意识教育的迫切需要。

（一）用社会主义核心价值观统领少年儿童组织认同教育思想

社会主义核心价值观的内容是“富强、民主、文明、和谐，自由、平等、公正、法治，爱国、敬业、诚信、友善”，其中，富强、民主、文明、和谐是国家层面的价值目标，自由、平等、公正、法治是社会层面的价值取向，爱国、敬业、诚信、友善是公民个人层面的价值准则。少年儿童时期是思想品德形成的关键时期[1]，少年儿童组织认同教育要以社会主义核心价值观的内容为指导思想，将社会主义核心价值观教育融入学校的办学理念和办学思想中，深刻认识少年儿童思想意识教育的重要政治意义，把少年儿童组织认同教育摆在学生教育和培养的首要位置，引导学生树立正确的世界观、人生观、价值观。

（二）用科学发展观规范少年儿童组织认同教育标准

教育要面向现代化、面向未来。少年儿童组织认同教育要遵循少年儿童教育的客观规律，紧跟时代发展的步伐，坚持以科学发展观为指导，体现教育内容、教育体系、教育模式的当代性。首先，教育标准的制定要体现当代性。少年儿童思想意识教育主管部门要在广泛开展调查研究的基础上，以科学发展观为指导，建立少年儿童思想意识教育的统一标准，开展动态标准评估，形成标准建设的长效机制。各基层小学要深刻认识少年儿童思想意识教育的重要性，坚持教育标准，围绕教育标准，从学生身心发展实际出发，创造性地开发思想意识教育校本课程。其次，教育标准的执行也要体现当代性。教育标准作为评价尺度，指导基层小学开展少年儿童思想意识教育工作。小学在教育标准的具体执行过程中，要细化教育标准，分解教育目标；要做到教育目标可行化，教育内容生活化，教育素材现实化。最后，教育标准的发展也要体现当代性。教育标准要在实践中坚持与时俱进的发展和完善。

（三）用顶层设计理念建构少年儿童组织认同教育体系

第一，要抓好顶层设计。少年儿童思想意识教育主管部门要抓好少年儿童组织认同教育思想体系、价值体系、科学规范；基层小学要抓好少年儿童思想意识教育思想统一、教育标准细分、制度保障、工作机制和队伍建设。第二，要抓好系统协调。要以系统的观点科学认识少年儿童的身心发展特点，系统搭建少年儿童成长环境。要加强家庭环境、学校环境和班级环境建设的协同配合，从家庭教育环境、学校文化建设、班级氛围建设系统化视角抓好三者之间的相互支持、共同促进。第三，要建立少年儿童组织认同教育长效机制。要形成基层小学横向评比和学习交流机制，营造少年儿童思想意识教育氛围；要建立少年儿童思想意识教育标准评估机制，定期开展合格评估；要加强少年儿童组织建设，加大人力、物力、财力投入，注重师资队伍培养；要加强少年儿童思想意识教育理论探索和学科建设，发展和完善少年儿童思想意识教育学科体系。

总之，社会主义核心价值观是少年儿童组织认同教育的灵魂，是贯穿整个教育活动的红线，决定着教育研究和教育工作的价值走向；少年儿童组织认同教育标准是基础，是教育体系架构的依据和考量标准；少年儿童组织认同教育体系建设是保障，没有完整的体系支持和长效机制，教育工作极易流于形式，难以持久。三个方面相辅相成，共同促进少年儿童组织认同教育向纵深发展。少年儿童组织认同教育理论研究尚处于探索阶段，研究工作任重而道远，需要广大教育工作者和研究者不懈的努力。

参考文献

[1] 王炳仁. 试述青少年儿童思想品德形成发展的一般规律 [J]. 教育研究与实验，1984 (2).

中国先秦思想与格里芬后现代思想的同情向度及其教育启示

左群英

（内江师范学院，四川内江 641112）

摘　要： 中国先秦时期儒家的“仁者爱人”、墨家的“兼爱”“非攻”和道家的“损有余补不足”“上善若水”的思想中蕴涵着同情扶助弱者的人道主义精神，当代建设性后现代主义的代表人大卫·雷·格里芬博士基于对现代精神中个人主义和经济主义的批判而建构的“后现代精神”中实际地包含着同情利他的伦理道德思想，他们所倡导的同情扶助弱者的思想对我们今天的基础教育有着重要的启示。虽然很难对未成年儿童的同情现状下一个悲观或乐观的结论，但儿童正面临日益失落同情美德的趋势和危机。儿童是未来社会的主人，今天儿童同情的日益失落就是明天社会的灾难，因此我们应该把同情作为一个严肃的道德课题和教育课题，展开一系列认真的研究。

关键词： 中国先秦思想；大卫·雷·格里芬；建设性后现代主义；同情；教育改革

英国18世纪的大卫·休谟在《人性论》中说：“同情是人性中一种非常有力的原则”“同情是道德区分的主要来源”[1]，这赋予了同情在伦理学和道德哲学体系中的发生学意义，稍晚于休谟的英国经济学家和伦理学家亚当·斯密秉承了休谟的同情论思想，并把同情的重要性提高到人性发展和提升的高度。实际上，“同情”在古今中外的各类文献中也是一个频频出现的词，在我们今天的社会生活中，同情及与之相关的话题也一直备受人们的关注，人们也越来越对浮华背后的社会冷漠给予深切的忧虑和热烈的讨论。因此，本文试图以中国先秦时期儒家、墨家、道家的思想和当代建设性后现代主义的代表人物大卫·雷·格里芬博士的思想进行跨越时空的比较，从而揭示同情这一主题对于当代中国教育改革的重要意义和启示。

一、中国先秦时期儒家、墨家、道家的“同情”思想

儒家以“仁”为核心的思想体系中蕴涵着丰富的同情思想。“仁”的核心是“爱人”，即所谓“仁者爱人”，这从孔子开始即成为儒家的核心价值观，《论语》《孟子》等对此都多有论述。所谓“仁者爱人”具体表现为“泛爱众”“博施于民而能济众”等，这说明在孔子这里，仁的表现范围是很广的，绝不限于自然血缘亲情，如孔子虽然讲孝悌，但也讲超越手足的“四海之内皆兄弟”。孟子更为直接地说：“人皆有不忍人之心者，今人乍见孺子将入于井，皆有怵惕恻隐之心。非所以内交于孺子之父母也，非所以要誉于乡党朋友也，非恶其声而然也。由是观之，无恻隐之心，非人也……恻隐之心，仁之端也。”[2]可见，孟子从其性善论思想出发，认为人皆有恻隐之心，而且恻隐之心乃仁之发端，当然，人要“扩而充之”，“仁”才会不断发展。儒家“仁者爱人”的思想固然包含着同情扶助弱者的积极意义，但这种“仁”终究还是建立在等级制度的基础上，并以“礼”进行规范的。因此，儒家之“爱人”并非博爱，而是具有差等之别。对此墨子毫不客气地提出了批评。

墨子从其“兼爱”“非攻”的思想出发指出：“天下之人皆相爱，强不执弱，众不劫寡，富不侮贫，贵不敖贱，诈不欺愚。凡天下祸篡怨恨，可使毋起者，以相爱生也，是以仁者誉之。”[3]可见，墨子极力主张要同情扶助弱者，而不能恃强凌弱，唯有如此，才会天下太平，因为“夫爱人者，人必从而爱之；利人者，人必从而利之；恶人者，人必从而恶之；害人者，人必从而害之”[4]。这就是墨子的“兼相爱，交相利”的义利结合思想。墨子因此进一步指出：义厚亲不称行而顾行（张纯一：“言于义止厚于至亲，不足称为德行；德行当充其类，厚加于天下。”）。有厚薄而毋伦列之兴利：爱无厚薄，誉己，非贤也。[5]可见，相比于孔子和孟子的“仁爱”思想而言，墨子主张的“兼相爱”可以说是不分差等之别的博爱，这种博爱包含着更为珍贵的同情思想和伦理意蕴。

道家虽然没有直接阐述同情，但其思想包含了同情弱者的观念。老子说：“天之道，其犹张弓与？高者抑之，下者举之；有余者损之，不足者补之。天之道，损有余而补不足；人之道则不然，损不足以奉有余。孰能有余以奉天下？唯有道者。”[6]所以老子主张“上善若水，水善利万物而不争”，水具有滋养万物而不与万物争利的德行，上善之人就应该如水一样，善利万物而不争。表面上看这似乎与儒家之“君子喻于义，小人喻于利”是暗合的，但实际上，老子强调的是一种合乎自然之道的善，唯其如此才称得上是“上善”，既利万

物又保全自身，如承载万物的天地，“天地所以能长且久者，以其不自生，故能长生”[7]，所以老子又说，“我有三宝，持而保之：一曰慈，二曰俭，三曰不敢为天下先。慈，故能勇；俭，故能广；不敢为天下先，故能成器长。今舍慈且勇，舍俭且广，舍后且先，死亦！”[8]因此，“损有余而补不足”和“上善若水，水善利万物而不争”的思想既充满“利他”的同情思想，也是一种“利己”的保身之道。先秦道家另一位代表人物庄子生活于大变革、大动荡的战国时期，周王王权衰微，诸侯之间的争霸战争连绵不断，造成土地荒芜、饿殍遍野的悲惨景象，对此庄子以形象辛辣的比喻给予了讥讽和批评。庄子同情人民的遭遇，但也无可奈何，只得在“逍遥游”中寻求精神的解脱和慰藉。

二、格里芬后现代精神的同情向度

大卫·雷·格里芬博士认为，后现代精神强调个人与他人、他物的关系是“内在的、本质的和构成性的”，这与现代性视个人与他人、他物的关系为“外在的、偶然的和派生的”截然相反[9]，因此他把“个人主义”这个词用来刻画“现代精神与社会及其机构间的关系特点”，即“集中化过程中对小型的、亲密的、有机的社区和机构的破坏”，从而导致个人的“社会关系”越来越受制于人们生活的“极抽象部分的大型非人格化群体”[10]，而不是人与人之间真正的亲密关系。

在对上述个人主义现代精神进行批判的基础上，格里芬博士强调他的建设性后现代主义的第二个特点是“有机主义”，这也是格里芬博士之所以推崇倡导有机哲学的怀特海，将其视为建设性后现代哲学的重要奠基人的原因。有机主义把对人的福祉的特别关注与对生态的考虑融为一体，换言之，有机主义意味着人与自然、人与人和谐共生。而就后者来说，如何才能实现人与人的这种和谐共生？对此，格里芬博士说：“与信奉二元论的现代人不同，后现代人并不感到自己是栖身于充满敌意和冷漠的异乡人。相反，正像查伦·斯普雷特纳克所强调的那样，后现代人世界中将拥有一种在家园感，他们把其他物种看成是具有其自身的经验、价值和目的的存在，并能感受到他们同这些物种之间的亲情关系。借助这种在家园感和亲情感，后现代人用在交往中获得享受和任其自然的态度这种后现代精神取代了现代人的统治欲和占有欲。”[11]

除了“内在关系的实在性”和“有机主义”，时间维度也是后现代精神内核的一部分，即后现代主义具有一种新的时间观，它倡导对过去和未来的关心，而不是如“现代性的激进的个人主义”一样，“最初以未来的新名义使人们摆脱了过去”，但却“最终削弱了人们对未来的关注，使他们毫不夸张地说是自我拆台式的专注于现在"[12]。对过去而言，格里芬博士主张"恢复对传统的尊重"，但强调"后现代精神不是要回归传统主义""它只是恢复了人们对过去的关注和敬意"；对未来而言，格里芬博士认为"后现代精神包含着对未来利益的基础""目前的一些东西的确有未来的意义，未来必须从现在的土壤中生长出来，现在的贡献中实际上包含着对未来的贡献"[13]。

三、中国先秦思想家和西方后现代思想家跨越千年的精神"对话"

尽管格里芬博士并没有明确地提出"同情"这个词语，但在他建构的"后现代精神"中却实际地包含着同情的思想。按照他的分析，人与人之间的关系是内在的、有机的，因此人与人之间相亲相爱、守望相助也是理所当然的，这种关系的真正建立有助于打破现代社会中人与人之间的隔离、冷漠和敌意，从而不但可以帮助现代人生活得更好，也可以为人类社会开创更美好、和谐的未来社会，尤其对弱势群体的慈善救助不但是一个社会文明程度的重要标志，也是建构和谐社会、实现长治久安的根本基础。正是在这个意义上，我们说格里芬博士的后现代思想是富有建设性的，这种思想有助于我们摆脱束缚在我们身上的重重现代性精神枷锁，重建美好、和谐的精神家园。因此，我国当代后现代研究专家王治河教授把以格里芬博士为代表的当代建设性后现代主义思想家们称为"精神的守望者"[14]。同样，中国先秦时期的孔子、墨子、老子等虽然存在思想争鸣，但儒家的"仁者爱人"、墨家的"兼相爱"、道家的"上善若水"等思想中同样包含着同情扶助弱者的人道主义精神，因此他们同样是"精神的守望者"。中国先秦思想家和当代西方的后现代思想家虽然没有类似屈原之《天问》和柳宗元之《天答》的这种直接对话，但他们的思想却的确跨越了时空而遥相呼应，形成了"无声胜有声"的思想对话。

这场对话的特点还在于思想的批判性和建设性的融通。中国先秦时期诸子百家虽然以思想争鸣为主要特点，但实际上是呈相争相融的态势，孔子虽然不同意老子的思想，但他却以老子为师；墨子早年是追随儒家思想的，只不过后来又从儒学中另辟道路，开创了墨家学派。即使是主张清静无为的老子，其思想也是集批判和建设为一体的，只不过后世之人多关注前者而忽略后者。南怀瑾把老子和孔子看作"春秋两大名医"，认为孔子"用心良苦，提供这服'仁义'的药方，希望社会有所改善"，而老子则认为"儒生们开的药方，对是对，但是药吃多了，难免又会出毛病，副作用在所难免。光讲仁义道德，说得天花乱坠，有人自然要加以利用，做出假仁假义、欺世盗名之事，结果弄巧成拙，照样害人"[15]。蔡元培则认为老子对道德的批判犯有"因果倒置"的弊病，提出“世有不道德而后以道德救之，犹人有疾病而以医药疗之，其理诚然。然因是而遂谓道德为不道德之原因，则犹以医药为疾病之原因，倒因而为果矣……盖世之所谓道德法令，诚有纠扰苛苦，转足为不道德之媒介者，如庸医之不能疗病而转以益之。老子有激于此，遂谓废弃道德，即可臻于至治，则不得不谓之谬误矣”，从而得出“结论”说“老子之学说，多偏激，故能刺冲思想界，而开后世思想家之先导。然其说与进化之理相背驰，故不能久行于普通健全之社会，其盛行之者，惟在不健全之时代”[16]。蔡元培的批评在一定程度上不无道理，但南怀瑾用通俗的比喻揭示了老子的“反道德主义”尽管“多偏激”，但其最大的功绩在于能“刺冲思想界”，其对道德本身进行反思和批判的智慧和勇气是值得后人借鉴的。尽管我们今天总体而言处于和平与发展的时期，但我们必须承认社会转型产生的诸多道德问题表明我们并未处于一个“健全”的太平盛世。老子的“反道德主义”在某种程度上可以说超越了历史，提出了具有后现代解构色彩的批判性思想，这是令人惊异的。无论如何，老子所主张的“反道德主义”实质上是对华而不实的“伪”道德的反思和批判，启示我们以一种反思和批判的眼光去审视并改革我们今天的道德教育，即道德教育的本质在顺“道”而行，上善若水善利万物而不争，又如天地滋养万物而不自居，都是符合自然之道的；“处无为之事，行不言之教”并非取消道德教育，而是顺应自然不妄为，力戒华而不实的道德说教，等等。

格里芬博士的后现代思想虽然是富有建设性的，但其思想体系的构建仍然是以对现代性的批判为基础的。我们现在一般都把后现代主义分为两种主要的风格，即激进的后现代主义（或者说批判的后现代主义）和建设性的后现代主义。实际上，这种划分在很大程度上是不确切的，或者按王治河教授的说法叫“是要冒风险的”，因为“正像斯宾诺莎所讲的那样，任何规定都是一种否定”“按照后现代思想家的理解，任何‘命名’都是一种‘施暴’，都存在宰割对象、凝固对象的危险”，然而因为“要对事物进行研究又离不开界定、划分、命名”，而且“后现代思想家并非真的反对‘命名’，只是让人们慎而用之罢了”[17]，所以人们还是按照不同思想家的风格和侧重点而一般地把后现代主义划分为批判性和建设性两类。格里芬博士的后现代思想总体而言是属于建设性的，但其思想的批判色彩仍然是很浓的，尤其是他对“现代精神”及这种精神下的“现代社会”的批判是很深入的。尤其值得注意的是，格里芬博士对现代精神和现代社会的批判与中国先秦时期的老子、孔子和墨子同样惊人地相似。例如格里芬博士批判现代社会“个人主义”精神及其膨胀带来的人的支配欲望和统治欲望以及由此带来的人与人之间的冷漠、敌视和战争状态，老子则说：“天下无道，戎马生于郊”“民不畏死，奈何以死惧之？”格里芬博士批判现代人的“实利主义”，或称“经济主义”，以及由此带来的“人的异化”，老子则对当时社会“众人熙熙，如享太牢，如春登台”和“祸莫大于不知足，咎莫大于欲得”的普遍现象进行了揭示和批判。同样，孔子和墨子也立足于对当时不良社会风气的批判而极力倡导“仁者爱人”和“兼爱”“非攻”的思想。

四、同情：一个亟须研究的教育课题

孟子说“恻隐之心，仁之端也”，休谟说“同情是道德区分的主要来源”，这都说明了同情在个体道德发展中的基础性地位。在现当代，以相关学科的发展为背景，同情在个体道德发展中的基础性地位也获得了较为丰富的论证。从20世纪中期，尤其是20世纪七八十年代以来，心理学上对移情及其与亲社会行为的相关性进行了一系列微观研究，确认同情是其他社会性品质及亲社会行为的基础。因此，伦理学学者何怀宏教授指出：“我们确实可以看到怜悯之情作为人类最原始和最纯正的一种道德情感，对于使人们履行最起码和最基本的道德义务，使社会不致长久堕入野蛮的巨大意义。……不仅现代社会的底线伦理乃至我们整个生活都需要这种道德情感‘垫底’。”[18]

与同情的基础性地位形成鲜明对比的，恰恰是一个越来越让人忧心的事实：同情在现代社会的日益淡漠虽然可能是一种“由媒体引发的过度反应”，但这类现象在我们的生活中也真实地存在着。面对街头乞讨者的视若无睹，面对罪恶下求助的眼睛而“唯恐躲之不及”，面对受伤倒地的小孩选择漠然离开，诸如此类的现象固然包含复杂社会变迁下人们的种种复杂心态：乞讨的职业化导致的信任丧失，暴力犯罪令普通人在胆战心惊之中无奈选择明哲保身，“做好事反遭诬陷”“英雄流血又流泪”等现象也让“学雷锋，做好事”这种良好的传统风气遭遇了前所未有的挑战。社会学可以对上述种种进行“何以如此”的中立分析，但教育学更重要的任务是揭示“应当如何”。当今社会各种与同情有关的现象和问题及其引发的道德大讨论，对儿童同情的发展有些什么影响，教育如何应对，如何培养儿童的同情并引导儿童学会正确的表达同情，这些是我们应该正视并进行认真研究的。

当然，需要认真思考的一个重要问题是：拒绝帮助就一定意味着缺乏同情吗？对“同情”不以为然甚至激烈批判就一定意味着不道德吗？马文·奥拉斯基在其被誉为20世纪90年代“关于福利和社会政策的最重要的一本书”《美国同情心的悲剧》中，历史地分析了美国社会福利政策的变迁后得出结论：对同情的滥用和不当使用会造成种种社会悲剧，从而“毁了‘同情’这个好词”，比如普遍的“同情疲劳”、穷人和富人之间普遍的相互憎恨、堕落和腐败等等。就像专栏作家艾伦·古德曼所言：“对我们大多数人来说，慷慨正以一种缓慢的过程转为憎恨，同情心也变得冷酷无情了。”[19]

即使如此，当我们大多数人，无论以何种理由——不管是真正的道德冷漠甚至冷血，还是“彭宇案后遗症”和“同情疲劳”下的道德不作为——对处于困境中的人选择漠视和拒绝同情帮助的时候，我们迟早会失落一种守望相助的美好人性，而这种人性恰恰是人类赖以安身立命的基础。实际上，对形形色色的弱者缺乏同情或不愿力所能及地进行救助，固然存在信任危机、同情疲劳等客观原因，但有时候简单地说不过就是自私而已，这与小孩不愿把爸爸妈妈给的零花钱给一个他认为很可怜的爷爷，因为他想去买冰激凌吃，是一个道理，只不过冰激凌会随着年龄增长而变成其他一些自己喜欢的东西——“给别人越多，留给自己就越少”，这是一个简单的数学问题。不幸的是，随着年龄的增长，这种利益盘算几乎是呈增长态势而不是相反。这与格里芬博士所指出的现代人的“实利主义”和“经济主义”是一个道理。

不过，热心助人和心肠冷酷的儿童应该都是少数，在这两个极端之间，毫无疑问还存在一片广阔的中间地带，我们似乎很难下一个或悲观或乐观的结论，更不能把儿童群体划分为清晰的黑白两部分，并用百分比对两部分的“面积”进行一个对比说明。但从儿童生活中呈现出的复杂现象和儿童的复杂体验来看，儿童同情发展的“趋势”是绝对不容乐观的，尤其令人深思和忧虑的是，很多儿童报告说，自己从小是个富有同情心的人，甚至被周围的人认为“同情心泛滥”，但随着年龄增长自己却感到自己越来越冷漠，越来越倾向于拒绝同情和帮助别人。这种情况相当普遍，很多儿童也为此感到非常困扰，甚至常常为此饱受内疚和自责的煎熬。实际上，缺乏同情和拒绝帮助并不是一个可以简单归结为“不道德”的现象，即使是不乏同情心的儿童，也常常在面临现实的具体情境时感到困扰和迷惑，他们常常纠结于“该不该同情”和“怎样做才是对的”。问题的关键在于，儿童的这些消极体验和种种困惑常常得不到有效的化解和正确的引导，于是同情这种美好的天性随着儿童的成长却慢慢地淡漠以至于失落。因此，所谓“儿童同情的失落”并不是一种“完成时态”，而是一种“正在进行时”。

五、结语

在《2012》中人类文明面临生死攸关的惊魂时刻，主人公说：“为了保存人类文明，我们必须做出困难的抉择。但作为人类就意味着要相互关心，所谓文明，就是共同努力创造更美好的生活。如果是这样的话，那我们的行为一点也不像人类，一点都不文明……当我们不为他人斗争时，就是我们失去人性的时候……如果我们用如此残酷的方式开创未来，我们留给孩子的会是什么？”《2012》中的大灾难虽然是虚构的，但我们同样可以说，如果我们抛弃了“同情”这种人之为人的基本道德，用一种对弱者弃之不顾的残酷竞争方式来开创未来，那我们不用等到自然大灾难的出现，人类就自我毁灭了。

同情在今天既不像悲观主义者所鼓噪的那样已经完全泯灭，也决不如一些乐观主义者所以为的那样形势一片大好。或许任何社会都不可能出现两种极端的情况，但有一点是肯定的，悲天悯人和道德冷漠即使不是非此即彼的，也可以说是此消彼长的。同样，即使上述儿童同情的失落并非一种“完成时”，而是一种“现在进行时”，那么这种进行时也是令人担忧的一种状态，因为儿童是未来社会的主人，今天儿童同情的日益失落就是明天社会的灾难。因此，让儿童学会同情，是社会道德与文明发展的一项重要课题。当然，拒绝同情并不一定就是不道德，单纯地教育儿童要具有爱心和同情心是远远不够的，还应引导儿童学会基于“人性化视角”表达同情。正因为如此，教育研究者作为“精神的守望者”，更应该把同情作为一个严肃的道德课题和教育课题，展开一系列认真的研究。

参考文献

[1] 大卫·休谟. 人性论［M］. 关文运，译. 北京：商务印书馆，2002：168.

[2] 徐洪兴. 孟子直解［M］. 上海：复旦大学出版社，2004：79.

[3][4][5] 墨子今注今译［M］. 谭家健，孙中原，注译. 北京：商务印书馆，2009：84，84，348.

[6][7][8] 老子［M］. 饶尚宽，译注. 北京：中华书局，2006：184，18，168.

[9][10][11][12][13] 大卫·雷·格里芬. 后现代精神［M］. 王成兵，译. 北京：中央编译出版社，2011：38，23-30，38-39，39，39-41.

[14][17] 王治河. 后现代哲学思潮研究［M］. 北京：北京大学出版社，2006：287，41.

[15] 南怀瑾. 老子他说［M］. 上海：复旦大学出版社，2002：251-252.

[16] 蔡元培. 中国伦理学史［M］. 上海：上海古籍出版社，2005：29-51.

[18] 何怀宏. 伦理学是什么 [M]. 北京：北京大学出版社，2002：142-144.

[19] 马文·奥拉斯基. 美国同情心的悲剧 [M].《美国政要热读》编译委员会，译. 北京：文津出版社，2004：引言.

下 篇

少年儿童组织认同实践研究

少先队员信仰启蒙教育课程体系构建与实践研究

——以成都市实验小学西区分校为例

向尧　马晓蓉　陈巍　闫丹　苏慧　周亚美　兰明希　张云爱

（成都市实验小学西区分校，四川成都 610091）

摘　要：信仰教育是思想政治教育的核心，是引导在校中小学生树立正确积极的世界观、人生观、价值观的重要途径。目前，已有许多学者对青少年的信仰教育进行了相关研究，然而对少年儿童的信仰启蒙教育还没有足够重视。从儿童认知发展规律来看，小学阶段正处于理想信仰的萌芽阶段，这时期所推崇的信念，将为他们今后道德信仰、个人理想和社会理想的形成，奠定一定的基础。本研究认为对小学生的信仰教育应区别于中学生、大学生的信仰教育，不是以政治信仰为核心的思想教育，而是以培养爱国主义意识、情怀为目标的信仰启蒙教育。基于此，我校在生命教育理念下，以少先队活动课程和少先队俱乐部课程为载体实施信仰启蒙教育，启迪少年儿童对真善美的追求，引导他们认识生命、尊重生命、欣赏生命并热爱生命，引导少年儿童了解少先队，培养其组织意识和爱国情感，并帮助其初步树立为之不懈奋斗的朴素信仰。

关键词：少先队主题活动；少先队员；爱国情怀；信仰教育

一、研究缘起

（一）少先队员的信仰启蒙教育是国家对少先队员思想意识培养的重要内容

少先队是通过适合少年儿童特点的丰富多彩的有教育意义的活动来完成教育任务的。2014年习近平总书记在“六一”儿童节发表了重要的讲话：引导少年儿童从小就培育和践行社会主义核心价值观。一个民族的文明进步，一个国家的发展壮大，需要一代又一代人接力努力，需要很多力量来推动，核心价值观是其中最持久最深沉的力量。中华民族有着5 000多年的悠久历史和灿烂文化，而且中华文明从远古一直延续发展到今天。为什么中华民族能够在几千年的历史长河中顽强生存和不断发展呢？很重要的一个原因，是我们民族有一脉相承的精神追求、精神特质、精神脉络。从习总书记的讲话精神中可以看出新时期对少年儿童思想意识培养的重要性，国家教育部将少年儿童组织与思想意识教育作为独立的一门学科建设，而少先队员的信仰教育是少先队建设的一项重要内容，是对少先队员的精神与灵魂的塑造，也是党和国家对少先队员教育的重要内容。

（二）少先队员的信仰启蒙教育是学校“生命教育”的精神引领

社会在发展和进步，但我们的群体却出现整体道德的衰落，对生命的漠视，由此生命教育不得不成为学校教育的核心。[1]时任国家教委副主任柳斌根据青少年身心发展的新特点，明确指出“心理健康是青少年走向现代化，走向世界，走向未来建功立业的重要条件，而健康的心理形成需要精心、周到的培养和教育，必须把培养健康的心理素质作为更加重要的任务。生命教育要从多个层次入手，不仅要教育未成年人珍爱生命，还要帮助他们认识生命的本质、理解生命的意义、创造生命的价值”。学校根据社会发展和学校本身的具体情况，从2008年建校以来，坚持“生命教育”的探索，以“为了生命的美好”为核心理念，让学生的生命绽放美丽，让教师的生命超越平凡，让学校的生命充满活力。生命的美好生长，不仅需要物质、环境的保障，更需要精神的给养。少先队员信仰启蒙教育是“生命教育”的精神升华，是提高少先队员身心素质的重要途径，因此学校致力于少先队员信仰启蒙教育，力求让少先队员从小就有理想、有精神的追求，树立“社会核心价值观”，从而引领少先队员向着明亮那方生长。

（三）少先队员的信仰启蒙教育是目前少先队员的现实需求

我校是一所年轻的学校，是城镇化建设的产物，所处的地理环境的特殊性、学生的差异化、精神文化的匮乏等等，都需要学校因地制宜、因材施教。

1. 共构来自不同文化区域的少先队员的思想意识

我校地处成都市三环外城乡接合部新建的培风小区，这是一个农民集中安置区，集原培风、中坝、万家、七里、蔡桥、文翁这六个村、镇、乡于一体。这个小区的家庭成员来自不同的文化区域，文化水平的多层次、文明程度的差异化、家庭文化背景的差异造成学生教育的极大差异。基于这种特殊的地理环境和复杂的生源结构，学校将办学目标定为“办一所以生命教育为特色，惠及社区的高品质学校”。于是在尊重少先队员的生命个性差异的情况下，学校以少先队员信仰启蒙教育课程，共构来自不同文化区域学生的文化、理想信仰和道德价值观。

2. 学校少先队员的思想意识现状需要对少先队员进行“红领巾”的信仰教育

我校课题组调查数据显示，低段学生对红领巾充满了神圣感，认为成为少先队员具有无上的荣誉感，但是到了中高段，尤其是高段学生，76.8%的少先队员认为戴红领巾是一种负担。问及理想，很大一部分少先队员不能脱口而出，甚至经过长时间的思索后仍然不知道是什么。有的少先队员则回答没想过，或者觉得别人的想法很好，就人云亦云，并没有认真思考。还有部分少先队员受到“金钱观”“利益观”的影响而做出肤浅的志向选择，与社会主义核心价值观谬以千里。由此看来，红领巾对这些名义上的少先队员们来说只是一个冠冕堂皇的标志，他们对“少先队员”并没有深刻的理解，缺乏少先队员的主人翁意识，没有少先队的发展意识，更没有“红领巾”的理想信仰以及对“红领巾”未来的憧憬。因此通过建构少先队员信仰启蒙教育课程，针对性、序列化地对少先队员的培养，有助于让每位少先队员都深深爱上红领巾，让“红领巾”充满人生的梦想。

3. 学校少先队活动课程还需完善

学校建校以来，一直将少先队活动放在学校学生活动的重要位置，引导、组织学生开展了各式各样的特色活动，但因为缺乏“课程”意识，活动随意性很大，同时各期活动没有形成系统，各活动之间目标零散，难以发挥活动应有的价值，对少先队员的思想意识影响不深刻。少先队员信仰启蒙教育课程是对少先队活动课程进一步的改革和完善。

通过文献查询，全国各地在《少先队活动课程纲要》的指导下，对少先队活动课程建设进行了积极的有价值的探索，提供了一些实践策略。特别是《少先队活动课分年级活动建议》更是从实践上建立了系统性的年级活动课程，全面培养少先队员的组织意识、政治启蒙、信仰萌芽、成长取向。但是这些学校对少先队员的培养都仅局限于学校体验，没有形成学校、家庭和社会这样一个立体的培养空间体系，这样就使得少先队员思想意识的培养不够深远，难以固化。

综上所述，党、国家和人民对少年儿童的要求和期望是成为社会主义接班人，是将来成为我们社会和国家的领军人物，少先队组织建设成了党和国家常抓不懈的一项国内工作，因此少先队的建设理应成为学校教育的重要工作。于是我校通过学校、家庭和社区联动，构建少先队员信仰启蒙教育课程体系，培养少先队员“热爱祖国、热爱中国共产党、认同社会主义核心价值观”的情感，让他们真正理解“红领巾”，成为一个有理想、有信仰的人。

二、文献综述

（一）信仰教育研究现状

随着改革开放和市场经济的进一步深入发展，贫富差距继续扩大、贪污腐败屡禁不止、就业问题日益严重、各种竞争日益激烈，都使得新世纪的青少年经受着不同程度的影响，呈现出诸多与社会发展、民族兴旺不相适应的症状，如压力过大、心理疾患增多、浮躁、对生活和未来丧失信心、自甘堕落甚至自责轻生，以致走上违法犯罪的歧途等。从深层意义上讲，新时期青少年的诸多不良症状源于社会现实的深刻变化，加之学校的信仰教育无论是内容还是方法，均跟不上社会和青少年的发展实际。尤其是青少年对终极价值的追求、人文关怀的渴望、精神牵引的企盼面临诸多现实的困难，造成其精神支撑——理性信仰的动摇和丧失，使得青少年的健康茁壮成长、生存、发展出现危机。[2]

1. 国内研究现状

综合搜集到的有关信仰的现状研究的资料分析，对信仰的现状研究主要表现为以下几个方面：

第一，在信仰现状研究的内容上，国内对信仰的研究最初主要集中在政治领域的思想政治教育的研究[3]，如进行中小学生爱党、爱民政治教育，爱国主义和改革开放的政治精神教育，以及中国特色社会主义信念教育，倡导共产主义理想教育和马克思主义信仰培养的重要性和必要性。20 世纪 90 年代以后，学者们不再仅仅局限于政治学领域的信仰和信仰教育的探讨，而是纷纷从心理学、社会学、教育学、法学、伦理学等多领域进行多角度的信仰研究，而且研究也逐渐细化、具体和深入，越来越细致到道德信仰、宗教信仰、政治信仰、精神信仰、生命信仰和法律信仰等具体层面的信仰现状的实证研究。[4]

第二，在信仰现状研究的对象上，绝大多数信仰现状的实证研究都集中在大学生这一群体上。近几年，研究对象也逐渐扩大，有初中生、高职生，甚至还有农民工、少数民族等不同的社会群体，但是对这些群体的研究都还比较少，研究还是主要集中在大学生这一群体上。[5]

第三，对信仰教育的研究方法多采用文献分析法、综合分析法和问卷调查法。在国内，研究者们大多采用文献综述法和综合分析法对青少年的信仰教育进行研究[6]，所得结论往往有较强的主观性，缺乏可靠的分析数据。

第四，对信仰教育的问题和对策方面的研究。大部分已有研究对青少年信仰教育出现的问题、产生问题的原因进行了分析，并提出了相应的教育对策。[7]

第五，对信仰教育的意义研究，不同研究者有不同的观点。

对于信仰教育的意义，研究者们有不同的观点。一些研究者从政治信仰出发进行研究，考察青少年对中国共产党、马克思主义和中国特色社会主义的信仰现状，旨在提出有利于树立青少年正确的政治信仰和三观；而另一些研究者基于当前出现的拜金主义、享乐主义、极端个人主义等不良现象，青少年不能做出正确的选择，导致其行为失范的现状，进行实践研究，寻找解决方法。

2. 国外研究现状

国外的信仰研究以宗教信仰和道德信仰为主要内容，而且对信仰教育的研究绝大多数也都集中在宗教信仰问题上。国外的政治信仰教育源于宗教，且政治色彩不是特别浓厚。国外对信仰教育进行的实证研究资料较多，大都把信仰教育作为宗教教育来研究，结合本国实情将公民教育与德育结合起来。西方国家将道德教育和信仰教育以不同方式贯穿于学校教育的各个阶段，提升青少年的政治信仰。

（二）现有信仰教育研究与实践存在的问题

目前，研究者们对青少年的信仰教育的研究已经取得了一些成果，然而，通过深入对比分析这些研究成果，本研究发现，对青少年的信仰教育存在以下问题：

1. 信仰教育未落到实处

以往，研究者们通过分析青少年的信仰教育问题，提出了一些相应的对策。研究者们多从教师构建全新的信仰教育理念，加强自身师德建设，对青少年学生因材施教，言传身教；学校营造良好的德育氛围，开展丰富的信仰教育活动，构建社会、学校、家庭、网络媒介四位一体的信仰教育体系，以坚持不懈地对青少年进行信仰教育，即坚持运用马克思列宁主义、毛泽东思想、邓小平理论和“三个代表”重要思想对当代青少年进行“三观”教育，使青少年坚定对中国共产党的信任，坚定走社会主义道路的信念，坚定中华民族伟大复兴的信心，从而树立共产主义的远大理想和信念。

这些信仰教育对策往往比较抽象，流于理论概念，而没有落到实处。教育者们难以据此实施有效的信仰教育。

2. 信仰教育内容不够充实

现有对青少年的信仰教育内容主要包括：中小学生爱党、爱民政治教育，爱国主义和改革开放的政治精神教育，中国特色社会主义信念教育，倡导共产主义理想教育，以及马克思主义信仰培养的重要性和必要性。

3. 并非从基层小学的教育现状出发

近年来，对青少年信仰教育的研究对象逐渐扩大，有初中生、高职生，但是对这些群体的研究都还比较少，研究还是主要集中在大学生这一群体上，几乎没有对小学生信仰教育的研究。研究者们大多采用文献综述法和综合分析法对青少年的信仰教育进行研究，所得结论往往有较强的主观性，缺乏可靠的分析数据。少数研究者采用了问卷分析法，然而对所用问卷的有效性几乎没有给出说明，也没有提供抽样人群的资料。这就导致了研究没有从基层小学的教育现状出发，研究未与实际紧密结合，其结论的实用性、实践性有所欠缺。

因此少年儿童的信仰启蒙教育在我国还没有得到重视，相关的理论与少年儿童思想意识培养的实践相脱节，没有形成少年儿童信仰教育系统化的理论和实践认识。

（三）信仰启蒙教育的内涵辨析

1. 信仰的内涵辨析

信仰，《辞海》中解释为："人们对某种总结或某种注意极度信服和尊重，并以之为行动的准则。"《现代汉语词典》中解释：信仰是对某种主义、主张、宗教或某人极度尊敬和相信，拿来作为自己行动的指南或榜样。不同的辞典和研究者对其有不同的解释，但在本质上都一致认为，信仰是人们关于普遍、最高（或极高）价值的信念，是人们对现实或观念抱有深刻信任感的精神状态。

信仰作为一种价值目标，不仅对个体的人生具有导向功能，而且对社会群体具有凝聚功能。换句话说，它维系着国家和民族的前途命运，是全国人民的向心力和凝聚力之所在。随着社会主义市场经济的发展，我国的社会经济、政治、文化等方面发生了巨大变化，这些社会因素对中小学生的信仰产生重要影响。

2. 信仰教育

信仰教育是指对青少年进行马克思主义信仰教育，目的在于使青少年形成科学的世界观、人生观、价值观，成为有中国特色的社会主义事业的建设者和接班人。[8]当前，加强和改进青少年思想政治教育的首要任务就是要以理想信念教育为核心，对青少年尤其是中小学生这一群体，深入进行正确的世界观、人生观和价值观教育。

3. 信仰启蒙教育

根据小学生的认知发展特点和规律，本研究认为对小学生的信仰教育应区别于中学生、大学生的信仰教育，不是以政治信仰为核心的思想教育，而是以培养爱国主义意识、情怀为目标的信仰启蒙教育。从儿童认知发展规律来看，一般来说，理想信仰孕育于儿童时期，萌芽于少年时期，形成于青年时期。[9]相关调查结果表明，小学阶段正处于理想信仰的萌芽阶段，小学生所推崇的信念，将为他们今后道德信仰、个人理想和社会理想的形成，奠定一定的基础。

我校信仰启蒙教育是指在生命教育理念的基础上，通过少先队员信仰启蒙教育课程的建构与实施，启迪少年儿童对真善美的追求，引导他们认识生命、尊重生命、欣赏生命并热爱生命，引导少年儿童了解少先队，培养其组织意识，让少年儿童亲近祖国历史、文化，感知祖国河山，树立民族自尊心和自信心，激发其对祖国对党的热爱之情。

（四）生命教育理念下的信仰启蒙教育研究

学校教育的对象是人。开启生命中尘封的灵性，挖掘生命中储藏的潜能，是教育的本真所在。关怀生命是素质教育的核心价值。我校以“生命教育——为了生命的美好”为理念，贯穿一个基本精神即美好生命的生长，以“培养自信、快乐、全面发展，具有国际视野的中国公民”为育人目标。其内涵之一就是培养具有“中国灵魂”的小学生：一是沐浴中国文化熏陶，学习中华文化，发展中华文化，继承弘扬中华民族传统美德；二是拥有民族精神，弘扬中华民族精神，保持民族气节、高尚的情操和伦理道德，树立国家意识（爱国、爱家、爱人民）和社会主义核心价值观。从信仰教育的内涵可看出少先队员的信仰教育实质是生命教育的内核，即灵魂。我校建构少先队员信仰启蒙教育课程体系，希望探索一套培养少先队员信仰启蒙的方法和策略，在少年儿童懵懂时期打下精神的根基，让其向着阳光茁壮成长。

1. 信仰启蒙教育是生命教育的精神给养

《少先队活动纲要》中指出少先队信仰萌芽教育应“启迪少年儿童对真善美、美好人生和社会理想的追求，打下正确的世界观、人生观、价值观基础。引导少年儿童通过感知党带领人民建设中国特色社会主义的伟大实践，永远热爱伟大的祖国，永远热爱伟大的人民，憧憬人类美好未来，初步树立为实现理想不懈奋斗的信仰”。这就要求少先队员树立崇高的理想，树立爱国的思想感情，并为之奋斗的精神信仰。这与学校“生命教育”培养少先队的信仰素质一脉相承，是对少年儿童生命个体精神的滋养与引领。

2. 信仰启蒙教育是为了提升生命的价值

一个人是否有信仰是决定其能否拥有有价值的生命的核心因素。一个没有信仰的民族是最可怕的民族。小学阶段对少年儿童进行理想信仰的启蒙教育，弘扬民族精神，发扬民族气节，培养少年儿童积极乐观面对生活的态度，感受生活的真善美，更能提升少年儿童的精神层面，使其成为一个有理想、有志向、有信仰的人。[10]一个有信仰的人更有生活的幸福感，更有生命的价值感。因此，学校以生命教育为理念进行少先队员信仰启蒙教育研究，正是让每一个少年儿童拥有快乐自信而有质量的生命历程。

三、构建少先队员信仰启蒙教育课程体系

儿童心理学理论、教育学理论提出，当代少年儿童的思想意识已经发生了很大的变化，要遵循当代儿童特殊的认知、情感、信念、意识等形成的一般规律和教育心理规律[11]，创造性地开展少先队的思想意识教育。我校少先队员信仰启蒙教育课程遵循儿童心理发展规律，从智、情、行三个方面，分层性、序列化建构适合少年儿童心理发展的活动课程，提高少年儿童思想认识水平。

（一）成就美好生命生长的信仰启蒙教育课程的建构

人的生命主要由三个方面的属性构成，即自然属性、社会属性、精神属性。这三个属性构成了人的一次次生命活动。而生命教育的核心则是启发青少年完整理解生命的意义，积极创造生命的价值。所以，除教授学生文化知识外，帮助和引导学生建立正确积极的人生观、正确而稳定的价值观及个人的知、情、意、行的统一，也就是我校生命教育所追求的目标所在。在小学教育阶段，信仰的启蒙教育就显得尤为重要。绿叶有根的情怀，是因为根的精神对绿叶执着的给养。为了让每个少先队员在他小学生活的历程中，都能够听到自己生命拔节的声响，能够享受自己生命律动的绽放，能够感悟自己生命执着的向往，学校有计划有层次有目的地进行少先队员信仰启蒙教育课程的建构，使少先队员们经过小学六年的熏陶，在由知到情，由情到意，由意到行的内化升华中，逐步具备合格少先队员应有的道德品质、人生观、价值观，以及朴素的民族自豪感和爱国情怀，憧憬人类美好未来，初步树立为实现理想不懈奋斗的信仰。

1. 少先队俱乐部课程体系

在学校“生命教育”的办学理念引领下，少先队俱乐部课程以多元智能理论为指导思想，以丰富多样的少先队俱乐部课程为载体开展信仰启蒙教育。课程从思维与智能、道德与情感、行为与习惯三个维度出发，按照益智类、运动类、艺术类、语言类、生活技能类五大板块进行课程的开发，遵循年龄和心理特点分低中高段实施（如表 1）。

表 1

课程领域	课程目标		课程门类
思维与智能	低段	提出问题的能力	数学、美术、信息技术、科学
			《趣味数学》《大苹果纸艺》《炫彩世界》等
			《小眼 e 世界》《机器人》《儿童画室》等

表1(续)

课程领域	课程目标		课程门类
思维与智能	中段	分析问题的能力	数学、美术、信息技术、科学
			《小牛顿》《玩转鼠标》《航海航模任我行》《创意生活》等
			《机器人》《数棋》等
	高段	解决问题的能力	数学、美术、信息技术、科学
			《电影欣赏》《科创小发明》《玩转鼠标》《航海航模任我行》等
			《机器人》《陶艺》《数棋》等
道德与情感	低段	知礼、自信、自理	语文、音乐、英语
			生活·生命与安全
			《弟子规》《三字经》《欢乐大家唱》《舞动精灵》等
			《话剧社》等
	中段	诚信、合作	语文、音乐、英语
			《合唱》《巧舌如簧》《诗情画意》《欢乐大家唱》等
			《陶艺》《原色画室》
	高段	循规、创新	语文、音乐、英语
			《法礼伴我行》《诗情画意》《历史探秘》《欢乐大家唱》
			《听说拓展》《话剧》《舞动精灵》、
行为与习惯	低段	激发兴趣	体育、品德与生活
			《羽毛球》《篮球》《灌篮小队》《乒乓小高手》等
			《足上功夫》等
	中段	挖掘特长	体育、品德与社会
			《烹饪》《团辅》《开心农场》《舞动精灵》《民俗游戏》《灌篮中队》《乒乓小高手》《礼仪与主持》
			《帆塔棒球队》《魔幻厨房》《足上功夫》等
	高段	认识自己	体育、品德与社会
			《魔幻厨房》《灌篮高手》《乒乓高手》等
			《摄影》《足上功夫》《太极拳》等

这些课程从学生兴趣出发，贴近学生生活，在学习活动中全面提升少先队员综合素质的同时，渗透民族文化、民族精神，使学生逐步形成正确的世界观、人生观、价值观，掌握创造幸福生活的本领，开启幸福人生。

2. 少先队主题活动课程体系

我国的少年儿童从小学一年级开始就基本全部加入共产主义少年先锋队，但处于这个心理阶段的小学生对直接的马克思主义、共产主义理想信念教育还不能较好地理解，因此少先队教育光靠空洞的说教是不行的，要重视参与、重视体验，在丰富的少先队主题活动中渗透少先队信仰教育，启蒙孩子们幼小的心灵，使其随着阅历的增加慢慢增强对民族对祖国的自豪感和荣誉感。[12]

为此，结合学校实际，及时制订少先队系列主题活动课，周密安排活动课程内容，注重活动实效。少先队主题活动课中实施信仰启蒙教育有别于单纯进行的思想品德教育活动，它不是外加的说教，不是毫无生气的灌输，而是根据教学内容和学生实际，明确培养目标，系统地设计生动丰富的活动，点点滴滴、实实在在地渗透，如春风化雨，“随风潜入夜，润物细无声”，在潜移默化中启蒙孩子们对美好生命、祖国民族的信仰。

(1) 以节日为主线的少先队活动

在我校的少先队主题活动课程中，我校每逢节日都会设计相关主题。我国历史重大事件、纪念日和民族传统节日以及传统美德教育和文明行为规范教育等主题教育活动，以各种节日为线条进行构建，旨在引领学生体悟生命的美好，通过这些课程活动来加深孩子们对民族传统节日的了解，并从中逐渐培养起对民族文化的认同感，塑造学生积极健康的人生观、价值观，培养学生的社会责任感，进而升华为对民族对国家的身份认同感和自豪感。就这样，信仰的萌芽在幼小的心灵中茁壮成长。于此，根据不同时间、不同地点、不同形式，我校开设了一些少先队主题活动课程（如表2）。

表2

活动主题	活动时间	活动地点	活动组织形式
感悟生命，负重体验	母亲节	学校、家里	家校共参与组织
祭奠英烈，英雄筑梦	清明节前夕	学校、家里	家校共参与组织
浓浓粽叶香，悠悠爱国情	端午节前夕	学校	亲子互动
“奉献爱心，传递幸福”义卖活动	六一儿童节	学校	社区、家长共参与
学雷锋，建和谐生活	雷锋纪念日	社区	社区、家长共参与
花好月圆话中秋	中秋节前夕	学校	社区、家长共参与

表2(续)

活动主题	活动时间	活动地点	活动组织形式
红领巾相约中国梦	建队日	学校	社区、家长共参与
爱绿护绿，从我做起	植树节	社区	社区、家长共参与
家校共育、多彩生命	家长开放日	学校	家长参与
真情回放，梦想起航	毕业典礼	学校	社区、家长共参与
法制教育宣传周	12 月	学校	学校师生共同参与
欢度国庆，感悟历史	国庆节前	学校	师生共同参与

(2) 设定并形成校园四大主题文化节活动

结合少先队主题活动课，我校设定并形成了校园四大主题文化节，即“悦读秋收”——读书节；“科技筑梦，创新成长”——科技节；“真情与智慧”——艺术节；“阳光体育，快乐运动”——体育节（如表3）。四大文化节集中时间，从不同的角度营造文化氛围，让学生充分深入地体验，同时进行身心的浸润和洗礼，从而提升学生的思想认识，树立起正确的思想意识。

表 3　　校园四大主题文化节活动

时间	主题文化节	活动内容	活动形式	信仰启蒙教育价值
3 月、9 月	读书节	品读经典、历史故事，图书漂流，好书推荐，征文与演讲活动等。	书香班级评选、书香学生评选等。	享受读书带来的愉悦，感悟生命的美好，在历史文化中了解祖国，感悟英雄形象，弘扬民族文化和民族精神。
10 月	科技节	小发明、小制作、科幻绘画、科技小论文等。	分班级年级作品展出、现场竞技等。	展示参赛者的能力和风采，锻炼学生的动手动脑能力，丰富学生的课余生活，培养创新精神和合作意识，增强集体荣誉感。
5 月、11 月	体育节	短跑、跳长绳、拔河、接力、足球赛、亲子足球射门赛等。	亲子趣味运动会、田径比赛等。	强健体魄，展示生命活力，弘扬奥运精神，展现生命的光彩，增强凝聚力。
4 月底	艺术节	书法、绘画、舞蹈、歌唱比赛等。	魅力校园文艺会演、队歌、红歌比赛、书画作品展览等。	感受艺术的魅力，再现对艺术作品的体验能力和设计创作能力，在艺术中感受文化和民族气节，让生命价值不断提升。

（3）各中队、小队主题活动

有信仰的生命才是有意义的生命。信仰启蒙教育的目标，基础层面是教人珍爱生命，更高的层次则在于教人体悟生命的意义，追求生命的本真。除了全校统一的主题活动外，每周中队、小队活动也努力做到“队队有特色，队队有特点”。各中队根据实际情况，配合学校大队活动及每月一次大队升旗仪式开展符合自己中队特点的中队及小队活动，如“和时间赛跑珍惜时间”“点燃阅读，共建书香校园”“保护地球环境，净化校园环境”“珍爱生命，安全第一”“缅怀先烈，传承美德”（清明节）、“文明礼仪在心中”“劳动最光荣”“母爱无私，感恩母亲”“七彩童年，快乐成长”等主题中队、小队活动。在少先队建队日，我校相继开展了三至六年级少先队知识竞赛，以增强少先队员的光荣感和自豪感。为此，学校掀起了少先队员开展纪念少先队建队日活动的热潮。班队会以“歌唱祖国大好山河”为主题。班队会形式多样，精彩纷呈，以家乡名人我来说、家乡名胜我介绍、家乡特色我来传、家乡川剧我来唱等形式让少先队员进一步了解了自己的祖国与家乡，激发了少先队员热爱祖国、热爱家乡的思想感情，从小树立远大理想。我校通过实践活动，让学生明白：美好的生命，就是要珍惜时间，有坚定的信念；美好的生命，就是要有乐观向上的人生态度；美好的生命，就是要学会坚强，自强不息。

（二）少先队员信仰启蒙教育的实施

1. 推行教学改革，实施信仰启蒙教育

实施信仰启蒙教育课程的基本理念是“以学为本”。教育作为一种特殊文化，其内在的根本问题就是课程与学生发展的关系问题。在一定的时代，文化与人发展的关系是怎样的，就从根本上决定了课程与学生发展的关系是怎样的。文化哲学已经揭示，当代文化正在走向与人的生命存在及其活动的同一，相应地当代课程也正在走向与人的学习生命存在及其活动的同一，由此孕育了学习化课程。从文化哲学的角度，我们认为课程就其本性而言，是“人的学习生命存在及其优化活动”，其基本原理就是“学习生命关联”[13]。学习生命关联意味着：学习就是对蕴涵在“教育内容”里的“社会—历史”生命的一种“理解”和“解释”，即通过“解释”而理解“内容”，进而获取“内容”里的社会—历史现实的有效知识；学习生命存在不是绝对的，而是实现在人与教育环境的相互作用过程之中，以学习者与教师、其他同学、内容、学习环境等的活动为基本特征。

信仰启蒙教育课堂“以学为本”，不是简单地以“学习”为中心，也不是简单地以“学习者”为中心。它打破了原有课程范式。我们以三年级学生的一节信启蒙仰教育课“端午——我们的节日”为例：

环节一：准备阶段，调查分组。老师给出几个小主题，如“我的粽子情”“话说端午来历”“我讲伟人故事——屈原”“我歌我舞端午情”等，少先队员们根据自己的喜好自行分组，推荐一名队员为组长。组长组织该组成员写方案，进行节目的编排、练习、道具准备等。老师在这过程中只是给予他们方法点拨。

环节二：在课堂活动中，少先队员们在小主持的组织下进行有序的活动。“我的粽子情”小组的队员们有的讲述自己与粽子的有趣故事，有的做成 PPT 演示包粽子的方法，有的将自己的粽子与全体分享等。

在“话说端午来历”小组汇报后，班级的一位家长积极参与进来，给孩子们深入浅出地讲述龙舟精神，并带来纸教孩子们做龙舟。孩子们在做好的龙舟上可以绘上自己喜欢的图案，表达自己对龙舟精神的理解。

小组汇报“我讲伟人故事——屈原”后，老师补充，使得屈原这个爱国人物形象在孩子们的心中更加丰满而立体。

在“我歌我舞端午情”环节中，孩子们不仅表演赛龙舟，还和家长一起把郭沫若的话剧《屈原》（片段）搬上舞台。

从这个案例我们可以看出，信仰启蒙教育课堂是学生的课堂，打破了老师的主体地位、打破了课堂的时间限制，家长的参与打破了学校单一的教学模式。丰富多彩的活动、多元化的获取信息途径，使得端午不再是只在嘴边说的一个毫无生趣的节日，它在孩子们心中鲜活起来。它的文化，它的精神，它的爱国情怀都充盈其间，使得学生内心与精神逐渐丰满。

2. 以少先队活动为抓手，实施信仰启蒙教育

在信仰教育课堂教学中以“学为中心”的观念，强调少先队员是“主体”，强调学习是“主业”，强调学力是“主轴”，强调学法是“主因”。信仰启蒙教育课程主要以少先队活动为抓手，关注活动的多样性与丰富性，精心设计活动，追求活动的实效性。在精彩纷呈的活动中，学生自己体验，自行感悟，从而促进少先队员思维与意识的发展。

一位四年级家长给老师写的一封信中写道：“今天放学，儿子又告诉我：‘妈妈，我又获奖了！今天我很感谢我们这个团队，因为大家的努力获得了奖励，我们机器人俱乐部的所有成员都会获得一次品尝肯德基的机会……’我很感动，因为儿子学会了感谢，感谢给他们带来荣誉和礼物的团队，同时也让他明白，机器人小组是一个团结友爱的集体。”从信中我们可以看到这个孩子在他所属的少先队俱乐部活动中，不仅获得了殊荣，内心还成长了，懂得了创

新，懂得了团队协作，懂得了主人翁精神。

3. 社区联动，实施信仰启蒙教育

一位教育名家这样说过："谁放弃了家庭教育，谁就几乎葬送了孩子的前程；而谁赢得了家庭教育，谁就赢得了孩子辉煌的未来。"家庭教育对一个人的启蒙、成长、成才有着不可估量的作用，家长的人生观、道德观和价值观都会对孩子的成长产生极为深刻的影响。教育是个系统工程，由学校、家庭和社会三方面共同组成，三者之间互相渗透、互相联系、互相制约。少先队员信仰启蒙教育将家庭、社区深度卷入，形成学校、家庭和社区三位一体化的少先队员链条式教育格局，这样使得学生在不同的环境中思想文化意识连贯、持续，固化少先队员对"红领巾"的憧憬与信仰（如图1、图2、图3、图4)。

图1　爱心义卖活动

图2　爱心义卖活动

图3　亲子阅读

图4　孩子、家长和社区一起植树

四、实施效果

（一）对少先队员信仰启蒙的效果

1. 激发积极的个性品质

苏霍姆林斯基说："只有激发学生进行自我教育的教育，才是真正的教育。"[14]学校的信仰启蒙教育课程体系从构建到实施都是以学生为本，采取"自下而上"和"自上而下"相结合的方式，从学生强烈的自我发展需要与特长、爱好和兴趣出发来确定组织何种课程、开展哪些活动、需要谁来参加、邀请谁来指导等等，充分发挥了他们的自主学习与发展能力。同时，由于热爱，学习已不受时间限制了。学生做的事是自己感兴趣的，也没有学习成绩的压力，课堂氛围轻松和谐，让学生真正感受到了学习的快乐。

丰富多彩的少先队员俱乐部课程和少先队主题活动课程，给孩子们创造了个性发展的舞台，让学生经历了平日课堂里学不到的东西，给学生开创了一个广阔的天地，使其大开眼界。这些活动课程不仅仅是让学生获得知识、了解事物，更多的是让孩子动手动脑，在模仿中进行再创造，充分发挥学生的想象力，培养学生的创新思维。经过长期的思维训练，学生就能创造性地学。孩子们都感到这些课程是那么新奇、有趣，他们在这个舞台上能够找回自我，挖掘自己的主动性和创造力，感受到学习的成就，实现自我的价值，进而树立学习的信心，能真正悦纳自己，也悦纳别人。

案例：我要当一个什么都能做的小女孩。现在我会跳中国舞、乐器、手工、歌唱，今年还学会了烹饪。多才多艺是我的梦想。相信六年级时俱乐部能成就我的梦想！（三五班李卓君）

案例：参加了小牛顿俱乐部，我了解了很多自然科学知识，如木乃伊、鲨鱼吃人等秘密。（三五班赵言中）

案例：让我大开眼界，没想到一段小小的丝缎，竟然可以变成一朵十分美丽而又漂亮的花朵。（五一班朱珠明）

案例：我知道了我们吃的蔬菜的成长过程。（二四班葛润之）

案例：我校开展“机器人创新实践进校园”活动，培养青少年创新实践能力，激发学生学习、运用、探索电子信息技术等学科的兴趣和求知欲，提高青少年的科技素质，向广大青少年学生宣传科学思想，传播科学知识，激发他们的创新意识和创造发明的潜能，使学生与家长在获得科技知识和实践能力的同时，对机器人有一个全面的了解，从而丰富孩子幼小的心灵，提升孩子的生命质量，这也是少先队信仰启蒙教育的一个重要方面（如图5、图6）。

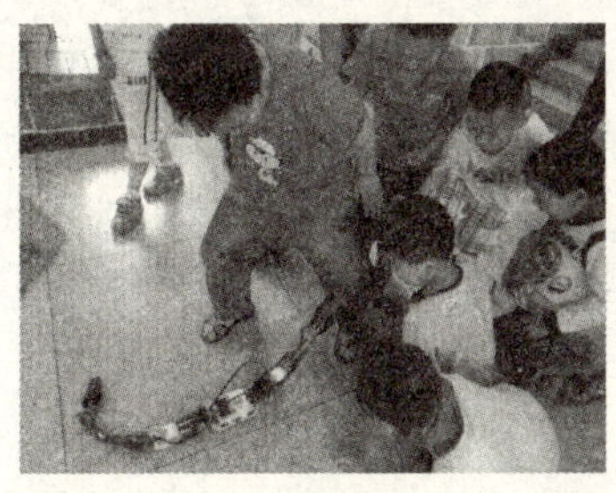

图5

图6

2. 增强少先队员由实践到理性的身份认同

作为新时代中国少年先锋队的一员，孩子们每天上学都会戴着鲜艳的红领巾或者闪闪的少先队徽，但跟往常不同的是，孩子们对这红领巾和队徽有了更深刻的认识以及更深厚的感情，他们的脸上洋溢着发自内心的自豪感和幸福感。这是因为，经过一系列信仰启蒙教育课程的陶冶，孩子们对中国少年先锋队队员有了从实践到理性的身份认同。中国少年先锋队的创立者是中国共产党，中国共产党信仰马克思主义，“马克思主义信仰教育与智育、美育以及心理教育等学科教育既有区别又是密切联系着的、不可分离的，并且从本质和根本功能上讲，它们之间则更多地体现为同一性、交叉性和相互渗透性。”[15] 我们的信仰启蒙教育课程体系恰恰是通过丰富多彩、生动有趣的少先队主题活动和少先队员俱乐部课程，团结、教育少年儿童爱祖国、爱人民、爱劳动、爱集体、孝敬父母、爱护公共财物、努力学习、锻炼身体、培养能力、为国家贡献自己的力量，努力成为社会主义现代化建设的合格人才，做共产主义事业的接班人。新时期，更要让社会主义核心价值观深入孩子们的心灵，把培育和践行社会主义核心价值观的工作，融入少年儿童的日常学习和生活中，让孩子们在“玩”中学习、“乐”中践行，通过生动活泼、春风化雨的少先队组织教育、自主教育、实践活动，让社会主义核心价值观的种子在少年儿童心中生根发芽，成为引领孩子们成长进步的信仰基石。

案例：3月是学习雷锋活动月。雷锋精神是我们中华民族宝贵的精神财富，它激励着一代又一代的少先队员们热爱生活、快乐成长。我校以学雷锋活动月为契机，结合学校德育工作主题，广泛开展了“树新风、讲文明、乐奉献”等系列活动。一是在全校组织开展雷锋精神宣讲活动，以雷锋精神为学习的主要内容，通过国旗下讲话、少先队宣传栏、班队会活动和“雷锋小报”等形式，通过“讲讲身边的雷锋”故事比赛，将雷锋的事迹在校园进行传播，教育孩子们时时以雷锋为榜样，做一个乐于助人的孩子，做一个于乐于贡献社会的人。二是开展“学习雷锋，奉献爱心”主题班级建设活动，各班成立学习雷锋小分队，开展“我身边的小雷锋”评选，让孩子们在互帮互助中建立友情，用责任心和爱心去关注学校发展、关注我们所居住的家园，增强了孩子们责任意识。三是组织“雷锋小分队”进社区活动，通过走访、慰问社区老人，为老人们送去动听的歌声、诗朗诵和有趣的笑话，并组织孩子们参加力所能及的社区建设活动，为社区的美丽奉献自己的一分力量。

图 7

这个月里每一天都是学雷锋活动日，通过全校师生们的共同努力，我们惊喜地发现，无论是校园内还是校园外，助人为乐的事情多了，“事不关己，高高挂起”的人少了；相互关怀的人多了，同学间的隔阂少了。实小西区的孩子们正在悄悄地发生着变化。雷锋精神像春风一样拂过了同学们稚嫩的心灵，播下了乐于奉献、乐于助人的种子。可见“雷锋活动月”的组织能够帮助和引导学生建立正确积极的人生观，正确而稳定的价值观及个人的知、情、意、行的统一，让少先队员们在帮助他人的同时，激发对真善美的追求，认识生命、尊重生命、欣赏生命并热爱生命。

案例：走近“铿锵玫瑰”——女子特警队慰问活动

三八妇女节前夕，在学校刘书记的带领下，少先队员和家长代表、老师们来到武警四川总队女子特警队，为这里的女特警们带来妇女节的温馨问候与祝福。在特警队黄队长的带领下，少先队员代表们走进了女特警队员们的训练场，目睹了这些特殊女兵在训练场上的执着和坚强。训练场里，一次次重复练习着蹲下、起立的队员们，一遍遍重复着技能练习的队员们，一招一式力求完美的严谨态度，不断带给在场每一个人内心强烈的震撼。一起向那些为共和国繁荣昌盛社会安定做出贡献、默默奉献着自己青春年华、为我们的社会增添了靓丽风采的女兵们，致以崇高的敬意！

此类活动，大大加深了少先队员们对中国军人的敬爱，同时在活动中增强学生的爱国意识，使其随着阅历的增加慢慢增强对民族对祖国的自豪感和荣誉感，树立民族自尊心和自信心，产生对祖国的热爱，并形成正确的理想、信念、人生观、价值观的思想萌芽。

图 8

图 9

3. 加深对美好生命的体悟

以生命教育为价值理念的信仰启蒙教育课程，从多层次、多角度引导少先队员们学会尊重生命、理解生命的意义，慢慢体悟生命与天人物我之间的关系，进而学会积极的生存、健康的生活与独立的发展，并通过彼此间对生命的呵护、记录、感恩和分享，获得身心的和谐，事业成功，生活幸福，实现自我生命的最大价值。[16]

案例："享受童年，快乐阅读"开放日活动，获得了家长们的一致好评。他们认可并感谢学校能通过这样的课堂，传递"阅读"的方法和意义。家长们高度评价，这样的课堂，不仅教会孩子阅读，还教会了自己在家如何引导孩子们阅读。阅读的意义在于无限拓展和丰富孩子的生命，赋予其人生更广阔的意义和内涵，更能提升少年儿童的精神层面，使其成为一个有理想、有志向、有信仰的人。（图为阅读活动课中家长和孩子们一起在老师的引领下充分感悟了文本所包含的情感之后为之动容的感人画面）

图 10

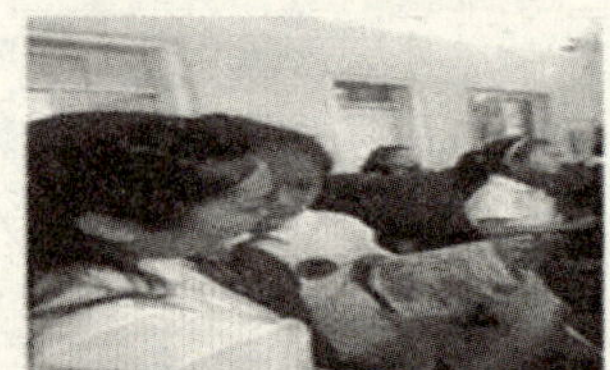

图 11

图 12

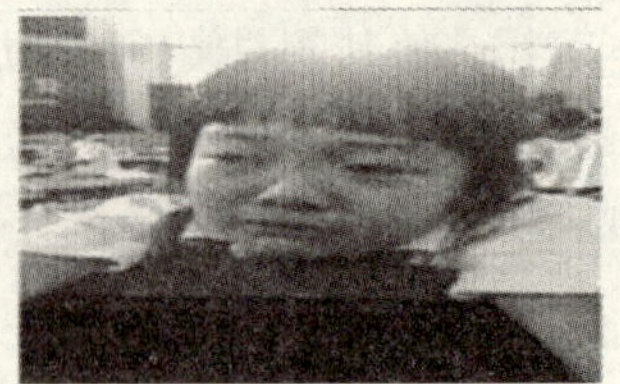

图 13

案例：我校美术代表队的同学在指导老师的带领下积极参加第二届全区中小学生“写经典、画经典”活动。在活动中，同学们围绕经典故事进行主题创作，最后入选的5幅精彩作品在区级评选中已有2幅作品获得一等奖，被选送参加市级的评比。在写经典，画经典的过程中，少年儿童更多地了解祖国历史、文化、大好河山，培养民族自尊心和自信心，加深对祖国的热爱，并形成正确的理想、信念、人生观、价值观的思想萌芽。

图14

案例：“我爱国学，走近诗圣”活动中，孩子和家长在杜甫草堂导游的带领下，对杜甫有了更多的认识和了解。而接下来由家长主持的国学讲学，更是让家长和孩子们对中国的文化满怀崇敬之情。当孩子们穿上青衫汉服出现在家长面前时，家长们个个都举起了手中的相机，不停地给孩子们照相留念。而孩子们穿上青衫学汉服，仿佛都回到了盛唐时期。孩子们在“私塾先生”（负责讲座的家长）的主持下，认认真真地学习了一堂特别的课。

此次活动让少先队员进一步了解了自己的祖国与家乡，激发了少先队员热爱祖国、热爱家乡的思想感情，使其从小树立远大理想。通过实践活动，孩子们明白了要有乐观向上的人生态度；美好的生命，就是要学会坚强，自强不息。

图 15

案例：开心农场让学生回归“传统”，有个人自己的“农作物”，也有大家一起种植的“责任田”。教师通过正确的引导，一方面在体验实践劳作中让学生懂得“谁知盘中餐，粒粒皆辛苦”，另一方面也培养学生对自己“农作物”的责任心和对集体“责任田”的团结协作精神。

（二）为教师专业发展拓展一条新的渠道

一名教师，只有致力于课程教学的实践，在其过程中不断完善、更新自我，提升自己的专业素质，促进自身专业发展，才能适应课程发展和学生发展的需要。教师要具备普通文化知识、学科专业知识、教育学知识、心理学知识，还要具备个人的实践知识，具有建构自己的知识体系的能力。因此，教师专业化发展与团队合作非常必要。新课程改革也强调教师专业发展的同伴互动和合作精神，建立积极的新的内外伙伴关系，以便双向学习，例如与学生的家长和学校以外的团体、个人，只有这样教师才能进一步开放。加强教师之间以及师生之间在课程实施等教学活动中的专业对话、师生对话，交流沟通、协调合作，共同分享经验，通过互动、相互支持与借鉴，以减少教师孤立劳作而导致的自发的、偏狭的、低效的行为。

在学校信仰启蒙教育课程体系的构建与实施过程中，几乎全校所有教师都参与了课程的设计与教学。教师们根据个人的特长、兴趣、爱好等，从学生和家长们共同选出的课程门类中选择所教学科。面对全新的课程内容，启蒙信仰的课程目标，没有教材，没有课程标准，全校教师们只有根据已有的教学经验，寻找相关课程资源，设计每节课的活动环节，并尽可能地去丰富教学内容，以期在常规课程之外，为孩子们开拓更广阔的生命时空。这项任务对老师们来说是挑战，更是促进自身专业发展的好机会。老师们会积极地联系校外课程资源，鼓励能够承担课程的家长参与教学。教师之间共同分享教学资源和教学经验。每个教师都自觉地、主动地投身于信仰启蒙教育课程的实践中，去探索、反思自己的教学行为，去思考自己所教的内容能够启发学生怎样的主动性和创造性，带给孩子们怎样的信仰启蒙。同时，教师们又反过来思考自己所教的主要学科，重树自我、重构课堂、重进教学，在此过程中不断提升自己的专业素养，完成自己的专业化发展进程。信仰启蒙教育的过程，就是教学相长的过程。

1. 改变了教师的思想和行为方式

通过信仰启蒙教育，教师能充分感受到学生的多样性和独特性，能从多角度去看待学生，发现学生的独特与可爱之处，从而改变教学观念，尊重个体差异，在以后的教育教学中更多地创设符合学生需要的、开放、和谐的教学环境。

2. 提升了教材编辑设计能力

少先队员信仰启蒙教育课程没有现成的教材，所有的教学内容都是老师们自行创设或选择，设计创编，再实践活用，形成一本本自己精心编制的教材。经历这一全程的历练，“宝剑锋从磨砺出”，老师对教材的设计、对教材的认识、对教材的把控等方面的能力迅速提高。

3. 提高了专业技能水平

由于推行了“长短课制”，缩短了基础课程的时间，又不能影响教学，教师只有提高课堂教学效率，才能保证教育教学的质量。同时少先队信仰启蒙教育没有现成的教学模式，促使教师必须不断学习，提高自己的业务能力，才能胜任这种完全开放自主的教学活动。有的老师还发展了自己的第二专业，不同专业就意味着不同的教学方式。因此，这些活动丰富了教师的教学生活，促进教师改变教育观念和教育行为，业务能力显著提高，如这两年老师们的教学论文质量以及获奖人数显著提高。

4. 提升了教师的幸福感

不管是少先队俱乐部课程，还是系列主题活动课程，老师们都直接或间接地操控着整个活动课程。不管是教育思想还是教育行为，对老师都是一个极大的挑战。活动课程理念的设定、自主教材的编撰、活动的组织与实施等一系列的实践，大大地丰富了教师的学习经历，使他们的能力得到全面的发挥，更在潜移默化中提升了自己的业务能力。同时，多元活动课程没有分数的约束，没有外界的压力，师生是为了共同的兴趣爱好走到了一起，那本身就是一种快乐。教师再看到学生不断地变化、不断地成长，甚至带给自己的惊喜，那是自己智慧的外化与延伸，更是一种享受和自我价值的实现。

（三）推动学校的特色发展

1. 开拓学校、家庭、社会三力合一的教育途径

通过相关调查研究，我们了解到许多学校开展的第二课堂活动或者其他特色课程，都面临着严重的师源问题，从而导致活动的实效性大大降低，甚至偃旗息鼓。在我们的实践中师源依然是最棘手的问题。因此一开始，课题领导小组就非常重视这个问题，从多种途径解决师资问题。一是赢得家长的支持。我们很多班级特色活动课程都由具有某项专业技能的家长担任辅导老师。二是赢得了社会的支助。如少先队俱乐部“牵手成都”给学校提供大学生志愿者，免费给学生上课；又如陶艺社团的老师，自愿天天到我们学校指导，学生课间随时可以去玩陶泥；又如棒球社团和机器人社团，是帆塔棒球俱乐部和贝尔机器人高手联盟，这两个机构非常认同新星少年俱乐部，他们不仅出老师每周星期一下午到学校辅导学生，而且每年还资助学校 5 000 元，支持俱乐部的发展。经过不断探索，少先队员信仰启蒙教育已向社会打开了一扇窗。我们会总结经验，开拓更广阔的渠道，三力合一，成就每一个生命的美好。

图 16　陶泥老师

图 17　棒球老师

图 18　志愿者洋人足球教练

图 19　社会力量免费支助俱乐部活动的教师队伍

图 20　志愿者外教老师

2. 初步建立了内容丰富的信仰启蒙教育课程体系

信仰启蒙教育课程体系树立以人为本的思想，以生命教育为理念，以学生兴趣为主导，以实践、情境活动为主线，以多元智能理论为依据，从运动、艺术、生活、语言和益智等方面开发活动课程，建立起30多门课程，向全体学生同时开放。其特点有：

和谐性：和谐包含两方面，一是外生态的和谐，二是内生态的和谐。外生态和谐主要表现为在俱乐部活动中，师生都是做着自己最感兴趣的事情，自主、互动融洽了师生关系；内生态和谐既指在信仰启蒙教育课程的活动中师生对自身阶段成长的完善，提高内在的知识与技能的正能量，又指师生自身内在的愿望与现实活动和谐一致。

开放性：少先队员信仰启蒙教育活动面向每一个学生，尊重每一个学生个性发展的需要，其课程目标具有开放性。同时，活动面向学生的兴趣爱好，其内容同样具有开放性。信仰启蒙教育课程强调通过富有个性的实践活动，关注学生在这一过程中获得的丰富多彩的体验，其活动方式与活动过程、评价也都具有开放性。

综合性：新星少年俱乐部活动课程有20多门，涉及运动、文学、艺术、生活、科创等各个方面，活动内容具有综合性。在学习这些活动课程的过程中，在这些活动课程熏陶下，学生的综合能力将得以提升。

自主性：在教育教学活动中尊重学生的兴趣、爱好，发挥学生的自主性。在许多活动中，学生可以自己选择学习的内容、方式，自己决定活动的结果展示的形式，指导教师只对其进行必要的指导。有些俱乐部学生甚至自行组织开展活动，有些俱乐部聘请学生当小老师。所有这些，都显示其自主性。

3. 形成了良好的校园风貌

学生平常学习，都是老师、家长要他们学，而学生在少先队员信仰教育活动中却从“要我学”变成了“我要学”。星期一和星期五成为他们最期待最快乐的日子。学生兴趣广了，见识多了，课间他们再不是无所事事或者追逐嬉戏了。我们经常可以看见学生们忙碌的身影，翻魔方、画画、溜悠悠球、下棋、读书……他们无须老师催，无须老师教。学生真正从外而内发生了个人成长的变化，自得其乐，乐在其中，形成了文明有序的校园风貌。

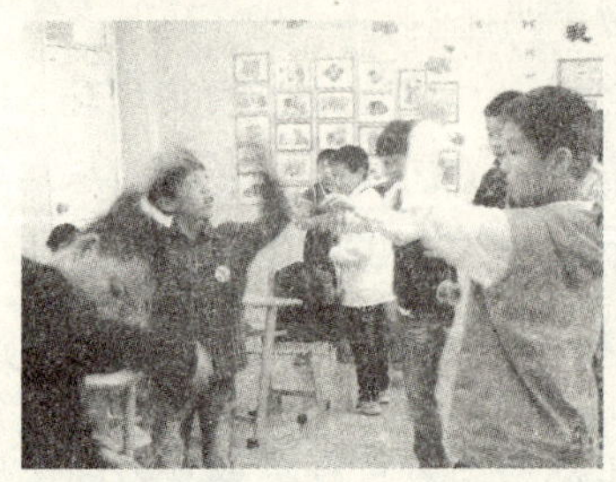

图 21

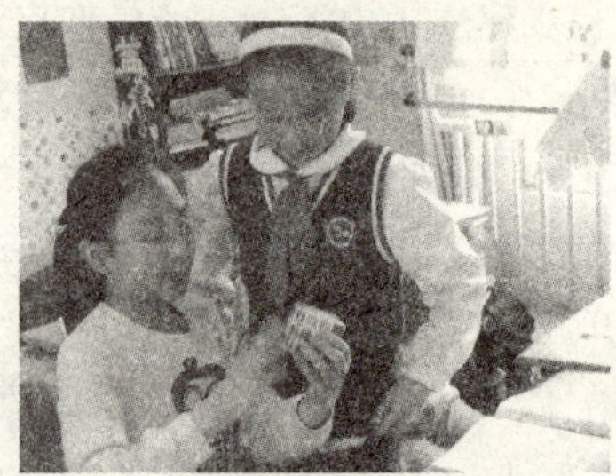

图 22

图 23

图 24

（四）产生一定的社会影响

1. 赢得了社会的认同

“生命教育”理念指导下的少先队员信仰启蒙教育课程，经过几年的高速发展，接待了国内外几十个参观团，相互进行经验交流与磋商，也得到了他们的一片赞美，更是赢得了社会力量的资助办学，如“牵手成都”、帆塔棒球俱乐部和贝尔机器人高手联盟等机构高度认可该课程，并提供无偿的赞助。

案例：这样的活动不仅丰富了孩子的课余生活，还提高了孩子的学习能力，我非常欣赏也非常希望更好地开展下去。（六二班刘一航）

图 25　贝尔机器人在我校设立训练基地教育合作交流志愿书

图 26　帆塔棒球中心在我校设立训练基地教育合作交流志愿书

2015 年 5 月 18 日—22 日，由成都师范学院四川少年儿童组织与思想意识教育研究中心主办的“少先队员信仰启蒙教育课程体系构建与少先队活动课现场观摩”研讨会由成都实验小学西区分校承办，学校向广大少先队辅导员和少先队工作者展示了一节生动有趣、知识丰富的少先队活动课，受到一致好评（图 27）。并在四川少年儿童组织与思想意识教育研究中心组织的“少先队课题研究成果”评比中荣获一等奖（图 28、图 29）。

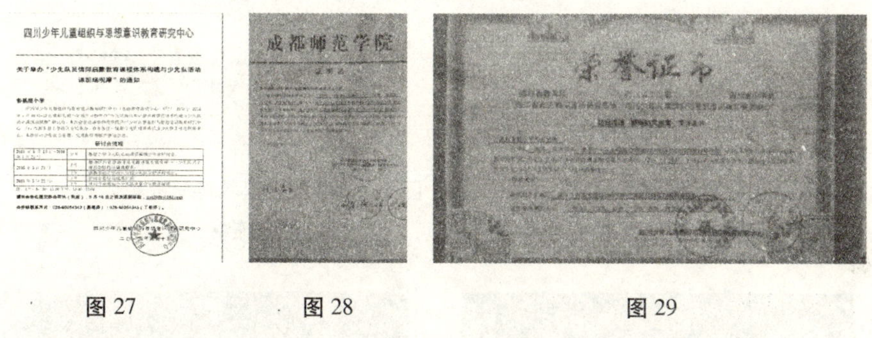

图 27　　图 28　　图 29

2. 带动了一方教育

从少先队员俱乐部建立伊始，学校先进的教学设备、优越的场地、丰富的课程资源以及专业教师都向周边学校开放，共享资源，带动了一方的教育。如清波小学的学生到校和我校学生一起参加魔幻厨房、开心农场等俱乐部活动。

3. 促进了学校的发展

少先队员俱乐部活动课程的建设，立足以人为本，践行生命教育，促进了学生的全面发展，提升了教师的业务水平，给学校搭建了一条与外界沟通的渠道，扩大了学校的影响力。如我校和真道书院、法国里昂小学签订了教育合作交流志愿书，同时得到青羊区教育局高度的认可与支持，这成为学校的一张名片，成就了学校的办学文化，推动了学校“生命教育”的内涵发展，提高了学校整体办学水平。如 2011 年我校被评为“全国青少年普法教育先进单位”，2012 年被评为“全国阅读教育先进集体”。新星少年俱乐部正是生命教育的独特践行。2012 年 8 月，我校被评为“全国生命教育优秀学校”。

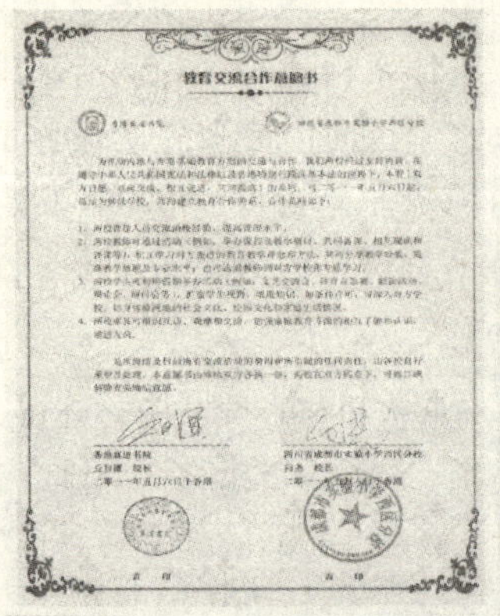

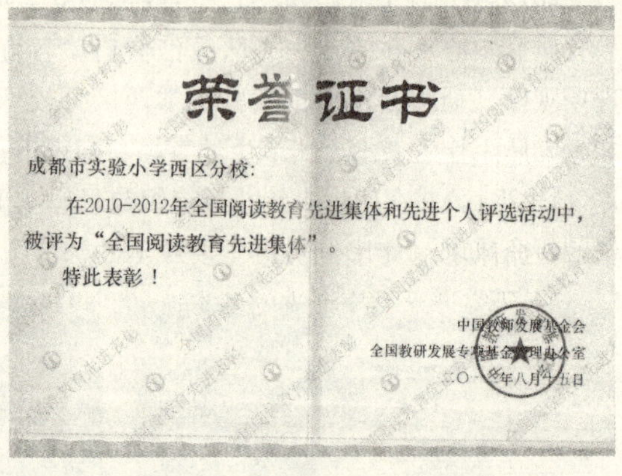

荣誉证书

成都市实验小学西区分校:

在2010-2012年全国阅读教育先进集体和先进个人评选活动中，被评为“全国阅读教育先进集体”。

特此表彰！

中国教师发展基金会

全国教研发展专项基金[illegible]办公室

二〇[illegible]年八月[illegible]五日

图 30　我校和真道书院签订教育合作交流志愿书

图 31　“全国阅读教育先进集体”荣誉证书

图 32

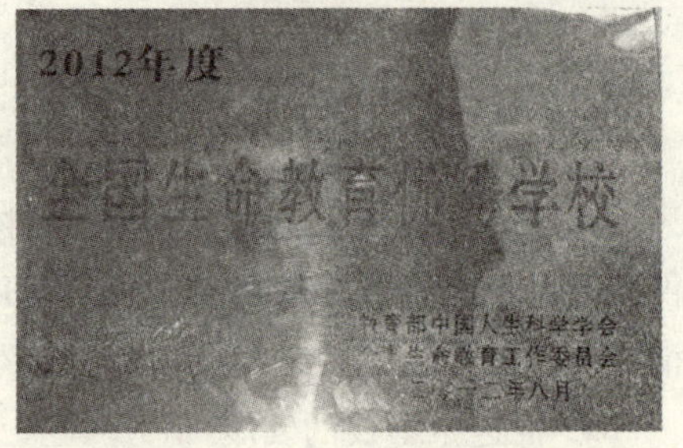

图 33

五、当前研究的不足

本课题研究实施中，针对孩子的信仰启蒙教育，从学校、年级和班级三个层面进行课程的建构，但是目前三个层面少年队活动课程体系的建立还需要进行细化和完善。

少年儿童信仰启蒙教育研究没有现成的模式和方法可以供本课题参考和借鉴。它是对少年儿童思想意识形态的渗透和教育，它的操作性、科学性还待考究。

一个人的思想意识的建立或者转变，需要长期的浸润和教育，需要营造一个思想意识形成的环境链。对少年儿童信仰启蒙的教育，树立他们的爱国思想，需要学校、家庭和社会形成教育的全环境。要促进学校、家庭和社会的有效联动，共建信仰启蒙教育的全环境，还必须拓宽教育途径，创新教育模式。

六、未来研究的展望

活动是少先队工作的生命线，是少先队工作保持持久生命力的重要手段。本课题研究对少年儿童信仰启蒙教育的活动进行固化，形成课程化、制度化，使得少年儿童信仰教育得到持续的保障。少先队员信仰启蒙教育课程体系的建立成为信仰启蒙教育研究的重要载体。

本研究遵循循序渐进的基本原则，根据少年儿童认知和心理发展，进行分年段分层次活动内容的主题性设计，由点到面、由表及里的运行结构的序列化设计，采用学校、年级和班级以及家庭、社区多形式多途径的教育方式，这样“随风潜入夜、润物细无声”的滋润，爱自己、爱他人、爱家乡、爱祖国的思想情感将会在少年儿童心底悄然生根，发芽。

参考文献

[1] 程卫军. 当代青少年信仰状况的哲学分析 [D]. 北京：北京交通大学，2009.

[2] 熊成，帅伟伟，王庆华. 从信仰教育入手解道德教育难题 [J]. 科技信息，2011 (3)：610，589.

[3] 李俊文. 当代中学生信仰教育研究 [D]. 长沙：湖南师范大学，2011.

[4] 孙勇. 当代中学生政治信仰教育 [D]. 长少：湖南师范大学，2013.

[5] 张文学，康志勇，刘静. 当前青少年信仰教育存在的问题及其对策 [J]. 中国青年研究，2011 (7)：98-101.

[6] 逯晓瑞. 高中生信仰现状调查研究：以山西省阳泉市为例 [D]. 临汾：山西师范大学，2013.

[7] 刘玉霞. 加强中学生信仰教育的对策 [J]. 课程教育研究，2012 (35)：38.

[8] 檀传宝. 论信仰教育与道德教育 [J]. 北京师范大学学报（人文社会科学版），1997 (2)：48-54.

[9] 师曙光. 浅谈信仰教育 [J]. 山西高等学校社会科学学报，2001 (6)：40-41.

[10] 苏红. 社会转型期新疆青少年信仰教育问题研究 [D]. 乌鲁木齐：新疆师范大学，2012.

[11] 周颖莹. 信仰教育：当前中小学教育面临的一个重要课题 [J]. 湘

潭师范学院学报（社会科学版），2006（6）：140-142.

[12] 冯建军. 重塑青少年信仰教育 [J]. 人民教育，2011（12）：2-4.

[13] 罗美红，赵鹤怀，钱锋. 浅论高校思想政治教育工作的与时俱进 [J]. 中国新技术新产品，2008（16）.

[14] 苏霍姆林斯基. 怎样培养真正的人 [M]. 蔡汀，译. 北京：教育科学出版社，1992：178.

[15] 唐森树. 构建高校马克思主义信仰教育体系当议 [J]. 湖南科技学院学报，2008（1）.

[16] 中共中央文献研究室. 毛泽东邓小平江泽民论世界观人生观价值观 [M]. 北京：人民出版社，1997：229.

当前少先队员对少先队组织认同的维度调查及对策研究

黎金凤[1]　韩丁[2]　李映学[3]　罗晓芳[4]

（1. 达州市通川区第一小学；2. 达州市通川区第二小学；
3. 达州市通川区第八小学；4. 达州市通川区第四小学
四川达州　635000）

摘　要：本研究通过调查少先队员对中国少年先锋队（以下简称少先队）组织认同的维度情况，研究当前少先队员的组织认同程度，提出相应的策略方法探索。

关键词：少先队员；组织认同；维度调查；活动设计

本研究主要针对当前部分少先队员组织意识淡薄、组织认同度不高、组织归属感不强等问题开展调查研究。而目前对相关文献的研究甚少，少年儿童的发展促使我们对少年儿童组织认同进行思考。本文旨在探索培养少先队员组织认同的策略和方法。

党的十八大以来，以习近平同志为总书记的党中央高度重视中国少年先锋队建设、亲切关怀少年儿童的健康成长，为新形势下我国少年儿童事业发展指明了方向。习总书记要求少年儿童应“时刻把祖国和人民放在心中，从小听党的话、跟着党走，努力做祖国和人民需要的好孩子，做祖国和人民事业发展的接班人”。而当前一些少先队员由于受社会、家庭等不良环境的影响，有的学习困难、情绪不稳定、娇生惯养，有的孤僻胆小、懒惰、自私狭隘，甚至惧怕挫折，心理十分脆弱。这些性格的形成，严重地制约着学生身心的健康成长。

本研究基于少先队员视角，通过调查少先队员对中国少年先锋队（以下简称少先队）组织认同的维度情况，研究当前少先队员的组织认同程度。

本研究着力从组织认同感的四个维度来进行调查分析：

（1）认知维度：知维度指个体对特定组织的认知；

（2）情感维度：情感维度是对组织的情感依赖；

（3）评价维度：评价维度是内外部赋予组织的价值内涵；

（4）行为维度：行为维度是关于组织选择何种行为的。

此次研究本课题组以问卷调查的形式展开，问卷以封闭式的选择题为主，采用无记名答卷的方式（问卷附后）。问卷采用随机调查的方式，抽取城市小学、城乡接合部小学、乡镇小学各一所。共发放问卷180份，回收180份，回收率为100%。其中，城镇学生问卷60份，占总数的三分之一；城乡接合部学生问卷60份，占总数的三分之一；乡镇学生问卷60份，占总数的三分之一。调查对象的男女比例为1∶2。此外，鉴于小学生处于发展阶段，年龄差异相对较大，课题组采用分层抽样的方法，将调查对象分为低、中、高年级三个层次，共收回二、四、六年级学生问卷各60份，分别占总数的三分之一。另外，为了更准确把握当前少先队员组织认同感现状，课题组还进一步调查了这些学生的入队情况。调查结果显示，绝大多数小学生都加入了少先队组织，而且几乎都是在低年级时入队。其中，50%以上的学生在一年级入队，剩下的学生在二年级全部入队。这些调查对象中有少先队小干部，也有普通队员。由此，课题组认为本次问卷调查得到的数据是真实有效的（调查结果统计表附后）。

一、当前少先队员对少先队组织认同的维度调查

（一）认知维度调查

在共青团四川省委和四川省少工委推荐的《少先队活动课程实施指南》一书中提到："走进少先队，是一个人政治生活的起始；加入少先队，是一个人思想进步的起点。在少年儿童成长的过程中，少先队组织无疑起了不可替代的重要作用。从这个角度讲，少先队组织是塑造人的摇篮，培育人的乐园。"

通过调查，我们发现现阶段少先队员对少先队的基本情况缺乏充分的了解和认知，仍存在不少队员对组织情况并不知晓的情形。比如，仍有35.5%的被访者并不知道少先队的全称，有60.5%的被访者不清楚少先队大队辅导员的姓名，有63.7%的被访者不清楚少先队的建队日，有38%的被访者不清楚少先队的队礼。此外，对于少先队的标识，仅有26.7%的被访者认识两种以上，甚至仍有8%左右的被访者完全不认识任何少先队的标识。

1. 对少先队的全称的认识不够

1. 你是否知道少先队的全称？			
A 是	65%	B 否	35.5%

2. 很大一部分队员不知道学校大队辅导员是谁

2. 你是否知道你们学校的少先队大队辅导员的姓名？			
A 是	39%	B 否	60.50%

3. 很多队员不清楚少先队的建队日

3. 你是否知道少先队的建队日？			
A 是	36%	B 否	63.70%

4. 对于少先队的标志知道得不多

4. 少先队的标识你认识几种？							
A 一种	16%	B 两种	46.30%	C 两种以上	26.70%	D 不认识	8.40%

5. 对少先队队礼的含义不了解

5. 你知道少先队队礼的含义吗？			
A 知道	61%	B 不知道	38%

（二）情感维度调查

少先队员参与少先队活动的主动性不强。尽管在调查中，高达97%的被访者都表示喜欢少先队这一组织，但仅有43%的人参加过少先队的活动，仍有4%左右的少先队员并不喜欢参加少先队所开展的各项活动，更有61%的被访者并不清楚少先队队会的程序。这说明，多数少先队员参与少先队活动仍较为被动，即使是参加少先队活动，也有一部分少先队员对少先队所组织的各项活动并不感兴趣。

6. 你喜欢少先队吗？					
A 知道	97%		B 不知道	0.90%	
8. 你喜欢少先队开展的各项活动吗？					
A 喜欢	91%	B 不喜欢	4%	C 无所谓	3.30%
18. 你参加过少先队活动吗？					
A 参加过	43%	B 没参加过	52%	C 不知道	8.90%
11. 少先队队会的程序你知道吗？					
A 知道	39%		B 不知道	61%	

作为少先队员荣誉感的缺失。作为少先队员，应该有基本的荣誉感与自豪感，这一点多数少先队员都能够做到，但也有4.4%的受访者并不会因此而感到自豪。对于少先队员的标志红领巾，也有21%的被访者会选择将其作为腰带来使用，这说明了部分少先队员对红领巾仍不够尊重和爱护。

10. 作为一名少先队员你感到自豪吗？					
A 自豪	89%	B 不自豪	4.40%	C 无所谓	3.90%

17. 你还会将红领巾用作其他用途吗？									
A 当腰带	21%	B 当围巾	9%	C 当抹布	3%	D 当绳子	3%	E 不会	60%

（三）评价维度调查

少先队的活动具有实践的意义。调查问卷的第8题体现了孩子们这一普遍的心理，喜欢少先队活动的比例达到了91%，可以说这一朴素的心理驱使着孩子们积极靠近少先队组织，使组织具有了存在的意义。

8. 你喜欢少先队开展的各项活动吗？					
A 喜欢	91%	B 不喜欢	4%	C 无所谓	3.30%

同时，少先队组织可以利用学生的积极态度，采用孩子们喜闻乐见的形式来进行人生观和世界观的教育，从而为自己的政治目的服务。如问卷第12题所示，当前少先队活动形式的丰富多彩得到了学生的普遍欢迎，很多孩子爱参加、积极参加各种活动。可以说，在少年儿童的评价标准中少先队组织的价值在实践活动中得到了确立和发展。

12. 你喜欢什么样的少先队活动？											
A 学习知识	23%	B 动手操作	20%	C 文体活动	7.20%	D 外出活动	38.30%	E 以上都喜欢	32.20%	F 以上都不喜欢	2.00%

少先队组织能满足少先队员成长的需要。问卷调查的第13题能够反映出当前少先队员的对组织的认同和肯定程度。

13. 你觉得参加少先队活动有什么收获？									
A 增长知识	38%	B 锻炼能力	45.60%	C 得到奖励	9.40%	D 好玩	3.90%	E 其他	2.80%

队员的认识较为贫乏。但是，从调查数据中也应该清醒地看到，许多少先队员对组织的认识仅仅停留在活动好玩、热闹、新鲜的状态上。少先队组织这

个客体对主体队员的教化、政治功能没有得到充分的显现。

14. 你知道少先队的上一级组织是什么吗？									
A 中国少年先锋队	56%	B 中国共产主义青年团	24%	C 中国共产党	8.30%	D 以上都是	8.40%	E 以上都不是	2.20%

《中国少年先锋队章程》中“目的”一项指出少先队员应“努力成长为社会主义现代化建设需要的合格人才，做共产主义事业的接班人”。而调查表中高达61%的少先队员不知道神圣严肃的队会程序，能正确说出少先队上一级组织名称的只有24%的队员。这种认知和评价的缺失都充分地证明了被调查的对象对自身所加入的组织知识知之甚少，少先队组织的目的性没有在活动中达成，组织政治化教育前景堪忧。

（四）行为维度调查

队员对待少先队标识“红领巾”的行为各异。少先队继承了革命战争年代儿童团的优良传统，用红领巾作为自己的标志。其意义是：红领巾是用革命烈士的鲜血染红的，它代表着无数英雄的心血。红领巾是红旗的一角，象征着革命的胜利。每个少先队员不仅要佩戴红领巾，而且要用自己的行为保持红领巾的荣誉，并为红领巾不断增光添彩。在《少先队辅导员工作纲要（试行）》中也明确提出：“要培养少先队员热爱少先队的情感。……深切感受自己是少先队的主人，珍爱红领巾，热爱少先队，愿为少先队增光彩。”

17. 你还会将红领巾用作其他用途吗？									
A 当腰带	21%	B 当围巾	9%	C 当抹布	3%	D 当绳子	3%	E 不会	60%

从问卷调查中可以看出，大部分孩子都不会将红领巾用作他用，但仍然有相当一部分孩子会将红领巾用作腰带、围巾、抹布、绳子。

问卷调查的同时，课题组还采取了随机访谈的方式，对本课题参与区域协同研究的几所小学的小学生佩戴红领巾情况进行了随机访谈，并采访相关教师和家长，听取了多方面的态度和建议。

在访谈中，课题组了解到，绝大部分的少先队员都会自觉佩戴上红领巾进校园，但部分少先队员佩戴的红领巾布料损坏严重，已经出现褪色、脱线、褶皱等诸多问题了，却仍然被挂在少先队员们的脖子上，时不时还会遭遇几下嬉笑玩闹的拉扯；还有小部分少先队员的红领巾佩戴得不规范，有的拧成绳子随便打一个结就挂在脖子上了，有的学生在课间的追跑中，红领巾时常偏到了一边，甚至都倒着挂在背后，也没察觉；还有的学生白白的衬衫上系着污迹斑斑的红领巾，仍然大摇大摆地行走穿梭于校园里；更有甚者，理所当然地拿红领巾当围巾、当抹布、当绳子，或者当作打闹的工具。而在学校或者班级的“失物招领箱”里除了各种学习用品以外，最多的就是无人问津的红领巾了。可以说，学生对红领巾的认识和佩戴情况喜忧参半。所有学校对于学生佩戴红领巾的问题都相当重视，把学生佩戴红领巾的情况列入文明班级考核和流动红旗的评比中，其目的是引导学生珍爱红领巾，注重红领巾的佩戴。各位教师对红领巾的认识也非常到位，知道红领巾对少先队员的意义。许多教师在对学生进行思品教育时，常常与红领巾、少先队员意识相结合，配合辅导员工作，开展少先队活动。

少先队员践行少先队作风的程度不高。在少先队队风的遵守与践行上，我们调查了解到，多数少先队员都能够积极努力地去做到少先队诚实、勇敢、活泼、团结的作风，尤其是团结这一方面，有46.1%的受访者都能够做到这一点。也有不少少先队员能够做到少先队队风的各个方面，这是值得肯定的。但也有部分少先队员缺乏对少先队队风的遵守与维护，完全做不到任何一点，这也充分说明了他们对组织情感归属的欠缺。

20. 少先队的作风你做到了哪几点？											
A 诚实	21%	B 勇敢	20.50%	C 活泼	9.40%	D 团结	46.10%	E 以上都 做到了	26.60%	F 以上都 没做到	2.55%

各学校少先队活动的开展情况堪忧。随机访谈中，一位六年级的学生也坦诚相告：学校开展的少先队活动少之又少，除了完成学校每周的班队活动课任务外，几乎不开展任何少先队活动。到了高年级，一切都以学习为重，少先队活动课几乎都被语文、数学占据。

18. 你参加过少先队活动吗？					
A 参加过	43%	B 没参加过	52%	C 不知道	8.90%

城乡结合学校中，少先队员对少先队活动的仪式、程序都未曾了解，对少先队活动的知识更是知之甚少。

综上所述，本课题组意识到，认识并拓展少年儿童对少先队组织认同的研究机制已经刻不容缓。

二、当前少先队员对少先队组织认同产生以上问题的差异分析

（一）认知维度差异分析

现阶段少先队员对少先队的基本情况缺乏充分的了解和认知，究其原因，有以下几点：

1. 地方少先队组织职能分工不明确，教育阵地没有充分利用

“即便是队室这一小学少先队的标志性阵地，也有一半的队员不知道它的存在，更不用说通过这一渠道获取知识。”

2. 辅导员队伍建设不完善，少先队入队工作不充分，少先队礼仪教育逐渐淡化

“少先队辅导员是少先队员的指导者，辅导员队伍的素质影响着少先队的发展方向。由于辅导员队伍的管理存在不足，小学少先队辅导员，特别是中队辅导员绝大多数都是由班主任兼任，他们的教学任务也与非辅导员相差无几。在繁重的教学任务下，很多辅导员淡化少先队工作。有相当一部分中队辅导员将少先队工作与班级管理工作简单地合二为一，甚至以班级工作代替辅导员工作，这就很容易使辅导员将管理者的身份带入少先队工作中，从而疏离了队员。”

3. 活动阵地远离队员生活，队知识宣传渠道不畅

少先队阵地建设是少先队组织开展教育的重要依托，但是少先队阵地对学生的影响力并不大，队员对少先队阵地知之甚少。

4. 队活动不够活跃，队员主体地位弱化

“少先队活动，是少先队组织领导的以队员为主体开展的群众性实践活动，是组织团结教育少先队员的基本途径和方法。”

儿童对事物的认知，主要来源于生活和教育。因而，少先队活动开展过少，是导致少先队员认知维度差别大的原因之一。此外，少年儿童对活动的参与度不够。儿童在活动的参与中，自然地融入了对少先队基本知识的认知，而参与度达不到，导致了其认知维度的差异。

（二）情感维度差异分析

1. 辅导员缺乏亲和力

尽管各学校大队辅导员队伍庞大，但辅导员的亲和力并不强，有相当一部分学生对辅导员心存畏惧。辅导员缺乏亲和力的原因，主要还在于辅导员。由于中队辅导员队伍的管理还存在一些不足，部分中队辅导员没能找准自己的定位，与队员很有距离感。而很多小学辅导员，特别是中队辅导员绝大多数都是

由该班班主任兼任，在繁重的教学任务下，很多辅导员淡化少先队阵地工作，从而导致队员对组织情感归属的缺失。

2. 少先队组织礼仪教育淡化

礼仪教育是强化少年儿童对组织情感归属的一个很好的渠道。“经常地执行少先队的礼仪，就是不断加强队员组织观念的好办法。比如，少先队的敬礼及各种队会中的仪式等等，都可以生动地提醒孩子们，自己是少先队员，少先队员就应该严格要求自己，学好功课，练好身体，准备着，做一个合格的共产主义接班人。”正是少先队员对组织礼仪的淡化，使得队员对组织情感的归属感缺失。

（三）评价维度差异分析

1. 实践意义重大

小学生根据自己好奇、向往、争取上进的心理加入少先队，希望组织能够提供更多丰富的活动；而少先队组织按照自己的章程制度来要求规范少先队员的活动。可以说这一朴素的心理驱使着孩子们积极靠近少先队组织，使组织具有了存在的意义。

2. 满足孩子成长的需求

从 1949 年 10 月 13 日成立以来，中国少年先锋队历经了两个阶段。第一阶段是新中国成立后到“文化大革命”爆发，这是少先队走向正规，蓬勃发展的时期；第二阶段是 1978 年改革开放后，这是中国少先队得到发展的崭新时期。纵观这两个时期，少先队组织都发挥了应有的价值。如第一阶段“向雷锋叔叔学习”的活动，掀起了队员做好事的热潮，全国上下涌现出许多的“小雷锋”，留下了时代的烙印，直到今天这一活动也成了我们民族宝贵的精神财富。第二阶段的“中国少年雏鹰行动”符合从基础教育向素质教育的战略转变，为培养少年儿童的各项能力提供了广阔的平台。在各个不同的时期，全国少工委提出了不同的要求，发出了不同的号召，推行了不同的活动，可以说是与时俱进，适应了少先队员成长的不同需求。

3. 对少先队活动的忽视

在当前的教育环境下，虽然党中央要求我们重视少先队的组织教育，可是因为各种社会的复杂性、混淆德育和少先队教育的区别、急功近利甚至教育主管领导自身的认识不够等因素的存在，少先队的组织教育在某些地方十分薄弱，进而导致少年儿童对自己的群众组织认识贫乏、错误百出，失去了少先队组织应有的教育作用。

（四）行为维度差异分析

1. 队前启蒙教育缺失

目前部分学校，一年级的孩子，入学就相当于入队。入队对于孩子来说就是一种戴上红领巾的仪式。队前启蒙教育极度缺失。当年童子团的团员们在中国共产党的领导下，在血与火的斗争中，与恶势力进行不屈不挠的斗争，在一次次革命的考验中茁壮成长起来。孩子不理解这种经历，更无法体会到现代生活的美好，从而无法从思想意识上去根本解决孩子的组织认同问题。

2. 部分学校制定了各项制度仪式，弱化了少先队的正面意识

学校对班级的考核制度中普遍存在一些制度化规定。例如：忘戴红领巾或弄丢红领巾有可能会让自己所在班级扣分，这不仅影响了自己的声誉，还影响了班级的荣誉，遭到同学们的不满、老师的批评，无形之中佩戴红领巾等于给自己制造了一份麻烦，使得佩戴红领巾成为一种累赘。当学生对红领巾有这样的负面认识时，就弱化了红领巾的正面意识。红领巾不光是少先队员的标志，还牵涉到班级考评等因素，这岂不是爱国主义教育的悲哀么？

因此少先队在学生的眼里，也就逐渐蜕变成量化考核的量尺，丧失了其本身所具有的神圣感、正义感、荣誉感。这种评价方式在一定程度上不仅损害了少先队的形象，也极不利于学生思想的发展，对整个中华民族的道德观、价值观，也产生了极为负面的影响。

3. 社会、上级主管部门以及学校的忽视

问卷调查显示，在少先队员对少先队组织的行为趋向中，少先队员参加少先队活动比例为43%，没参加过的为53%，可见学校对少先队工作的忽视。

针对以上成因分析，本课题组将围绕少先队主题活动，探索通过一系列举措，来促进少先队员对少先队的组织认同感。

三、当前少先队员对少先队组织认同的对策研究

（一）认知维度对策研究

《少先队活动课程实施指南》一书中说道：“少先队是中国共产党创立和领导的少年儿童的群众组织，是培养少年儿童成长为社会主义现代化接班人的学校，是建设社会主义和共产主义的预备队，是实现中华民族伟大复兴的生力军。”因此，对于即将入队的学生进行队前教育，对于已经入队的学生，队史教育、队仪教育的工作不容轻视。

根据少先队员的年龄特点，我们课题组认为，少先队员在少先队组织活动中学习队的基本知识——了解队的历史、知道队的礼仪，可以开展下列主题队

会活动：

1. 入队仪式

学校大队部可利用10月13日的建队日或其他具有重要意义的日子开展“向队旗敬礼”“我是光荣的少先队员”等各种主题的入队仪式教育。在入队仪式过程中，大队部组织好规范的仪式，光荣而神圣的“向大队旗敬礼”“宣誓”“呼号”等等，使少先队员倍感少先队的组织性和纪律性。

2. 离队仪式

离队仪式的时间，以少先队的建队日、五四青年节或六一国际儿童节为宜，让离队队员怀着向往共青团和留恋少先队的心情离开少先队组织，这样对离队队员和少先队员都有很大的教育意义。

3. 队史教育

要让孩子光荣于“少先队员”，自豪于“红领巾”，首先就应该让孩子认识“红领巾”，了解队知识。

4. 队仪教育

积极开展各项少先队活动，利用少先队的阵地建设使少先队员进一步增强对组织的认识，发挥其主人翁意识，给少先队员一种庄严的感觉，增强他们的集体荣誉感和责任心，是对队员进行组织教育的一种有效形式。

5. 中队活动

要使少先队员进一步加强对少先队组织的认识，就要积极开展形式多样、内容丰富的少先队中队活动。每次活动，让中队长分配任务，大家群策群力，使中队“人人有事做，事事有人做”，增强少先队员的团结协作精神和责任感。

（二）情感维度对策研究

要培养少先队员对组织的情感归属，需要少先队组织采取积极的措施，使少先队员能够增强对少先队的认识，把握少先队的本质，从而增强作为少先队队员的光荣感与组织归属感。

1. 加强对少先队知识的宣传推广

通过调查可以看出，仍有许多少先队员对少先队的基本知识缺乏了解与认知，这必然会影响他们对组织的认同感与归属感。因此，应该进一步加强对少先队员少先队知识的传播与推广，向少先队员开展多层次多形式的少先队知识普及工作。少先队的宣传要关注学生的兴趣。学生的兴趣是影响宣传成效的关键因素。如果缺乏兴趣的支持，队员的关注度就很难持续，效果也就很难提高。小学阶段的队员基本处于具体形象思维阶段，与其生活经验相关的事物则更能吸引他们的注意。因此，小学少先队在组织知识的宣传上应多联系儿童的生活实际，在少先队知识教育的基础上添加一些形象的事物或具体的事例，帮助他们理解，使他们可以充分了解少先队的来源、会唱队歌、会行队礼。只有建立在了解的基础上，少先队员才能尊重与爱戴少先队，才能增强作为少先队员的荣誉感与自豪感。

2. 以班队主题活动为契机，提升少先队员对组织的情感归属[1]

少先队员对组织的情感归属培养，应该与班队主题活动结合起来。在活动中，少先队员通过各种感官去感受事物，也可从接触的各种人与事中获得知识，开阔视野，增强思考能力。少先队员可以通过多种形式的活动学到某些技能，提高实践能力。通过班队主题活动的开展和完善队室的布置，如在队室中展示一些队史资料、革命先烈的故事等，并组织学生参观，实现队室的教育作用。让少先队员在班队活动中，深化对自己的认识，改善人际关系，培养少先队员的自主意识、集体意识和优秀品质，增强少先队员的健康心理，提高适应社会的能力。

3. 培养少先队骨干队员，发挥先进队员的带头作用

要进一步增强少先队员对组织的归属感，还可以通过积极培养少先队骨干队员的途径来实现。少先队小干部队伍的建设既是为队员进行自我管理创造一个平台，也是为队员提供一个锻炼的机会。由于少先队组织具有群众性，其教育是面向全体少先队员，队干部应尽可能地为每个队员创造机会，发挥先进队员的带头作用。少年儿童的荣誉感和归属感可以在成为队干部的时候得到最大限度的实现，而队干部的轮换制度，则可以使更多的队员得到锻炼，形成基本的荣誉感、自豪感，也能增强其对组织的情感归属。此外，多发现、多培养具有良好组织情感归属的队员，使他们可以成为少先队的榜样与领头人。对优秀的少先队员应该加以褒奖，还可以进行必要的宣传和推广，使更多的少先队员可以向他们学习，进而提升全体少先队员对组织的情感归属。

（三）评价维度对策研究

1. 重视少先队的组织建设

中国共产党创立了中国少年先锋队，并委托中国共产主义青年团直接领导中国少年先锋队。这决定了组织的政治性，它是中国共产党的延续和发展。“作为中国共产党的儿童组织，在少年儿童中传播共产党的理论和社会主义制度价值，是少先队的组织使命。”所以从事基础教育的实施者们都应重视这一点，大到地方的教育局长、学校的校长，小到中队的辅导员们，在思想上要将依托少先队组织实现儿童期的政治社会化提升到一定的高度。通过各种实践、

活动渗透少先队的组织教育，为少先队员形成正确的政治观念打下坚实的基础，也为其健康成长保驾护航。

2. 坚持以少先队礼仪活动为载体

纵观少先队的历史，其实就是一部少年儿童活动的历史。从建国伊始的“三要三不要”活动、“小五年计划”活动到改革开放后的“学赖宁”“学十佳少先队员”活动，它们在一代又一代的中国人心中打下了深深的烙印，培养出了一批又一批建设祖国的优秀人才。少先队的教育作用显然是功不可没的。少先队组织的教育正是在各种活动中顺应儿童的发展特点，符合儿童的认知规律，适应了时代的要求，才能迸发出勃勃的生机。所以要发挥少先队的教育作用，形成少先队员的组织认同感，一定要以各种与时俱进、丰富多彩的活动作为载体来达成。特别是了解组织来历、队礼、队仪的相关活动的开展对于学生正确认识组织的价值内涵有着重要的意义。

（四）行为维度对策研究

1. 走出校门，开展主题实践活动，探访红色足迹

学英雄事迹：亲历（知情）者口述。寻找参加过抗日战争、渡江战役的老兵、老首长，或雨花台烈士遗属、已故或已无法亲自接受采访的老首长的亲属等，讲述他们自身经历，使英雄人物从教科书中真正走进少先队员心中。

走英雄道路：组织“环城70里，寻访城门洞里的血色黄昏”活动。邀请红色文化的研究者或南京红色文化基地的专家做现场讲解。

手绘红色地图：亲历红色革命旧址、纪念场馆和教育基地。面向全市中小学少先队员、共青团员征集本地区的“红色地图”，激发他们去“寻访红色足迹”、了解红色文化的内在动力。

寻访红色足迹：“六一”期间团市委、市少工委、市学联将公布征集“红色地图”的结果，将制作完成的“红色地图”和“寻访护照”送进校园，让参与活动的少先队员“按图索骥”，开展“寻访红色足迹”活动，自己去寻一寻、访一访、写一写。

做英雄传人：触摸红色印迹。每一个参与寻访活动的少先队员都是“红色文化传承者”，发动学生到红色阵地拍照，并在寻访护照上盖章留念。队员每到一处可获得一次盖章的机会，最后根据盖章总数奖励雏鹰奖章。

成立英雄中队：集中命名成立一批“英雄中队”，组织英雄中队开展“红色夏令营”，带中、小学生走进大帐营盘，参观革命博物馆、体验军营生活、观看红色影片，通过多种形式的宣讲历史、纪念烈士和社会实践活动，让参与学生切身感受红色文化，让红色基因代代相传。

2. 走进社区，让少年儿童学会用心感受

组织少年儿童探访福利院，为失去父爱母爱的孤儿和社会弱势儿童献出孩子们的一份爱心。听福利院老师介绍孩子们在福利院的生活、学习情况。

为弱势儿童服务。如给小儿麻痹症的孩子做按摩；和自闭倾向儿童耐心沟通；爱心妈妈们给小孩子讲童话故事，小朋友们教大孩子识字。

为福利院儿童表演丰富多彩的节目：弹钢琴、儿歌朗诵、演唱歌曲、武术操等。

参加福利院组织的“爱心义卖”活动。

3. 充分利用校园活动阵地，开展文艺表演、游戏活动

通过文艺表演或游戏活动，寓教于乐，达到教育目的。事前根据教育要求，让学生编排节目，也可请外单位或文艺团体表演。让少年儿童在快乐中成长，在游戏活动中去感受少先队组织的勃勃生机。

4. 运用社会力量，开展参观访问[2]

组织生动有效的活动形式，通过红领巾广播站向全体队员介绍党的发展历程。组成小记者团到干休所参观访问，记录下自己的体会和感受。加强少年儿童对社会的认识，增强少年儿童的社会责任感、使命感。

本文采用问卷调查和访谈的形式，从少先队组织认同的四个维度来展开调查、分析、研究，力求通过各项少先队活动来提升少先队员对少先队组织的认同感。

当然，本文也存在一些不足之处。比如，本课题组成员都为一线教师，理论水平不够，更着重于实践、对策的粗浅探索，没有更深入探讨少先队组织的理论问题。在今后的工作中，本课题组成员将继续关注少先队的理论和实践发展，特别是少先队的专业建设方面，进行更为系统而深入的研究。

参考文献

[1] 晏祥辉. 少年儿童组织认同现状及教育策略研究 [J]. 成都师范学院学报，2016 (6).

[2] 陈东慧，李洋. 社会学视角下的少年儿童组织认同及其实现 [J]. 亚太教育，2016 (24).

附录：　　　　关于少先队员组织认同的问卷调查统计表

1. 你是否知道少先队的全称？

A 是	65%	B 否	35.5%

2. 你是否知道你们学校的少先队大队辅导员的姓名？

A 是	39%	B 否	60.50%

3. 你是否知道少先队的建队日？

A 是	36%	B 否	63.70%

4. 少先队的标识你认识几种？

A 一种	16%	B 两种	46.30%	C 两种以上	26.70%	D 不认识	8.40%

5. 你知道少先队队礼的含义吗？

A 知道	61%	B 不知道	38%

6. 你喜欢少先队吗？

A 知道	97%	B 不知道	0.90%

7. 你喜欢佩戴红领巾吗？

A 喜欢	96%	B 不喜欢	5.90%	C 无所谓	2.80%

8. 你喜欢少先队开展的各项活动吗？

A 喜欢	91%	B 不喜欢	4%	C 无所谓	3.30%

9. 你愿意成为少先队的干部吗？

A 愿意	92%	B 不愿意	5.10%	C 无所谓	4.40%

10. 作为一名少先队员你感到自豪吗？

A 自豪	89%	B 不自豪	4.40%	C 无所谓	3.90%

11. 少先队队会的程序你知道吗？

A 知道	39%	B 不知道	61%

12. 你喜欢什么样的少先队活动？

A 学习知识	23%	B 动手操作	20%	C 文体活动	7.20%	D 外出活动	38.30%	E 以上都喜欢	32.20%	F 以上都不喜欢	2.00%

13. 你觉得参加少先队活动有什么收获？

A 增长知识	38%	B 锻炼能力	45.60%	C 得到奖励	9.40%	D 好玩	3.90%	E 其他	2.80%

表(续)

<table>
<tr><td colspan="12">14. 你知道少先队的上一级组织是什么吗?</td></tr>
<tr><td>A 中国少年先锋队</td><td>56%</td><td>B 中国共产主义青年团</td><td>24%</td><td>C 中国共产党</td><td>8.30%</td><td>D 以上都是</td><td>8.40%</td><td colspan="2">E 以上都不是</td><td colspan="2">2.20%</td></tr>
<tr><td colspan="12">15. 你知道少先队组织对少先队员的要求吗?</td></tr>
<tr><td colspan="3">A 知道</td><td colspan="3">55%</td><td colspan="3">B 不知道</td><td colspan="3">45.50%</td></tr>
<tr><td colspan="12">16. 升降国旗时,作为少先队员的你应该怎么做?</td></tr>
<tr><td>A 行注目礼</td><td>11%</td><td>B 行脱帽礼</td><td>6%</td><td>C 敬队礼</td><td>81.10%</td><td colspan="3">D 什么都不做</td><td colspan="3">2.50%</td></tr>
<tr><td colspan="12">17. 你还会将红领巾用作其他用途吗?</td></tr>
<tr><td>A 当腰带</td><td>21%</td><td>B 当围巾</td><td>9%</td><td>C 当抹布</td><td>3%</td><td>D 当绳子</td><td>3%</td><td colspan="2">E 不会</td><td colspan="2">60%</td></tr>
<tr><td colspan="12">18. 你参加过少先队活动吗?</td></tr>
<tr><td colspan="2">A 参加过</td><td colspan="2">43%</td><td colspan="2">B 没参加过</td><td colspan="2">52%</td><td colspan="2">C 不知道</td><td colspan="2">8.90%</td></tr>
<tr><td colspan="12">19. 你会唱队歌吗?</td></tr>
<tr><td colspan="2">A 会</td><td colspan="2">77%</td><td colspan="2">B 不会</td><td colspan="2">22.20%</td><td colspan="2">C 不知道</td><td colspan="2">4.40%</td></tr>
<tr><td colspan="12">20. 少先队的作风你做到了哪几点?</td></tr>
<tr><td>A 诚实</td><td>21%</td><td>B 勇敢</td><td>20.50%</td><td>C 活泼</td><td>9.40%</td><td>D 团结</td><td>46.10%</td><td>E 以上都做到了</td><td>26.60%</td><td>F 以上都没做到</td><td>2.55%</td></tr>
</table>

通过少先队小干部的培养提升少先队员组织认同

李云贵　雷素芳　王本桔　谢灵智　董娟　曾娅兰　李蓉

（达州市通川区文华街小学，四川达州 635000）

摘　要：少先队小干部是少先队组织的领导者，是少先队组织的核心力量。他们担负着管理、服务、组织等职责，在少先队队员中发挥着不可替代的作用。培养建设好少先队小干部队伍，对于促进少年儿童勤奋学习、快乐生活、全面发展、健康成长具有十分重要的意义，对于提升少先队员对少先队组织的认同感具有特别的作用。

曾经，小学生对少先队无比崇敬和敬仰，对队名、队旗、队歌、红领巾诚恳接受。现在，许多学生对加不加入少先队持无所谓的态度，特别是升到中、高年级后，少先队、红领巾对他们失去了吸引力，少先队的光荣感和组织归属感逐渐模糊。一旦少先队干部对少先队持无所谓态度，少先队队员便会效仿。为此，有必要通过少先队干部的培养提升少先队员组织认同。

本研究认为，对少先队小干部的培养应该在具体的策略方面做到：分级设立目标、分级培养，采取多种培训方式培养少先队干部的能力，鼓励少先队干部创新管理少先队日常工作，从而加强少先队员对少先队的无比崇敬和敬仰，进而认同少先队组织的核心价值观，最终达到少年儿童对社会核心价值观的认同的目标。

关键词：少先队小干部；分级培养；组织认同

一、前言

本研究以少先队小干部为研究对象，以少先队小干部必备基本素质为培养目标，以通过少先队干部的培养提升少先队员组织认同为最终目的，阐述了少先队小干部培养的目的、策略，以及目前少先队干部的现状分析与不足。少先队干部参与队工作管理的力度不够，不能产生强烈的组织认同感，主要问题有自主管理意识薄弱、选拔机制不明确、评价机制不明确、培养方式不明确、岗位职责不明确，以及在工作中缺乏创新等。导致这些问题的原因有辅导员缺乏科学有效的指导和深刻的分析总结，少先队干部的选定没有充分体现民主，辅导员事事包办代替，忽视少先队干部的创造性的发展等。

（一）问题提出的背景

1. 时代背景

共青团中央、教育部和全国少工委非常重视少先队小干部和小骨干的培养，多次联合发文，少先队事业是党的事业、团的事业、教育事业的重要组成部分。要牢记以习近平同志为总书记的党中央对少年儿童的希望，从小就要"立志向、有梦想，爱学习、爱劳动、爱祖国"，让社会主义核心价值观的种子在少年儿童心中生根发芽、真正培育起来。少年儿童培育和践行社会主义核心价值观，要做到"记住要求、心有榜样、从小做起、接受帮助"，少先队要坚持开展组织教育、自主教育、实践活动。少先队组织要更好地为少年儿童服务，更好地为少年儿童培育和践行社会主义核心价值观服务，把广大少年儿童团结好、教育好、带领好。引导孩子们扣好人生的第一粒扣子[1]。

中国少年先锋队是由中国共产党创立并委托中国共青团领导的群众性的儿童组织，是少年儿童学习中国特色社会主义和共产主义的学校。要求少先队广泛设置队干部服务岗位，最大限度地为队员们创造参与实践的机会，要发挥少先队组织的作用，持之以恒地进行少先队小干部的培训管理[2]。

由少先队员担任大、中、小队干部，是少先队组织教育的重要方面，是实现少先队员自我教育、自我管理、自我服务的重要途径。少先队大队部小干部的队伍建设是少先队组织建设的一项重要任务。少先队大队部小干部在队组织中担负着集体管理、活动组织、服务队员等职责，发挥着不可替代的团结、带动广大少先队员的作用。

少先队小干部是少先队组织中最积极最活跃的要素。提高他们自身的全面素质和综合能力，对加强少先队建设、形成优良的少先队组织有着特殊的作用。做好少先队干部队伍建设是加强少先队思想道德教育、深化体验教育的要求，是满足少年儿童心理需求的重要途径。少先队各级小干部是少先队组织正常运转的骨干和依靠，是促进少先队自我教育的推进力量，是发扬自主自治精神的有力体现。少先队小干部榜样作用的充分发挥对教育实效性起着事半功倍的优化作用。

2. 我校少先队现状

文华街小学校成立于 2013 年 8 月，刚刚走过两年的风雨。我校现有学生以低年级学生为主，学生年龄小。少先队大队部现有的小干部，既没有接受过系统性、规范性的培训，又缺少实践锻炼，责任意识缺乏、工作能力缺乏。队干部不知道自己的职责，感觉自己在担任队干部以后，对自己的思想、工作能力等方面并没有多大提升，似乎就是站站岗、跑跑腿、检查检查卫生。他们对少先队组织缺乏认同感、光荣感和归属感。

由于队干部的责任意识薄弱，工作能力欠缺，少先队开展的一切活动均需依赖辅导员。辅导员被迫大包大揽，导致学校少先队工作成人化、模式化，少先队活动缺乏活力。[3]学校需要一支富有特色的少先队干部队伍来实现少先队自我教育、自我管理、自我服务的目的。我们清醒地认识到少先队大队部小干部的素质不是天生具备的，而是在培训和工作实践中逐步形成的。要发挥好少先队组织的作用，就必须把少先队小干部的培养作为首要工作，只有如此才能提升全体队员对少先队组织的认同感。如何培养一批优秀的少先队大队部小干部，自然成了我校领导和少先队工作者们深思的问题。

针对这些需求和问题，我们提出了“少先队小干部培养策略研究”的课题，通过实践研究，改变对小干部培养针对性不强的现状，改变小干部培养缺乏策略、缺乏系统性、随意性大的问题，培养小干部工作方法、能力、习惯等，提升少先队干部、少先队员的组织认同感。

（二）文献综述

1. 文献的搜集

本研究查询文献的主要方式是通过中国学术期刊全文数据库网（CNKI）、《少先队小干部》月刊、谷歌搜索引擎、百度搜索引擎对“少先队小干部”“组织认同”“培养策略”等关键字进行检索，但遗憾的是相关文献资料以少先队干部参与班级自主管理及实现策略方面的文献居多。我们将这些有关联的资料进行遴选，按照与本文研究内容的相关程度的高低，选取了其中的少部分作为参考之用。

2. 国内关于少先队小干部培养策略的研究

《自主管理促发展——浅谈少先队干部的培养》[4]等许多相似的文章，都以突出人的主体地位，以人的积极主动发展、自主管理为探索目标。但现代管理理论认为，只有实行少先队小干部全员自主管理，个性的素质和积极性才能得到大幅度的提高，整体的力量才能得到淋漓尽致的发挥。

由此可见，只有把小干部在少先队中的义务、地位和权利确认清楚，才能让其享受到真正的平等、民主和自由的权利，才能唤起小干部的义务感、责任感、使命感和认同感，其主体性才能得到充分体现，才能成为全体队员的榜样，从而提升全体队员的认同感。[5]

（三）核心概念的界定

1. 组织认同

组织认同是组织成员与组织中各种因素发生相互影响后出现的一种现实而具体的感受。它包括三个部分：对组织目标和价值观的信任和接受；愿意为组织的利益出力；渴望保持组织成员资格。

2. 少先队

中国少年先锋队，简称少先队，是由中国共产党创立并委托中国共产主义青年团领导的全国统一的少年儿童群众组织。少先队是少年儿童学习中国特色社会主义和共产主义的学校。在党的领导下，在共青团的带领下，少先队积极适应时代发展和少年儿童成长需要，与学校教育、家庭教育和社会教育紧密结合，深入开展丰富多彩的兴趣活动、文体活动和各种道德实践活动，为促进广大少年儿童勤奋学习、快乐生活、全面发展发挥了重要作用。少先队是团结教育少年儿童的主要途径和方式。少先队活动是少先队的生命。它适应少年儿童的年龄特点，符合儿童全面发展的需要。它融教育性与趣味性于一体，融实践性与创造性于一体。学生既有自主性，教师又能起指导作用。它具有吸引力和感染力，为少年儿童所喜欢、所接受，能真正进入少年儿童的思想、情感和生活中。

3. 少先队小干部

少先队以学校为单位建立大队，大队下分中队，中队下设小队。少先队小干部对应设立大队干部、中队干部、小队干部三种岗位。少先队小干部一般由各个方面表现比较优秀、突出的队员担任。凡是在少先队小干部岗位上任职的少先队员，都称之为少先队小干部。少先队小干部是全体队员的带头人，是大、中、小队组织的骨干，是少先队组织的核心力量。

（1）小队干部

少先队小队一般由5~13名队员组成。队员年龄相近，兴趣相投，队员之间又有良好的友谊，讨论和组织活动时，意见容易一致，主动性、积极性易于发挥，活动能搞得丰富多彩；小队长由小队活动中的积极分子竞选推荐出来。小队干部的主要任务是组织队员经常在一起开展活动，便于队员之间互相关心、互相帮助。

（2）中队干部

少先队中队由两个以上的小队组成，一般在学校大队内，按班级建立队。中队长一般由各个方面表现比较优秀、突出的小队长中的积极分子竞选推荐出来担任。少先队中队由少先队中队干部组织开展活动和工作。

（3）大队干部

少先队大队由多个中队组成，由少先队大队干部组织开展活动和工作。少先队大队委员会是学校少先队组织的最高领导机构。大队干部一般由各个方面表现比较优秀、突出的中队长中的积极分子竞选推荐出来担任。

（四）小干部在少先队中的作用

1. 小干部在少先队组织里，一是带头，二是带动，发挥“领”与“导”的作用

小干部既具有走在队员们最前头的定位，又发挥着团结队员一起向前走的作用。少先队小干部岗位是队员们展示才华，转变思想，锻炼成长的舞台。一个好的队干部团体会让少先队组织生气蓬勃，蒸蒸日上；相反，差的队干部团体能令少先队组织丧失人心，日益落后。

2. 优秀的队干部对少先队组织认同的作用

（1）有利于反映少先队活动的效果和质量。对于少先队组织准确把握少先队的实效有重要参考价值，有助于活动组织者不断改进少先队活动设计。

（2）有利于真实反映少先队员对活动的满意程度，带动全体少先队员参与少先队活动的积极性，培养其对少先队组织的认同感、荣誉感等。

（3）有利于优秀的队干部自我荣誉感、成就感的形成，利于小干部把做人、做事的基本道理内化为健康的心理品质，转化为良好的行为习惯，使原来静态的知识经验在个体的心灵中被激活、被催化，从而产生广泛的联系，获得新的意义，为其美好未来奠基。

（4）有利于建设良好的中、小队集体，促进大、中、小队工作的全面活跃，展示学生、学校整体的积极面貌。

（5）有利于带动全体少先队员对少先队组织的高度了解，从而提升组织认同。

二、本研究的目的

少先队是党创立和领导的少年儿童组织。以少先队组织的名称、标志、礼仪、呼号，少先队教育活动为内容的少先队文化，实质就是党的先进文化的少年儿童组织的“儿童版”“儿童化”的体现。少先队进行少年儿童的思想意识教育，核心是通过少年儿童对自己的组织的认同这一重要途径来实现这一根本目的。因此少先队组织正是通过各种组织教育活动，使少年儿童增强对少先队组织的光荣感和归属感，进而认同少先队组织的核心价值观，间接地达到最终目标——少年儿童对社会核心价值观的认同，实现社会核心价值观的传承，成

为永远热爱党、热爱人民、热爱社会主义祖国的合格建设者和可靠接班人。

1. 培养岗位意识引领的目的

（1）自主意识。队员是少先队组织的主人，队干部要带领队员当好队组织的主人，自己的组织自己管、自己的活动自己搞、自己的阵地自己建、自己的伙伴自己帮。让少先队小干部明白：少先队小干部不是谁的“助手”，而是主动做组织、集体的“领头羊”。

（2）服务意识。担任队干部工作，要以满腔的热情全心全意地为队员服务、对集体负责。少先队小干部不是高人一等的专门管人的“指挥官”，而是一个“服务生 ”。只有树立起这样的意识，才有可能得到大家的拥护，成为一名合格的少先队小干部。

（3）民主意识。每个队员都有对队的工作和队的活动提出意见和要求的权利。队干部一定要充分尊重队员的权利，善于和队员打成一片，养成经常听取队员们意见的好作风，牢记“三人行必有我师焉”的古训，自觉接受队员的民主监督，同时，也必须学会正确地做出决议。

（4）创造意识。少先队活动的策划与组织，很多时候都是因地制宜，方能显露特色，因而都是创造性劳动。队干部只有敢于动手动脑，勇于创造，会出主意，才可以做好少先队交给自己的工作。所以，小干部们必须要求自己成为“智多星”。也只有这样，队组织才能不断发展。

2. 分级培养，进行岗位知识教育培训的目的

（1）了解并熟知《队章》。使小干部们懂得少先队的性质、目的、组织系统、活动方式等，从而产生热爱少先队组织的朴素感情。

（2）了解少先队组织的有关知识。结合本校少先队组织状况，了解大、中、小队组织系统、队委会职能、小干部作用、队员管理制度、少先队礼仪等一般知识。

（3）了解少先队活动的有关知识。懂得少先队活动的概念、类别，组织队活动的方法、原则，队活动的评价等初步知识。

3. 树立目标的目的

（1）核心价值观，是一个组织的重要和永恒的信条。价值观代表一系列基本的信念：从个人或社会的角度来看，某种具体的行为类型或存在状态比与之相反的行为类型或存在状态更可取。

（2）核心目的，是少先队组织存在的根本理由而不是具体目标或组织战略。这两点界定了少先队组织的主张是什么以及为什么存在。

（3）生动的未来前景，即向少年儿童或少先队组织提出要实现的大胆目

标，它是一个共同努力的目标，是团队精神的催化剂。它有着明确的终点线，对实现目标后将会是什么样子有生动的描述。

三、已有的实践研究基础

（一）加强师资培训，转变教育观念，提升辅导员对少先队组织的认同感

少先队大队辅导员王本桔4月13日—18日参加了四川省少先队活动课试点学校和省级少先队研究课题培训，聆听了四川省少先队总辅导员史鑫成关于国家发展大背景“新常态”的讲解。最有实效、最有趣味的是邓达教授关于少先队组织文化与活动课程化的讲解。在邓达教授的引领下，她和参与培训的老师们一起动手、动脑，把少先队的各个活动形成课程化，开阔了眼界，拓展了思路，为我校“少先队大队部小干部培养策略”的顺利实施积累了经验。在培训课上，主讲人蒋老师在少先队活动课的设计与实施的培训中，结合我们日常的少先队工作提出了一些建议和看法。她介绍的先进的少先队工作经验中有很多出色的方法、点子，有助于我校借鉴其他学校的成功经验，更坚定了我们走有本校特色的少先队之路的决心。

（二）创办小干部培训学校，提升小干部对少先队组织的认同感

队长学校是小少队组织较为系统的培训队干部的一种形式，也是提高干部思想素质和工作能力的一个场所。在队长学校里，我们通过各种各样的活动来培养小少队干部。主要围绕以下几个方面成功完成了第一期培训：少先队的基本知识；让队干部了解少先队的工作方针和开展工作的一些基本常识；组织少先队干部进行不同内容的培训。如大队长的培训就着重综合能力的训练，文艺委员就侧重文艺活动、游戏的技能培训等。少先队小干部的培训是为了让小干部明确自己的工作职责，逐渐熟悉和掌握少先队工作的方法。通过举办“队长培训班”，小干部素质有不同程度的提高，少先队员对组织的认同感有所提升。

（三）创设竞争环境，培养自主意识，提升大队部小干事对少先队组织的认同感

大队部成功设计了少先队大队部干事培训方案，并开展大队部小干事招聘活动。招聘活动将竞争意识贯彻到活动的每一个阶段。少先队遵循了民主选举、公平竞争的原则，采用民主的少先队干部选拔方式，促进了学生对少先队活动的兴趣。这种活动促使了少先队小干部初步树立正确的管理观念，有了角色和服务意识、自主意识、自律意识、创新意识。初步采用角色体验法，大队辅导员引导小干部站在辅导员的立场，进行双向的换角色体验。小干部也初步

有了由“被动服从”变为“主动出击”的意识。我们设想通过像这样在实践活动中不断反思、总结，从而提炼出集分级、实用、高效、特色于一体的培养策略，彰显我校少先队工作的特色，帮助小干部成长，提升全体队员对少先队组织的认同感。

（四）观摩少先队活动，在实践中提升工作能力，激发荣誉感，提升全员认同感

少先队给招聘干事提供成长平台，让他们观摩由少先队大队辅导员组织的少先队活动。大队部小干部观摩了5月15日开展的摄影特色活动、5月22日开展的“与好书为伴，与经典同行”校园文学节两个大型活动的组织过程，在实践活动中直观学习少先队活动的工作方法，从而对少先队活动有了感性认识，初步积累了少先队活动的工作经验。

（五）阶段性的报告

2015年5月30日，我们完成了阶段性的报告，梳理了课题研究的初步成果：

（1）遵循了民主选举、公平竞争的原则，采用从小队到大队层层选拔的方式竞选少先队小干部，在全体少先队员中掀起了“我是队干，我光荣”的热潮，促进了绝大多数少先队员对少先队组织的认同。

（2）初步让少先队小干部增加了对少先队组织的认同，树立了正确的管理观念，有了初步的角色意识、服务意识、自主意识、自律意识、创新意识。

（3）初步采用角色体验法，大队辅导员引导小干部站在大、中、小队辅导员的立场，进行双向的换角色体验，进一步增加了对少先队组织的认同。

（4）大队辅导员初步改变了对待小干部的意识，由传统的“使用”变为培养、发展。队干部也初步有了由“被动服从”变为“主动服务”的意识。

同时，在阶段性报告中，我们也对下阶段研究工作做出了规划：

（1）理清思路，抓住重点，放手让小干部参与少先队活动设计，参与开展活动的流程，锻炼他们的自主能力与创新能力，全面提升少先队员对少先队组织的认同。

（2）全力以赴设计出对培养小干部更有效的少先队活动方案，整理活动记载，提炼成果。

四、现有实践研究的不足

1. 少先队干部选拔机制不明确

凡是集体，总有一个坚强的核心。班干部就是班集体的核心，班干部对班

集体有着模范带头和凝聚作用。他们是班主任的左右手，是教师和学生之间沟通的桥梁，对良好班风的形成、巩固和发展起着关键作用。一直以来，班级学生干部的选拔都是由班主任说了算。通常情况下，班主任即中队辅导员，所以小队、中队干部也是包办制，缺乏一套行之有效的选拔机制。老师认为谁合适，就安排谁担任。即使到了中高年级，孩子们具备了一定的自主意识后进行的干部竞聘上岗，也存在谁人缘好谁就能顺利上任，谁演说最鼓动人心谁就中选的现象。所以，在上任中选的少先队干部中，亲和有余、能力不足，口若悬河却只能夸夸其谈者不在少数。这给少先队的管理带来较大的负面影响，甚至阻碍其发展，自然影响并降低了其他队员对少先队组织的认同感。

2. 少先队干部评价机制不明确

新课程是把“为了每一个学生的发展”“让每个学生个性获得充分发展”的价值观作为根本。这就要求教育者树立正确的队员观，把队员看作具有生命意识的主体、具有独立个性的主体、发展中主体。但队员又是发展中的人，在其成长过程中需要督促、引导，更需要扶持和激励。因此，在各种体验活动中，就要特别重视对少先队活动的评价，使评价成为少先队干部健康发展的动力和源泉。[6]目前，不少人认为教育是个潜移默化的过程，只要功夫到，成效自然会有的，评价不评价无所谓。在这种思想观念的影响下，教育往往流于高、大、空，实效性较差。而现阶段，少先队干部评价机制的不明确主要体现在以下两方面：

评价的内容不明确。不明确“评价什么”，即评价的内容是什么，评价的重点是什么。对于不同层次的少先队干部，培养目标是不一致的，因此，评价内容和重点也应该不一样。但是，在实际操作过程中，辅导员往往用“你表现很棒”“你很乖”之类的毫无明确指向性的语言来进行口头评价，而小干部们并不知道自己在活动执行过程中究竟棒在哪里、乖在何处，不利于小干部正确地认识和评价自我，自我提升和成长也就无从谈起。

评价的方式单一。当前我国教育实践中，学生评价仍以甄别与选拔为评价根本目的、以标准化测验与测定分数为主要的评价方法。单一、线性的评价不利于科学、有效地评价学生的发展。[7]这种模式，在少先队小干部的评价中也屡见不鲜。由大、中队辅导员对小干部实施单向评价，评价标准成人化，随意性强，缺乏客观性、公正性、全面性。队员认为班与队等同，缺失了对队组织的信任感。

3. 少先队小干部培养方式不明确

少先队各级小干部是少先队组织正常运转的骨干和依靠，是促进少先队自我教育的推进力量，是发扬自主自治精神的有力体现。少先队小干部榜样作用的充分发挥对教育实效性起着事半功倍的优化作用。然而小干部的素质不是天生具备的，而是在辅导员的不断培养和工作实践中逐步形成的。[8]而在小干部培养过程中，却存在不少问题：

小干部的思想认识不到位。有很大一部分小干部对少先队组织缺乏了解和组织认同。他们只知道老师选他们为干部，是因为他们乖，成绩优秀，表现优异。让他们荣耀的是可以“管”同学，而不是服务于同学。平时工作似乎就是站站岗，跑跑腿，检查检查卫生。这种狭隘的认识极大地阻碍了他们的成长。

少先队小干部的培养缺乏规范性的培训。给少先队小干部队伍进行培训是一个重要环节，但是很多时候，辅导员对这些培训不够重视。部分辅导员认识不到位，认为学生应该以学习为重、分数为重，干部培训活动能减则减，即使组织活动，也是走走过场，指导工作针对性不强，培训不够规范，随意性突出。

培养方式单一。目前，仍有很多辅导员的工作像个保姆，事无巨细，处处小心。这种管理方式一方面使中队辅导员疲于奔命，事务缠身；另一方面，这种“保姆式”的管理忽视了学生的主体性，压抑了学生的自主、自理、自治能力的发挥。班级往往死气沉沉，缺乏应有的生机和活力，根本不利于现代人素质的培养。

没有实行轮换制。有的小干部担任时间过长，有的小干部担任时间过短，甚至有些职务由一个人长期担任，这种状态直接导致队员的积极性下降，很多少先队员得不到锻炼的机会，对少先队组织的认识比较模糊。

4. 少先队小干部的岗位职责不明确

任何岗位职责都是一个责任、权利与义务的综合体，有多大的权利就应该承担多大的责任，有多大的权利和责任就应该尽多大的义务，任何割裂开来的做法都会产生问题。不明确自己的岗位职责，就不知道自己的定位，就不知道应该干什么、怎么干、干到什么程度。少先队小干部的培养，也应该遵循这样的原则。但在实际培养过程中却发现：

对于少先队需要设置哪些岗位还不是很清楚。几乎所有中队辅导员都是由班主任兼任。身兼双职的老师们提得最多最响的却是班级管理，对于班干部班子的架设驾轻就熟，孩子们的班级认同感深入人心。但是，孩子们对少先队组织却缺乏深入的了解和组织认同，无论是老师还是学生都对自己的中队缺乏组织概念。

不真正尊重队干部的个体差异，个性特色。各级辅导员缺乏科学有效的指导和深刻的分析总结，常常因为手头工作烦琐，未能及时将少先队小干部分配到合适的工作岗位上。有的时候则是“抓壮丁”，抓到谁就安排谁完成指定工作；或者搞“一人堂”，一个小干部这也做，那也做，分工不明，累的累死，闲的闲死，没有给予小干部个性特色成长的舞台。

五、未来的研究展望

（一）通过开设队长学校进一步加强对少先队小干部的针对性培养

1. 强化民主意识、竞选意识

首先吸收那些思想积极，学习成绩优秀的少先队员作为队干部。无论是少先队大队干部，还是中队、小队干部，都要严格按照竞选程序要求进行。选拔出的小干部必须根据少先队大、中、小队长基本素质测评表所反映出的问题进行针对性培养，扬长补短，充分发挥小干部的引领作用。

2. 明确职责，体现主动

少先队的工作涉及卫生安全、活动比赛等学校日常事务。在这一过程中，小干部必须明确自己的职责，深知自己所负的责任，主动积极，爱队如家。

3. 点拨方法，加强激励

辅导员把日常管理工作交给小干部来做，培养他们自治、自立、自理的能力，适时给予指导、点拨，通过一些机制来激励他们。

通过队长学校的开办、课程的设置让少先队干部学以致用，让他们在实际工作中起好带头作用、凝聚作用、助手作用和表率作用。

（二）充分发挥优秀少先队小干部的作用

1. 榜样的力量是巨大的

少先队小干部在学生队伍里有一定知名度，是班上的精英，具有一定的威信。他们的想法和意见具有一定的代表性，在学生队伍里面具有领头羊、排头兵的作用。

2. 创设优秀少先队小干部展示平台

展示工作过程。小干部们在这个岗位上尽到了哪些责任，每学期末队干部都可以围绕期初制定的工作目标和任务进行述职。还可以举行干部“晒队活动日记”活动。

展示技能技巧。通过举行面向全体队员的“队活动现场设计、观摩”“队长技能技巧”“节目模拟主持”等检测队干部的素质和工作能力的活动，及时评价、反馈小干部他们的表现。

3. 举行优秀少先队小干部颁奖仪式

每学期评选班级优秀大、中、小队干部，通过颁发相应的雏鹰奖章和证书对队员进行鼓励，激发队干部的工作热情。

4. 少先队大队辅导员要善于挖掘优秀少先队小干部个性发展和创新能力方面的特点

少先队大队辅导员将权力下放到小干部手里，将每周的常规工作——升旗仪式、国旗下的讲话、诗文诵读等多种形式及内容丰富的校园文化广播，将每年的“六一”和“元旦”等大型活动和校园板报、摄影艺术节、文学节等活动，交给优秀少先队小干部，让他们大胆地去做，去管理。这些活动既是对小干部的锻炼，同时也利于鼓舞全体队员，激励少先队整体健康向上。

（三）通过合理的评价反馈促进少先队员对组织的认同

激励优秀少先队小干部的措施要新颖，可以通过以下方法促进其对组织的认同：

1. 问卷调查法

把要调查的内容，利用试卷的形式进行检测，使检测者能及时掌握被检测者的各项情况。通过这种方法可对队干部在队员、老师、家长中的印象进行检测。

2. 查阅资料法

通过翻阅资料（活动登记、成长记录册等），检测队干部的工作实绩和学习成绩。

3. 座谈评价法

通过召开队员、队干部、老师、家长等座谈会形式，对队干部的思想表现、工作方法等情况进行检测。

少先队活动主要是在辅导员的帮助下，发挥小少队员主体作用的一门独特的活动课。少先队活动不以考试为评价，仅在活动中体现出他们的成就感、荣誉感和自信心，通过评价促进他们对这一组织的认同。

（四）通过培训促进小、中、大干部的认同——发挥小、中、大的带头作用

1. 向书本学

订阅《少先队小干部》《中国少年报》等杂志报纸，提高队干部的理论与实践水平。利用每周的班队课作为培训时间，认真做好宣传引导工作。队干部通过阅读杂志，及时了解全队开展活动的各种信息，了解开展活动和队干部工作的成功经验，更好地开展队工作。

2. 向辅导员学

由辅导员团队按照培训方案有计划、有组织地进行集中授课。依靠辅导员团队丰富的队工作经验、精湛的讲课艺术，为小干部们传经送宝，提升小干部队伍的整体素质和工作水平。[9]

3. 向活动学

采用现场活动观摩的形式帮助少先队小干部在亲身体验中掌握知识、形成本领，从而引导带领全体少先队员围绕以习近平同志为总书记的党中央对少年儿童的希望：从小就要“立志向、有梦想，爱学习、爱劳动、爱祖国”，要做到“记住要求、心有榜样、从小做起、接受帮助”这一目标，努力学习、健康成长，做好从预备队成长为主力军的全面准备。

六、结论

习近平总书记教育引导少年儿童认知、理解、践行社会主义核心价值观，提出“富强、民主、文明、和谐，自由、平等、公正、法治，爱国、敬业、诚信、友善”24字要求就是为了让社会主义核心价值观的种子在少年儿童心中生根发芽。

少先队进行少年儿童的思想意识教育，核心是通过少年儿童对自己的组织的认同这一重要途径来实现这一根本目的。

少先队组织的使命是育人。坚持少先队的组织属性，依据少先队组织的根本任务，对少年儿童进行思想意识教育，帮助少年儿童更好地实现社会化特别是政治社会化，即引导和帮助少年儿童在学习与实践的过程中，从一个自然的人转变为一个具有一定政治认知、政治情感、政治态度和政治倾向的社会政治人，是少先队的本质任务。

为此，本研究选择少先队小干部为研究对象，采用文献调查、问卷调查、访谈调查等多种研究方法，对文华街小学校的少先队小干部自主基本素质、活动技能、创新能力和主要的不利因素进行了调查，展现了目前少先队小干部培养的现状，并分析了其影响因素，从而初步探讨出了四个提升组织认同的策略。但是，我们在进行研究反思的过程中，觉得仍然还存在一些不足，比如：对于少先队小干部参与少先队自主管理现状的调查有不到位的方面，本研究调查问卷和访谈中部分问题的针对性不强，缺乏深度；更具操作性的策略还需要在实践中进行摸索。这就需要我们在日后的工作学习中进行更为深入的探索与反思。不过，我们相信，本研究还是对提高少先队干部对组织的认同感提供了一些实证性基础。以后，我们将沿着这样的方向继续努力。

参考文献

[1] 全国少工委. 关于印发罗梅同志、王定华同志在全国少工委六届六次全会上讲话的通知［EB/OL］.（2015-02-16）http://61.gqt.org.cn/wjk/2015/zsf/201502/t20150216_731803.htm.

[2] 中国少年先锋队章程［EB/OL］.（2007-07-12）http://61.gqt.org.cn/sxd/200905/t20090512_239909.htm.

[3] 詹小娇. 小学少先队组织工作现状调查与研究：基于少先队员的视角［D］. 福州：福建师范大学，2013.

[4] 吴建明. 浅谈少先队干部的培养［J］. 浙江青年专修学院学报，2007（1）：4.

[5] 李百玲. 自主管理促发展：浅谈少先队干部的培养［J］. 小学时代（教育研究），2015（1）.

[6] 曲宇航. 抓住契机，充分发挥少先队德育评价的作用［J］. 东方青年教师，2011（2）.

[7] 张宪兵，朱莉，袁林. 从单一走向多元——论学生评价方式的转换［J］. 当代教育科学，2011（24）.

[8] 王志华. 少先队小干部培养之我见［J］. 东方教育，2011（10）.

[9] 义乌市教科研一等奖优秀成果之：少先队小干部队伍建设的实践研究［EB/OL］.（2014-07-18）. http://www.ywec.net/jyky/kycg/201407/t20140718_573287.shtml.

城乡接合部小学学生文明行为自主管理问题及其对策研究

——以四川大学西航港实验小学为例

夏加强　吴邹　夏萍　兰莉　徐艺希

（四川大学西航港实验小学，四川成都 610211）

摘　要：经过调查发现，小学生正处于人格和习惯形成的关键期，需要进行文明行为自主管理，而相关理论表明他们是具有自主管理能力的，而自主管理也是小学生良好文明习惯养成的最有效的方式。但反观我校小学生现状，学校缺乏德育意识，家长要么没时间管理要么没方法管理，而小学生自己对其自主管理意识不强，自主管理能力较弱，亟须转变。这样让我们必须提供策略增强小学生的自主管理能力并促使其养成文明习惯。

关键词：小学生；文明行为；自主管理

四川大学西航港实验小学地处城乡接合部，学生大多都是失地农民和外来务工人员的孩子，家长普遍受教育程度不算太高，并且因为工作原因很少有时间来对孩子进行教育，而学校由于长期师资力量缺乏，学生数量又比较多、班额较大，教师管理起来有一定难度，这使得部分学生存在不文明行为，影响着他们身心的健康发展。我们知道小学阶段正处于人格和习惯形成的关键期，孩子们心智发展迅速，可塑性强并逐步形成自律意识，这一时期是培养孩子自主管理意识、教予文明习惯自主管理策略、进行自主管理的最佳时期。因此开展对小学生文明习惯行为自主管理策略的研究具有重要意义。

一、研究背景

为了了解我校学生的文明行为自主管理的相关情况，我们特意进行了调查。本次调查从两个大的方面进行：一是文明行为方面，二是自主管理方面。文明行为包括：文明礼貌用语使用情况、社交礼仪的掌握使用情况、个人及公共清洁卫生保持情况和学校的日常常规遵守情况。而自主管理方面则包括：主动参与管理的意识、自觉遵守规则的观念和自主管理的能力。对于调查问题的设定，我们也注意了各种因素的穿插。

由于一年级的孩子太小，认识的汉字十分有限，因此本次调查的对象是我校二至六年级的学生，共 282 人，占全校总人数的 9.1%，其中女生 129 人，男生 153 人，男生略多于女生，总体上较符合目前我校的男女生比例。通过对收回的调查表的初步分析，调查表均是有效样表，有一定的参考价值。

本次调查结果如下：

（一）文明礼貌用语方面

经常使用问候、致谢、致歉等礼貌用语：除二年级有 11.3%的学生选择“没有”以外，其余年级选择“没有”的孩子比例均控制在 6%以内，选择“偶尔有过”和“经常有”的孩子比例除五年级接近 1∶2 之外，其他年级选择比例则大体相当。

能恰当、得体地称呼他人：选择“能”的学生，二年级有 39.6%，三年级有 66.7%，四年级有 53.1%，五年级有 68.5%，六年级有 61.1%；选择有时能的比例基本上在 20%到 30%之间；二至六年级选择“不能”的则分别占了 17.0%、5.3%、6.3%、5.5%和 1.9%。

（二）社交礼仪的掌握使用方面

掌握肃立、注目礼、少先队队礼等礼仪：二至六年级选择“完全掌握”的分别占 60.4%、40.4%、46.9%、59.3%和 59.2%，而选择“没有掌握”的则分别占了 1.9%、7.0%、4.7%、0%和 7.4%。

餐桌上的基本礼仪，能否文明就餐方面：二至六年级选择“知道，能”的分别有 64.1%、82.4%、90.7%、92.6%、81.4%，总体上越到高年级比例越高，而选择“不知道，不能”的比例则在 9.3%以内。

（三）个人及公共清洁卫生保持情况方面

能否保持衣服整洁，爱清洁、讲卫生方面：各年级选择“能做到”的均在 50%到 60%之间；“基本做到”的在 35%左右；而选择“做不到”的五年级有 11.3%，四年级有 9.7%，二、三年级分别为 3.9%和 3.6%，六年级则没有。

（四）学校常规遵守方面

与同学之间相处时，语言有没有不文明现象：二至五年级选择“经常会有”的分别占 5.7%、7.0%、3.1%、0%，六年级则有 13.7%；选择“偶尔有”的各年级分别占 41.5%、36.8%、62.5%、74.0%和 62.7%；选择“没有”的二、三年级在 50%以上，四年级降到了 34.4%，五、六年级则只有

26.0%和23.5%。

课堂上大声讨论，课间在教室内外大声喧哗：选择“经常发生”最高的是二年级的学生，有7.5%；选择“有，不多”的除三年级21.1%以外，其余都在37%左右；选择“没有”的均在50%以上。

有良好的坐、立、行的习惯，正确的读书写字姿势：选择“有”的在30%到50%，基本随年级增长而增长；选择“有时需要老师或同学提醒”的均在40%左右；选择“没有”的二年级最高，有22.6%，六年级为14.8%，其余则在10%以下。

在校园内吃零食：选择“没有”的均在70%以上，选择“经常”的在7.9%以下，其余选择“偶尔”。

在集会、路队过程中能做到快、静、齐：选择“能做到”的均在60%以上，选择“基本做到”的则在30%左右，选择“做不到”的最高是二年级，有11.3%。

在课间休息时，能否做到文明玩耍：选择“能做到”的除六年级61.1%以外其余均为70%以上，选择“不能”的则在5.6%以下，其余选择“偶尔”。

（五）主动参与管理的意识方面

你愿意为集体和大家服务：选择“愿意”的均在70%以上，五年级高达96.3%，三年级也有89.1%；选择“不愿意”的最高的是六年级7.8%；其余则选择“无所谓”。

你认为班级中每个人都有责任管理班级事务：选择“有”的五年级最高96.2%，三年级最低67.9%，二、四、六年级则分别有79.2%、67.2%、70.4%；二至六年级选择“没有”的分别占9.4%、0%、11.5%、0%和9.1%；选择“只有班干部有”的则分别有11.3%、32.0%、21.3%、3.8%、20.4%。

你认为学生自己管理对学生本身有好处：选择“很有好处”的二至六年级的学生分别有78.4%、42.1%、65.1%、83.3%、60.8%，选择“有些好处”的分别有15.7%、47.3%、34.9%、14.8%、33.3%，而选择“没有好处”的则分别有5.9%，10.5%、0%、1.9%、5.9%。

你有自己想负责的一项工作：二至六年级选择“很想”的分别有67.9%、58.9%、40.6%、69.8%和41.2%，选择“想”的分别有28.3%、35.7%、50.0%、24.5%和27.5%，选择“不想”的分别有1.9%、1.8%、3.1%、3.8%和11.8%，选择“无所谓”的分别有1.9%、3.6%、6.2%、3.8%和19.6%。

（六）自觉遵守规则的观念方面

有没有不遵守交通规则，闯红灯的行为：选择“经常有”的最高是六年级 7.4%，二至六年级选择“有，不多”的分别有 22.6%、3.5%、15.6%、26.0%和 24.0%，选择“没有”的分别有 75.5%、91.2%、82.8%、74.0%和 68.6%。

如果身边没有人看到，你会在学校随地乱丢垃圾吗？各年级选择“不会”的分别有 75.5%、87.7%、73.5%、85.1%和 63.0%，选择“偶尔会”的分别有 22.6%、12.3%、23.4%、14.8%和 44.4%，选择“随便”的最高的也只是六年级的 3.7%。

（七）管理能力方面

在大部分时间里，对于班级管理你发挥了什么作用：二至六年级选择“积极作用”的分别有 75.5%、43.9%、39.0%、63.0%和 44.4%，选择“消极作用”的分别有 15.1%、31.6%、31.3%、1.9%和 27.8%，选择“没什么作用”的分别有 9.4%、24.5%、29.7%、35.2%和 27.8%。

通过进一步分析我们可以发现，在文明行为方面，我校大多数的孩子都掌握得很好，知道如何使用文明用语，知道基本的文明礼仪，能够保持好个人和公共卫生，能够遵守好学校的常规工作。但是依然有不少的孩子无法做到或者有时做不到，而且低年级的孩子总体上没有高年级的孩子做得好，特别是二年级有 11.3%的孩子在平时的生活中没有使用礼貌用语，还有 17%的孩子不知道如何得体地称呼别人。这和我们平时的观察也比较吻合。一、二年级有些孩子在见到陌生的老师时，他很想向老师问好，可是他不知道如何称呼你，只能两眼直直地盯着你，有的孩子甚至直接称呼陌生老师为叔叔或阿姨，而有的一、二年级的孩子在需要得到陌生老师的帮助或者向陌生老师提出需求而和老师对话时往往不会加上“请”“你好”“谢谢”“再见”等礼貌用语，他们会直接对你说“这个东西是我的”“六年级七班在哪？”“我们老师要你去办公室找他”之类的，而到了三年级之后就很少出现这样的情况，孩子们逐渐开始使用文明用语去和老师们交流。这些都说明我校学生的文明行为还有培养的空间，而这种培养是要逐渐地训练的，不是与生俱来的。

对于此次调查孩子们的文明行为部分的结果分析，我们发现了一个有意思的现象，如“知道餐桌上的基本礼仪，能文明就餐吗？”和“你有良好的坐、立、行的习惯，正确的读书、写字姿势吗？”两项调查的结果，选择“知道基本礼仪，能文明就餐”和“有良好坐、立、行的习惯”的孩子的比例，大体随着孩子的年龄增长在升高，可是到了六年级的时候都出现了百分之十的比例的下滑，而“你和同学之间相处时，有没有语言不文明的现象”此项调查的结果，选择“没有不文明的现象”的孩子的比例，从二、三年级的五成以上到四年级后就下滑到只有三成，到了五、六年级甚至不到两成，看来孩子们到了高年级，语言不文明的现象比较严重。这些结果都说明文明行为的培养不是今天你教给孩子他就拥有了，或者这一段时间里他拥有了他就一定不会改变。文明行为的培养一定是一个长期的过程，期间出现一定的反复是很正常的，需要不断地对其进行培养。

对于自主管理这一方面，我们研究发现每个年级都有超过七成的孩子选择了“每个人都有责任管理班集体事务”，每个年级都有九成或将近九成的孩子认为学生自己管理对学生本身来说“很有好处”或者“有些好处”，二至四年级均有超过九成的孩子很想或者想在班级中负责一项工作，六年级则有七成，这些都说明孩子们有自主管理的意识，想自己去管理某件事。而对于闯红灯和在没有人看见的情况下，在学校里乱丢垃圾，每个年级的孩子都做得比较好，有七成以上的孩子没有闯过红灯，有六成以上的孩子即便没有人看见也不会乱丢垃圾。这些都说明他们有自觉遵守规则的观念，也就是说即便没有人监督也能管理好自己。这两方面使得他们拥有文明行为自主管理的先决条件。

在对于班级管理，自己发挥的作用方面，各个年级调查的结果出现了比较大的差别，甚至在六年级和三年级有三成左右的孩子认为自己起着消极作用，还有三成左右的孩子认为自己没有起着什么作用。进一步研究后，我们发现这与教师在班级管理中使用学生的情况有很大的关系。有些班级长期使用个别学生参与班级管理，严重抑制了这些孩子们对班级管理的意愿，而自己习惯被别人管理，从而出现了认为自己对于班级管理起着消极作用或者没有作用的现象。这种因素还从另一项调查结果得到了反映，这两个年级分别有三成和两成的孩子认为管理班级事务的责任只有班干部有。看来我们需要给学生提供一个平台培养他们的管理能力。

二、本文研究的理论基础

1. 皮亚杰道德发展阶段理论

皮亚杰进行了天赋道德的本质的研究，提出了道德发展阶段论。这种理论认为教儿童道德准则是一件非常困难的事情，而儿童的认知发展进入一个新的阶段，儿童的道德认识也会进入一个新的层次。他还将儿童的道德发展划分为四个阶段：

（1）自我为中心阶段（2~5 岁）。这时的孩子刚刚开始接受外界的准则，总是自己玩自己的并按照自己的意识去执行规则。

（2）权威阶段（6~8 岁）。这个阶段孩子对于权威是绝对尊敬和服从的，他们认为权威制定的规则是不可改变的。

（3）可逆性阶段（8~10 岁）。这个阶段的儿童已经不认为规则是不可改变的了，而是一种双方的约定，应互相尊重，并且可以改变。正因为这种可逆关系的出现，标志着儿童开始进入自律阶段。[1]

（4）公正阶段（10~12 岁）。这一阶段是可逆性阶段的升华，他们开始倾向于主持公平、公正，并且应该有具体的奖惩。

通过这个理论我们可以看出，除了第一个阶段属于学龄前儿童外，其余三个阶段都在小学阶段，并且正好是我们通常认为的小学的低、中、高三段。低段处于权威阶段，他们服从权威，还无法实现自主管理，但是我们可以给学生一个榜样，这样到了小学中段，也就是进入了自律阶段，就有了自主管理的方向了，而到了小学高段，在学生之间通过竞争和帮助最终实现自主管理。

2. 柯尔伯格道德发展阶段理论

柯尔伯格认为人们的道德发展有六个固定的发展顺序，并且要达到任何一个阶段都必须通过前面几个阶段，后续阶段高于前面的阶段。而这六个阶段又被划分成了三个水平。它们是：（1）前习俗水平（9 岁以下），包括避罚服从取向和相对功利取向两个阶段；（2）习俗水平（10~20 岁），包括寻求认可取向和遵守法规取向两个阶段；（3）后习俗水平（20 岁以上），包括社会法制取向和普遍伦理取向两个阶段。

从柯尔伯格的道德发展理论可以看出，小学生往往处于前两个水平的二、三阶段。而根据研究我们发现，小学生从小学三年级开始，绝大多数能根据行为的动机意向或从行为的因果上做出判断，而且半数以上的儿童能把行为和后果两方面联系起来进行比较判断。[2]这就说明他们对自己的文明或不文明行为所产生的不同结果能做出判断，并且能够把两个方面联系起来进行比较和选择。这也说明他们有自我约束的思想意识和能力。

3. 艾森伯格亲社会道德理论

艾森伯格对儿童逐步从满足自己的需求到开始思考他人的需求并进行选择这个方面进行大量的研究，总结出儿童亲社会道德判断发展的五个阶段（而这五个阶段之间的顺序不是固定不变的）：

阶段 1：享乐主义、自我关注的推理。

阶段 2：需要取向的推理。

阶段 3：赞许和人际取向、定型取向的推理。

阶段 4：移情推理。

阶段 5：深度内化推理。[3]

从这个理论我们可以看出小学生能够从某一方面的行为对自己的影响和对他人的影响之间的矛盾进行选择。

人们通过对艾森伯格关于儿童亲社会道德理论的研究发现，儿童面临的环境不同，产生的道德认识、道德情感、道德行为都有差异。我们对于小学生文明行为的自主管理，应该创设一定的环境并给出一定的规范，而不是盲目的毫无限制的自主管理。

4. 自主管理理论

自主管理理论认为："教育的过程就是自我管理的过程。"[4]赋予组织内的个体自主决策权、管理权，是鼓励组织内的个体进行自我监督、自我约束、自我控制的一种参与方法，同时也是有效的激励手段。

在学校的教育中，特别是德育过程，如果不能激发学生心灵内部的学习积极性，那么我们的教育就会"知行脱节"。只有赋予学生自主管理的权利，才能调动学生学习的主动性，形成学习的内驱力，驱使个体去主动地进行自我管理，驱使个体养成良好的文明行为，并持之以恒地坚持下去。

叶圣陶先生曾指出"教是为了不教"，只有让学生进行自主管理，让班级、学校成为学习型组织，每个人都参与识别和解决问题，通过尝试，改善和提高组织的能力，提高管理的效率，才能使我们的德育"走心"，提高教育的效果和效率。

5. 主体教育理论

我国的传统教育，忽视人的自主性、主动性和创造性。20 世纪 80 年代，我国就有学者提出了主体教育的思想。所谓主体教育就是依靠主体培育主体的教育。

主体性在德育过程中显得尤为重要，只有充分发挥学生的主体性，通过自我教育、自我管理来进行自我培育，才能达到道德品质内化的效果。

黄济教授在其著作《小学教育学》中指出："在德育中，要重视学生自己的活动，使学生通过亲身的实践，加深认识，增强体验，形成信念，养成习惯，才有真正的教育效果可言。在德育中，要重在选择，重在自律。只有把教育者的要求内化为学生的需要，才能达到教育的目的。"[5]

我们的小学生是一群成长中的主体，他们需要教育者给予策略上的支持，让其有章可循、有法可助，使其在少先队帮助下不断提高自我的主体意识，提高自主管理效率，养成良好文明行为，并成长为自我教育的社会主体。

6. 自我教育理论

著名的教育理论家和教育实践家苏霍姆林斯基认为教育的本质就是“自我教育”。他指出：“能激发出自我教育的教育，才是真正的教育。”

苏霍姆林斯基说：“少年的早期和青年早期，是个人智能、道德和社会意识自我肯定的年龄期。在这个年岁上，学生精神上的正常发展，取决于他在集体人际关系和活动的一切领域中（在智力生活中、在劳动中、在道德信念的形成中）自我肯定的深刻程度。”他还说：“十七八岁以前，一个人总感觉到自己仅仅是个受教育的人。只有别人来教育他，而他却不能教育任何人。他连自己也不能教育，因为他没有在与他人频繁接触的人际关系中的自我肯定。”[6]

从苏霍姆林斯基的话中我们可以看出，我们的教育本质上是让孩子学会自我教育，而自我教育的关键在于得到自我肯定。

三、我校文明行为的成因分析

（一）学校管理者及教师重智育轻德育

长期以来学校管理都存在这样一个问题：学生的智育发展总是放在首位，而德育教育工作则放在了较低的位置上。虽然近几年学校逐步重视学生的德育工作，对班主任和中队辅导员的工作实行一岗双责，并形成每一个教师都是德育工作者的理念，但是由于学生到校学习成绩好是首位的这种观念的根深蒂固，实施起来并不是很到位。

学校一个星期有五节 20 分钟的朝会课和一节 40 分钟的班队会课，这些课本是用来进行学生道德品质教育的，可是就是这加起来也只有短短的 140 分钟的德育教育时间却总是被老师将其占用来上语文课、数学课，浪费了对学生进行德育教育的宝贵时间。

有的老师虽然利用了朝会课和班队会课对学生进行德育教育，但是他们的教育总停留在对班集体中近期发生的一些不文明行为的教育上。这种教育方法没有计划，没有形成体系，没有时效性。

学校德育处对以上问题也缺乏奖惩和引导的办法，没有利用好德育教育平台，孩子们怎么会有良好的文明行为？

（二）家庭教育问题

随着城市化建设的深入发展，越来越多的失地农民选择了进城务工，留守儿童问题已经成了一个社会问题。这些留守儿童往往和爷爷奶奶、外公外婆生活，甚至被托付给亲朋好友照顾。缺乏父母的监管，没有完整的家庭教育，给这些孩子的文明习惯培养和心理健康成长带来了日益严重的问题。

近几年城乡接合部学校的留守儿童的数量逐年上升。据统计截至2014年9月，我校已经有留守儿童66人，约占全校总数的2.3%。虽然绝对数量不多，但几乎遍布全校每个班集体。这些孩子缺少父母的教育，而照顾他们的爷爷奶奶、外公外婆或者其他亲戚往往只是在物质上给予满足，很少对其进行思想教育和行为习惯培养。这使得这些孩子往往不容易分清事物的好坏，不能够正确地看待问题，反而被社会上不良的现象所影响出现许多不良行为，如：不注意个人卫生、喜欢在地上摸爬滚打、随地乱吐乱扔、说脏话、不诚信等。与此十分相似的是有些家长虽然每晚都要回家，但他们下班的时间往往比较晚，甚至有的家长回家后孩子已经入睡，而第二天孩子起床上学时家长早已经离开。这类孩子的父母也不能很好地关爱自己的孩子，造成这些孩子也存在和留守儿童相似的问题行为。

而有些家长虽然有时间管理自己的孩子，但由于生活和工作压力以及受教育程度限制，他们给孩子的家庭教育往往方法单一。

案例：小辉现在是我校一名六年级的男生，他的父母都是外来务工人员，受教育程度不高，对孩子寄予了较高的期望，可是在家庭教育上却简单粗暴。

小辉平日里比较淘气，成绩也不算太好。当时还在读三年级的他因为经常和其他同学发生矛盾被老师请了家长，他的爸爸到校还没有弄清楚缘由便上前对小辉拳脚伺候，打得孩子哇哇直哭。这时老师也就明白了为什么这孩子总是和其他同学发生矛盾了。以暴制暴是他父亲用行动给他的教育。

通过这个案例我们可以看出家庭教育对孩子的影响，父母的行为直接影响着孩子的行为。而单一的教育方式还有很多，比如有些家长对孩子十分溺爱，孩子要什么给什么，这类孩子在校则表现为以自己为中心，遇事只想着自己，从不从他人角度思考问题，自私自利。还有些父母为了自己的孩子有好的发展，设置不少的规矩，什么事都是按照父母的意愿所包办，没有给孩子选择的机会。这类父母虽然本意很好却不知他们所教育的孩子在学校遇事往往无所适从，失去了自主性和进取心，在创造力和创新能力上落后于他人。甚至有些家长为了在管教孩子上方便，他们采用金钱来进行奖惩，帮父母做一件事奖励多少钱，今天听话了又奖励多少钱，今天犯了错扣多少零花钱等等。这类父母教育出的孩子总是唯利是图，对于事物的好坏不去思考判断，只要有利就认为是正确的，哪怕不符合我们的公认的道德标准。这些单一的家庭教育方式都造成了我们小学生不良行为的产生。看来一个良好的家庭教育环境对小学生文明行为的养成十分重要。

（三）同龄孩子不文明行为相互濡染

近年来越来越多的外来人口涌入，每年的适龄儿童都在增多。2014 年 9 月，我校仅新一期的一年级就有七百多名学生。虽然我校近几年招入不少年轻教师，但师资力量仍然十分有限，使得班额往往较大，给班主任工作带来不小的压力。加上有的年轻老师因经验不足不能及时发现学生存在的问题，即便发现问题也只是在学校加以教导，没有很好地利用家庭—学校的沟通平台，家庭教育和学校教育没有形成合力，这使得孩子的问题没有及时得到解决，让这些问题生长在了班集体里。

孩子与孩子之间在校接触时间是最长的，而模仿是孩子的天性，他们往往对别人特殊的动作行为十分感兴趣，总是不知不觉间模仿到了他人不良的行为习惯，而自己本身的文明行为则随之丢失。这种问题在孩子之间相互濡染，自然就形成了不良的班级风貌。

以上都是小学生存在的不良行为及其产生原因。孩子们的这些不良行为也不得不让我们反思，我们应该怎样做才能让孩子们更正不良行为、养成文明行为。我们以前的做法总是用规定去约束，教师的角色就是在班上反复强调，反复唠叨，而孩子们也只是老师在的时候做得很好，老师不在的时候则现了原形。而且低年级做得很好，到了高年级，他们就开始对这些约束产生越来越多的抵触情绪，甚至与老师发生冲突，不仅没能解决问题反而产生了反作用。那有没有更好的方法来养成孩子的文明行为呢？近年来对孩子的学习自主管理的研究比较多，那文明行为能否自主管理呢？若能形成自主管理，让学生养成文明行为，对于当前的德育教育有着重要意义。

让学生学会自主管理，我们首先就应该弄清楚什么是自主管理。在《辞海》中“自主”的定义是“自己做主，不受别人支配”。[7] 在心理学上的“自主”是遇事有主见，能对自己的行为负责。要自主首先就要做到自己对所做的事情负责。自主不仅仅是一种权利，更是一种能力。

“管理”一般是指在特定的环境条件下，以人为中心，对组织所拥有的资源进行有效决策、计划、组织、领导、控制，以便达到既定组织目标的过程。而本文所指的管理更多地是指对学生学习及生活的计划和决策。

由此可以看出“小学生的自主管理”，是自己在学校和生活中对自己的事情进行计划，按照计划去执行，并对期间发生的事件进行判断和处理。那小学生能否进行自主管理呢？对此我们进行了专门的研究。

四、我校学生文明行为自主管理的对策及建议

通过研究我们发现，小学生对其文明行为进行自主管理是可以实现的，但

也绝非易事，因此我们建议做好以下几个方面的工作：

（一）学校给小学生创建一个自主管理的平台

学校是小学生学习和生活的主要活动场所，自然是小学生文明习惯自主管理的主阵地。学校必须摈弃重智育轻德育的老观念，通过加大德育教育考核等方式让教师重视学生德育工作，并规划好学生的道德成长。

同时学校也要从学校层面重视小学生文明行为自主管理。通过自主管理理论和自我教育理论，我们可以得知小学生需要学校赋予其自主决策权和管理权，并从中得到自我肯定。那么我们就要在管理方法上以"人本"为主，"权本"为辅。

首先我们可以针对学生的德育发展的特点，为他们定制一门合适的学校德育课程。这门课程必须要有大纲，阶段性目标和每一节课的目标。只有拥有这样一门系统的课程，老师们在上朝会课和班队会课时才不会显得无所适从，找不到方向。教师可以通过这样一套系统的课程并根据自己班上的实际情况让学生自己管理好自己，让孩子们明白我们需要哪些文明行为，他们应该怎么做等等。利用德育课程等平台，学生才有自主管理的可能和机会。

（二）家校联动，让小学生自主管理走向家庭

家庭教育作为孩子教育的重要组成部分，也是另一个小学生自主管理的重要场所。

类似留守儿童这样的问题，需要我们家校共同关注。我校早在 2011 年就成立了留守儿童之家，让老师成为代理家长，并让在校大学生定期来与留守儿童进行互动，在关爱留守儿童方面取得了一些经验。既然有了留守之家，我们就可以让留守儿童们或者家长无法管理的孩子们把留守之家看成自己的另一个"家"，并让他们自己来管理这个"家"，通过这样的管理激发起他们对文明行为的渴望，让他们把学校学习的自主管理方法继续用在这个"新家"里。

对于那些缺乏家庭教育方法的家长们，我们可以把他们请进学校，让他们看看孩子们在校自主管理的成果，分享其中的经验，尤其是可以让家长学习一下我们的德育课程，并让家长们把德育课程中学到的一些方法用在家里，让小学生自主管理在家延续下去，避免出现管理的真空地带。这样就可以强化"文明行为自主管理"的成果，同时也丰富了家庭教育的方式。

（三）树立好榜样，让小学生之间传递正能量

当然小学生自主管理的主体是学生自己。如果孩子们自身没有主动接受自主管理的方法，那么文明行为自主管理是不可能实现的。我们要激发起他们自身的动力。小学生往往存在很强的竞争意识，并容易受他人影响。我们要利用

这样的特点，树立一个好榜样让他们学习。

通过道德发展理论我们可以看出，一二年级的孩子比较服从权威。孩子在学校的榜样主要是老师，这时我们要利用好老师的示范作用，让其感受到文明行为是我们应该遵守的规则；在家则可以是我们的家长，家长必须以自身的文明行为去带动孩子们。这样就为日后的自主管理建立起了模板。而到了三年级，孩子进入了自律阶段，可以进行文明行为自主管理了。这时我们依然需要榜样。既然要实现自主管理，小学生自然是主体，在管理中难免会出现疑惑或是松懈，那么我们就要利用好班集体中做得好的同学，使其逐渐代替老师和家长成为新的榜样。同学之间往往会有相同的疑惑，解决得好的孩子，他们的方法正是其他孩子所需要的经验，有了这样的经验积累才能更好地发挥小学生的主体性。在此期间我们还可以让孩子们和榜样之间进行对照，不断地对其自主管理进行评价和自我反思。通过评价和反思他们可以找到自己的优点和不足，向榜样看齐，并立志超过榜样。这样孩子们便强化了主体意识，完善了自主管理，最终养成终身受用的良好文明行为。

小学生文明行为自主管理是一个长期的系统的工程，需要长期坚持不懈的努力，不是一朝一夕能够完成的。学校应该为学生自主管理制订规划，指明方向，提供必要的指导，让孩子有方法进行“文明行为自主管理”；而家长应该积极配合学校，并利用好学校给出的家庭教育建议，让孩子们在家继续完成“文明行为自主管理”；孩子们，首先要有信心自己能够实现自主管理，其次在榜样的影响和帮助下去完成“完成文明行为自主管理”。相信通过各方的努力，小学生的文明行为自主管理最终能取得成功，并让小学生终身受用。

参考文献

[1] 让·皮亚杰. 儿童的道德判断 [M]. 傅统先，陆有铨，译. 济南：山东教育出版社，1984.

[2] 郭本禹. 柯尔伯格道德发展的心理学思想述评 [J]. 南京师大学报(社会科学版)，1998 (3).

[3] 王美芳，庞维国. 艾森伯格的亲社会行为理论模式 [J]. 心理学动态，1997 (4).

[4] 庄惠玲. 走向学生自主管理——“弱化”班主任在班级管理中作用的研究 [D]. 上海：华东师范大学，2005.

[5] 黄济，劳凯声，檀传宝. 小学教育学 [M]. 北京：人民教育出版社，2007.

[6] 瓦·阿尔·苏霍姆林斯基. 少年的教育与自我教育［M］. 姜励群，译. 北京：北京出版社，1984.

[7] 夏征农，陈至立. 辞海［M］. 上海：上海辞书出版社，2010.

从少先队到共青团：中学团队组织活动对初中生价值观培育的实践研究

何汝兵

（成都市温江区第二中学校，四川成都 611130）

学校承担的四川省哲学社会科学重点研究基地——四川少年儿童组织与思想意识教育研究中心项目课题《从少先队到共青团：中学团队组织活动对初中生价值观培育的实践研究》。学校自获得立项审批以来，得到四川省少年儿童组织与思想意识教育研究中心专家领导的大力支持。学校领导高度重视，成立了课题研究领导小组和课题研究主研小组。各项研究有序推进。目前，课题组完成了《温江区初中团队工作现状调查》《初中生价值观现状调查》。基于以上两项调查，课题组对中学团队组织建设一体化、中学团队组织活动资源开发利用、团队员价值观教育等方面进行了积极的探索与实践。现将本课题研究取得的阶段性成果概述如下：

一、初中团队工作现状调查与分析

初中阶段，正处在团队组织衔接和交替发展的重要时期，正处在学校团队组织的一体化推进的关键环节，团队组织必须在这一阶段健康、有序地发展，并逐渐取代少先队组织，形成更高一级的团组织生活。初中生正处在少先队员的成熟期、收获期和共青团员的启蒙期、憧憬期，在这个阶段要加强团队组织建设，选择和实施恰当的价值观教育，发挥团队组织活动在价值观教育中的引导作用。

在对温江区部分初中团队组织的调研访谈中我们发现，目前初中学校整个团队教育的天平开始倾斜，团的教育侧重而队的教育上倾，团队教育失衡了，主要表现在：一是共青团和少先队的组织建设明显失衡，团建重于队建；二是共青团和少先队组织的相互协作性不够强；三是团员和队员的意识差异很大。同时，由于人为的课业负担，初中阶段少先队工作普遍薄弱；由于“重团轻队”的现象普遍存在，初中少先队组织健全率不高，初中少先队员普遍没有很好地过上组织生活；由于德育专业化程度不高，初中少先队活动很难贴近队员生活，思想价值观教育的整体性、针对性和有效性不强。

在对部分初中少先队和共青团员的调查中我们发现，队员从小学升入初中以后，有的学校就没有强调队员一定要戴红领巾，队员也不愿意戴红领巾，这使队员的少先队意识逐渐淡薄，队的荣誉感和责任感也逐渐淡化，失去了少先队作为团的预备队的重要意义。而中学生能作为一批先进学生代表加入共青团组织是很神圣、很光荣的事，戴上团徽，学生会感到无比骄傲和自豪，他们将会时刻提醒自己要努力保持这种先进性，什么都得走在别人前面。正是这种团的渲染性推动了团员继续努力，争取取得新的成绩。两者意识的差异造成了学习和活动积极性的差异。这很容易造成先进的同学更先进，落后的同学更加止步不前的情况。

基于以上问题的调查分析，课题组提出以下思路与策略，并展开积极的实践探索。

二、加强团队组织一体化建设，促进初中团队组织的健康发展

（一）加强领导班子建设，提高团队一体化的号召力和团队组织活动开展的有效性

学校健全团队组织在坚持“民主选举，集中领导”的原则和“以团建带队建，以队建促团建”的工作方法的基础上[1]，构建了一支务实求真、开拓创新的“初中团队一体化”领导班子。少先队在共青团的带领和指导下，与共青团共同实施团队一体化建设。校团委、少先队根据“队为主体，团为核心”的原则，针对中学生的年龄特点、身心发展、组织心理，聘任各班班主任为班级团队辅导员，负责团队组织管理、团员发展等具体事项；每班增设一名副班主任为团队组织活动辅导员，主抓团队组织活动的开展；由团支部委员兼任中队委员，实行初一强队建团、初二团队联动、初三强团带队的组织机制。

自课题实施以来，学校已聘任初中部23名班主任老师为团队辅导员，并选拔了一批青年教师担任初中各班团队组织活动辅导员，加强各班团队组织活动的开展，为团队组织活动取得实效提供了组织保障。

（二）加强阵地组织建设，为团队组织建设搭建舞台

只有建立团队组织的教育阵地、活动阵地和实践基地，才能消除过去团队活动阵地支离破碎、没有重点、缺乏特色的弊端，实现阵地集中、资源共享、相互扶持的目标。

学校学生会是学校党委委托共青团指导的青少年组织，是学校团队工作的

主要教育阵地和活动阵地。课题实施后，学校学生会改变由高中部学生担任学生会主要干部的情况，将初中部分离出来，单独成立了初中部学生会，并通过自主报名和教师推荐的形式，举行“我能行”初中部学生会干部民主竞聘会，利用学生会来吸引优秀的团队员，不断巩固和发展以团、队为核心的青年组织体系，充分发挥团队员的作用，达到实现团队员的自我管理的目的。同时，初中部学生会的建立也为团队员们提供了一个锻炼自我、服务同学的舞台。

青年团校是学校青少年学生政治思想意识成长的主要组织阵地。为了适应国家新形势的发展需要，学校除了做好团队员们的常规教育外，还特别强调团前教育，试行“团队一体化，思想意识要先行”的团校知识专题讲座。学校青年团校先后开设了“少先队员的理想和追求”“团的历史和传统”“团的性质和任务”“青年入团要履行的手续”“争做光荣的共青团员”“社会主义核心价值观解读”“中国梦”等系列团课，从课题实施后的第46期团校的学习情况看，广大少先队员们的入团积极性空前高涨，共有79名优秀的少先队员成为光荣的共青团员。

广播站、校报等宣传平台是团队组织的宣传阵地。学校“新芽”广播站除了日常的栏目设置外，还设立了《身边的榜样》栏目，每周为团队员们讲述身边优秀的团队员的故事，激发团队员向榜样学习的热情，为团队的一体化建设增添活力。学校校报第四版由校少先队、团支部共同主办，以宣传社会主义核心价值观和社会正能量为主，力求用团队员们耳熟能详的故事、生动有趣的实例宣传积极的人生态度和高尚的政治追求。

（三）加强团队组织的有效交融，团带队，队建团[2]

“以团带队”是党赋予共青团的光荣职责，是共青团事业发展的客观需要。共青团员与少先队员年龄接近并相对成熟，能更好地按少年儿童的特点开展工作，同时团在带队过程中自身又能得到实践与锻炼。利用好初中这个重要的转折点，帮助一个单纯的少先队组织向一个单纯的共青团组织的顺利过渡是在初中这个团队共处的特殊环境下团队工作的核心工作。课题组结合学校实际，延伸少先队和共青团的组织范围，以“团带队，队建团”的方式，实行“初一建团，初二共建，初三离队”的团队交融发展模式。

一方面，团队组织范围的延伸有效地弥补了初中阶段组织教育的“空白期”，即将团的建设及教育向初一扩展，少先队的建设与教育向初三延伸，初中队员一入学就组建中队团支部，将队员离队时间推迟到初三，年满13周岁、不满15周岁的队员入团后保留队籍不离队，成为光荣团队员，肩负带队的重要责任，在队内发挥核心示范作用。学校团委和少先队还通过雏鹰争章、青少年团校双轨共育的方式，普及团知识教育，活跃和丰富少先队生活，使得初中所有的青少年都能在组织中接受教育，有效填补了初中阶段组织教育的“空白期”。

另一方面，团队共建的交融发展有效地完成了组织教育的过渡。初一年级团队的教育侧重于使新生尽快适应中学生活，在较短时间内形成一支强有力的中队集体，让队员们听团课，初步了解团的知识，观摩新团员的“入团仪式”，作为青春仪式的预备期教育，为“团带队，队建团”打基础。初二年级团支部与初一年级中队结成“团带队”友谊团队，面向全体队员进行全面的团的知识教育，实现团队联动、共同进步的目标。初三年级充分发挥团组织的“带队”作用，开展理想价值观、公民道德建设等方面的教育，扩大团队组织在初中阶段的交叉、相容，形成团队全程衔接教育的整体合力，达到“团带队”的目的。

同时，在实施初中团队一体化工作中，组织建设的及时跟进是团队工作有效开展的基础。初中新生入学时，要尽早成立少先队大队部，强化广大少先队员们的组织观念，这既是组织的延续也是组织进一步发展的基础。在初一年级各班设立共青团支部，由初二年级优秀团干部担任荣誉支部委员，发挥共青团的示范引领作用，在组织的建设过程中要尊重、爱护每一名团队员，发挥广大团队员的主动性、积极性、示范性和创造性，使他们在实践中自主地成长。初三年级各班保留少先队中队部，对还未入团的学生要关心其成长，通过组织教育形成合力，通过新颖的方式方法开展各种形式的团队活动，对不同个性的团、队员进行引导，帮助和引导他们培养健康的品质和高尚的情操，让广大团队员在活动中有所体验、有所感悟从而有所提高，达到团带队、队建团、共同进步的目标。

三、明确团队活动目标，丰富团队活动的内涵

活动是共青团、少先队工作的灵魂，“晓之以理，动之以情，导之以行，持之以恒”。共青团、少先队活动要体现时代性、把握规律性、富于创造性，这是党的要求，也是有效实施团队一体化的关键。同时，活动也是学生形成社会主义核心价值观的主要途径。目前国际比较常见的四种价值观教育模式：价值澄清模式、认知—发展模式、体谅模式和社会行动模式，都强调在价值观教育中学生的主体性，只有重视了学生的主体性，调动了他们的积极性、主动性和创造性，价值观教育才能取得良好的效果，才能为初中生所乐意接受和参加。因此，核心价值观培育不能脱离实践，少年儿童需要在体验中成长，脱离

了现实生活的价值观教育很容易成为空中楼阁。

明确团队活动的目标，让每一名团队员在团队活动的实践和体验中得到精神的升华、思想意识的成长和价值观的形成。我们针对社会生活的热点、焦点设计了丰富多彩的主题活动，如“弘扬中华美德，争当现代公民”主题教育系列活动、“孝敬长辈，亲近社会”“孝·亲”校园文化建设活动、“英雄中国梦，时代少年心”团队理想教育观摩活动、“不忘历史，奋发努力——纪念中国人民抗战胜利70周年”等一系列的主题教育活动。这些主题活动的开展，不仅使得团队的凝集力增强了，团队员们在活动中的联系更加紧密了，团队员们的积极性得到了极高的提升，综合素质得到了大幅度的提高，而且团队员们对“富强、民主、文明、和谐、自由、平等、公正、法治、爱国、敬业、诚信、友善”的社会主义核心价值观有了更深刻的认识和理解。

在以主题活动为特色的团队活动之外，校团委和少先队在挖掘团队活动的内涵方面还有许多新尝试。如以重大节庆日、纪念日为契机，积极开展以爱国主义实践为核心的特色教育活动。在重阳节，团委和少先队组织团队员开展“爱老敬老，关爱空巢老人”志愿者活动；在国庆节，团委和少先队组织团队员开展“国庆黑板报”“我为祖国添光彩——争做优秀团队员”等活动；在清明节，团委和少先队组织广大团队员开展“继承革命传统，清明扫墓”活动；在教师节，团委和少先队组织广大团队员开展“感恩母校”等活动。这些特殊的团队活动因为其所具有的独特文化背景，让我们的团队活动的内涵得到了充分的延伸与拓展。

同时，注重信息化、网络化时代学生团队活动开展的针对性，丰富和完善网络等新新媒体在组织教育和价值观教育中的积极作用。在全面推进素质教育的今天，信息技术的迅猛发展和广泛应用无疑为我们创新团队活动提供了机遇，也提出了挑战。我们通过问卷调查的方式了解到学校的团队员中网络使用率已达到96%以上，学校团委和少先队抓住这个契机在学校网站上开辟温江二中团队共育专栏，为团队员们搭建交流的平台，以微信推送的方式及时更新学校团队活动的最新动态，宣传积极健康的信息咨询，为青少年学生提供“精神上的大餐”。

团队员们只要轻点鼠标就可以从专栏上了解团队知识，了解学校团队特色活动，了解优秀团队员们的个人事迹材料，还可以通过BBS、QQ、微信等平台参与讨论，与辅导员老师一起讨论交流。新媒体的使用不仅拉近了团队辅导员老师与团队员们的距离，也有利于团队辅导员老师及时掌握团队员的思想脉搏，诊断共性问题，及时采取有效策略，提高了团队工作的针对性和实效性。

四、创新辅导员培训机制，提升辅导员专业素质

团队一体化工作有效的推进必须要有一支优秀的专业化辅导员队伍。针对学校团、队辅导员专业化程度不高的具体情况，学校在四川省少年儿童组织与思想意识教育研究中心的帮助支持下完善了辅导员队伍培训机制，使团、队辅导员工作逐步走向专业化、系统化、科学化。学校利用四川省少年儿童组织与思想意识教育研究中心的资源，通过集中学习、举办理论培训班等形式来传授教育学、心理学、社会学等相关学科的基本理论知识，提升广大团、队辅导员的理论素养；通过定期举办团、队辅导员学术沙龙，为团、队辅导员提供温馨和谐的交流平台，并聘请专家进行科学指导和评价，提升了广大团、队辅导员老师的专业能力水平，使团、队辅导员老师能自觉地、有组织地对自己的职业进行规划，把这份工作当成一份事业来做。

团、队辅导员专业素质的进一步提升要以科研能力为依托。[3]在对团、队辅导员的科研能力进行培养时，不仅要鼓励其以实际工作中的经验为基础展开理论研究，也要考察其研究成果能否对其实际工作产生推动作用，能否形成实践与理论之间的良性互动。一方面，学校要为团、队辅导员适当减负，提供宽松的环境，以保证他们有一定的学习、进修和科研时间；另一方面，学校制定出可操作的奖励措施，对团、队辅导员的科研能力进行综合评价，鼓励辅导员不断从科研实践中总结经验、方法，运用于实际工作中，鼓励更多的辅导员自觉学习和运用经验。

同时，进一步落实和完善团、队辅导员评价制度。将团、队辅导员的工作内容和工作量、工作质量纳入辅导员评定范围当中，在评优、晋级时同等条件下优先考虑优秀的团、队辅导员。根据团中央、教育部、人社部、全国少工委《关于进一步加强少先队辅导员队伍建设的若干意见》（中青联发〔2010〕33号）的指示，细化学校团、队辅导员的评价制度。

初中团队一体化建设目前随着课题的推动已经逐步走上正轨，但如何发挥共青团和少先队组织的优势，与学校德育工作相结合，进一步有效落实社会主义核心价值观的培育，这仍是需要实践和探讨的。因此，加强团队一体化工作的推进，加强以组织教育的方式培育青少年学生核心价值观，仍是今后我们将继续关注的问题。既要保证初中团队一体化、全员全程一体化，也要坚持以“团带队、队建团”的原则，开展丰富多彩的团队一体联合活动，让青少年学生在活动中成长、升华。

参考文献

[1] 张先翱. 张先翱少先队教育文集 [M]. 北京：中国少年儿童出版社，2003.

[2] 薛红梅."团队一体化"工作探索与实践 [J]. 辅导员，2007 (10).

[3] 王剑飞. 辅导员队伍专业化建设存在的问题与对策研究 [J]. 吉林广播电视大学学报，2010 (1).

让规则陪伴孩子健康成长

赵　聪

（达州市通川区第八小学，四川达州　635000）

做了二十年的班主任，最怕的最难的还是当一年级的班主任。孩子刚步入小学生活，对一切都会感到新奇，一切都需要老师悉心帮助，一切都需要规则的约束。“播种行为，可以收获习惯；播种习惯，可以收获性格；播种性格，可以收获命运。”一年级的班主任老师要用足够的耐心、爱心、责任心去培养孩子良好的行为习惯，这样孩子才能健康成长。当然，要想行为习惯好就得讲规矩，“没有规矩不成方圆”，放弃规则就是放纵无知，这个世界上没有一个人是从小自由泛滥而长大却成为守法公民的。要想让孩子长大成为对社会、对国家、对民族有用的人，拥有一份美丽人生，我们必须从现在开始教他们学会遵守规则。

一、让孩子学会遵守校园日常规则

在孩子刚迈入小学校园，成为一名小学生时，就要让孩子逐步了解学校的规章制度并遵守校规。刚入学的一年级新生，他们的状态基本处于幼儿园阶段。要让这些天真活泼的孩子尽早适应小学这个新的环境，与陌生的老师、同学一起相处、学习、生活，就要进行为期一月的入学教育。一年级新生，刚刚来到学校这一大的环境中，一切都是生疏的、新奇的，学校的一花一草、一物一景、一人一事都会吸引孩子的眼球。带领孩子熟悉校园的厕所、体育场、操场设施、各科老师的办公室，告诉他们高年级学生的教学楼叫逸夫楼，低年级学生的教学楼叫凤鸣楼，升国旗要肃立，不能翻越国旗台栏杆，认识展示台、厨房、阅览室、音乐教室，了解橱窗展览……了解学校制定的课程，认识每一科老师和全班52名同学，告诉孩子，在这里我们将学习生活六年，学校还要举行很多大型的活动，如一年一度的校运会、庆祝国庆节的诗歌朗诵赛、庆祝“六一”儿童节的歌舞表演、大合唱比赛、美术作品展览、机器人大赛等，让孩子们感受这个大集体、大家庭的美好，激发孩子兴趣，使他们喜欢来学校，愿意来学校，从中体会到对学校学习生活的快乐与向往之情，从而带着愉快的期盼的心情走进这一知识的殿堂，学好知识，掌握本领，为自己即将成为一名八小的学生而光荣、自豪。

我要求学生不带危险的玩具性质的学习用品（如刀子），不带零食、饮料到学校来，平日生活中带好手帕、卫生纸，水杯上要贴上标签，写好自己的名字，以免丢失。学习方面，我要求学生会写自己的名字，知道父母的名字、工作单位，了解家里电话号码、家庭住址，通过制作“可爱的我”卡片，比比谁做得最漂亮、最有创意，让学生在刚入学时能够熟悉家庭人员，以保证以后教学工作的顺利进行。孩子们既然已经走进了八小，成为一名小学生，我就要让他们懂得该怎样做才是一名合格的八小学生。

1. 让孩子懂得规范自己的言行

孩子们刚从幼儿园走进学校，从一个无知的孩童变成一名小学生，从纪律意识、时间观念、文明行为、言谈举止上都要规范自己。入学教育的前一个月，每天利用晨检时间学习《小学生行为规范》一条，对照自己，努力让自己成为一名热爱祖国、热爱老师、友爱同学、乐于助人的合格小学生。在课堂纪律上，我通过儿歌的形式使孩子快速安静下来，如：“上课铃，叮叮响，我们快步进课堂，不挤不碰不吵闹，静静坐在座位上。书本文具放整齐，等待老师把课上。专心听，仔细想，腰杆挺直看前方，大胆发言先举手，遵守纪律不要忘。”课间纪律要求：文明举止不喊叫，上下楼梯往右靠，教学楼内不乱跑，互助互爱不争吵。还有一些上好两操歌（眼睛保健操，课间操）、个人卫生儿歌、就餐歌、作业歌、升旗歌、上下学歌……让孩子们快乐地在儿歌朗读中督促自己，监督自己，努力让自己养成课堂认真，课后守纪的好习惯。如果有表现好的同学，以此为典范鼓励表扬，让他们成为其他同学学习的楷模，耳濡目染规范自己，遵守学校制定的校规校纪。

2. 让孩子懂得遵守作息制度

培养孩子成为一个守时的人，这非常重要。遵守学校作息制度，安排好学习玩耍时间，我经常告诉孩子们这样一句话：“学就要学个踏实，玩就要玩个痛快。”我要求孩子们课堂上要专心，要有好的读书写字姿势，并给他们示范正确的姿势，同时渗透爱惜眼睛、保护身体的教育，教育孩子们要养成每天按时睡觉、按时起床的好习惯。

3. 让孩子懂得讲文明礼貌

通过平日生活、阅读、品德课老师的渗透教育，孩子懂得讲文明，有礼貌，平时会用礼貌用语“请”“谢谢”“不客气”“对不起”“没关系”等。孩子在学校见到老师要问“老师好”，校外见到长辈会问“爷爷奶奶好，叔叔阿姨好”等。孩子从小不骂人，不打架，举止文明，学会谦和，学会宽容，有爱心，伸出友爱的手多帮助一些需要帮助的人们，小到班集体，大到家庭、社会、国家。同学之间应如亲兄弟姐妹一样，互相关心，彼此关爱。我通过讲一些伟人关心助人的故事，以养成孩子们良好的文明行为习惯，达到教育的目的。

4. 让孩子懂得维护班级卫生

在学校，由于孩子们还不会劳动值日，因此我让他们从拣起一片烂纸做起。我让他们背顺口溜："不要随手扔垃圾，反而随手捡垃圾。"平日生活中教给孩子们如何扫地、擦黑板、倒垃圾，回到家里多帮父母做一些家务，自己能做的事情自己努力去做。一个月的时间，学生懂得课间把黑板擦得干干净净，保持地面无杂物，勤捡垃圾，勤开窗通风，以保证下一节课顺利进行。我们从中教育学生，每一个同学都有责任和义务维护班级卫生，以流动红旗为标志，以流动红旗为导向，渗透爱劳动及班级向心力、凝聚力的观念，让孩子懂得热爱班集体，有集体荣誉感。

入学教育所讲的方方面面的规则很多很细，不是一时半会儿就能实现的，需要渗透在平日生活的点点滴滴中，常抓不懈，发现问题及时处理，教育才能有所收获。

二、让孩子学会遵守课堂学习规则

小学一年级的学生只有六七岁，心理学研究者认为他们“最初的自制力是由成人的要求而产生的。以后，约在三年级末，才逐渐养成在学习时的自我控制的习惯。同时，在学习过程中，儿童的自制力的范围在不断扩大，自制力的质量也日益改善，这表现在儿童不仅能发现自己学习的缺点，而且能利用自己的力量去改正这些缺点”[1]。所以对于小学低年级学生自制力的训练、自觉纪律意识的培养，应贯穿于整个小学低段课堂教学的各个环节，愉快而艺术地引导。

1. 根据低年级学生心理发展的特点，强化常规训练

在开学初进行一些常规训练。明确告诉孩子哪些是对、哪些是错、哪些能做、哪些不能做，让孩子有最起码的是非观念。刚开学上课时，那真是满堂青蛙叫，我的嗓音简直受不了；下课时，楼道上、操场里，孩子们东奔西跑，一会儿撞流了鼻血，一会儿擦伤了胳膊，一会儿这个来告状，一会儿那个来接话，那情形，怎一个“忙”字了得？作为班主任，面对这情形，不能急，亦不能乱。我先教会孩子们背一些儿歌，如“铃声响，进课堂，课本铅笔放得

好，静等老师来上课，比比哪个坐得好。上课小手放得好，小脚并并拢，身子坐得正。眼睛仔细看，耳朵专心听，说话先举手，才是好学生，好学生”。这样教室里很快就安静下来。当学生坐立不定时，老师发出口号：“一二三四。”学生答：“坐好姿势。”老师喊：“五六七八。”学生应答：“闭上嘴巴。”或老师问：“谁坐得最乖?”学生答：“我坐得最乖。”学生一边应答，一边跟老师做坐好的姿势。要求学生看黑板时，老师发出“小眼睛”，学生答“看黑板”或老师说“抬头挺胸”，学生生答“看黑板”等。要求学生保持安静时，老师说“小嘴巴”，学生应答“闭闭好”。要求学生规范举手时，老师说：“小树长在哪里?”学生答：“桌子上。”下课时，我会说：“下课，注意。”学生应答：“安全!”

对于孩子们的举止行为，我们班主任力求从基础抓起，从小事抓起。一站一行一坐，都要有正确的姿势。课堂上抓好孩子们看书写字的姿势，入学家长会上我们也强调这一问题，告诉家长在家庭中也应该养成良好的坐姿，还有读书“三个一”（书离眼睛一尺，胸离桌子一拳，手离笔尖一寸）。

2. 科学合理地安排学生的座位

对于学生的座位，我总会合理安排。在座位安排上，我会让矮的学生坐一竖排，高的坐一竖排；优秀生和后进生同桌；好动和爱静的学生搭配坐；自觉性差和自觉性好的学生坐。高矮分组坐，孩子们就能不受影响地倾听老师上课。而搭配坐的好处就是可以让孩子们互相学习，后进生向同桌学习好的学习习惯和学习方法，自觉性好的孩子也可以随时提醒旁边的同学认真听讲。我们的座位每两周轮换一次，每个人都有机会坐前后左右的座位。

3. 制定评比制度，使学生形成自律的行为习惯[2]

其实每个孩子都有荣辱感，都有上进心。我充分利用小孩的好胜心，展开人人得星比赛，只要你某个方面表现好，就能得到一颗星。上课认真听讲，奖励一颗星；讲卫生，奖励一颗星；讲礼貌，奖励一颗星；乐助人，奖励一颗星；有进步，奖励一颗星……语文作业做得好，五个“笑脸”加五个“乖”字就能换一面小红旗。每每老师把小星星和小红旗贴到孩子手背上时，孩子脸上都会露出幸福的笑容。那份喜悦，那份激动，很令人感动。很多孩子直到放学才小心翼翼地将小星星或小红旗从手背上撕下来贴到光荣榜上自己的名字下面。如果表现不好，我们会扣除星星。大多数孩子都怕自己的星星变少了，所以会坚持着。有几个孩子一时坚持不住了，经过老师或本组同学的提醒也能及时纠正过来。这样我们仅用了一个月的时间，孩子们已经能较好地维持好课堂纪律了。看来这小星星的力量还真不小。我们通过这个评比制度，慢慢使学生形成自律的行为习惯。

4. 精心设计每堂课，吸引孩子的注意力

小学生，尤其是低年级孩子的注意力维持时间短，这就需要我们教师课堂设计生动、富有感召力和吸引力。如，一年级拼音教学时我们师生都感到单调，除了读字母就是拼音节，教师教得吃力，学生学得没劲。我和本年级几位经验丰富的老师进行交流，总结出低年级和高年级的根本区别：小孩子喜欢有趣的情景教学，还要不断地变换花样吸引他们的注意力。于是我们结合教材把拼音教学与有趣的故事融为一体，学生学习的效果直接推动着故事情节的发展。孩子的积极性很高，整堂课教师、学生都在愉悦中度过。课上到中间，教师说："同学们已经有点累了，咱们一起来休息一下。起立。"师生同做休息操，边做边喊口令："点点头，伸伸腰，站要直，坐要正，专心听，勤动脑，好孩子，思想好。"当喊到"坐要正"时，学生一下整齐地坐下了。这一小段时间的休息，既减轻了学生的疲劳，调整了学生的注意力，又和这节课的主题有所联系，让学生在休息中受到了教育。

5. 多关注听课习惯差的孩子

相当大的一部分学生特别是低年级学生、后进生都很难四十分钟都集中注意力于课堂。例如，在教学活动中，注意力容易分散的低年级孩子会很容易玩小动作、走神等。我们老师此时可以表扬一位守纪的孩子：看！某某同学坐得多端正啊！老师最喜欢他了！这样一来，分神的孩子就会马上向这个受表扬的同学学习，马上认真听课了。除了上面的方法，我们发现开小差的学生，还可以及时地提醒：边讲课边走到他（她）的身边摸摸孩子的头，或一个眼神，或讲课声音的"休止"，就会让"开小差"的学生重新投入课堂教学活动之中。这样要比事情已形成气候之后再去阻止它容易得多。这些孩子并不是故意在课堂捣乱的，他们或许是因为身体不舒服、有多动症、知识基础差等。对于身体不舒服或多动症的孩子，老师要主动关心，并与家长联系，进行必要的治疗。而由于基础差而不听讲的孩子，老师可以对他设立辅导计划，并进行有目的的课后辅导。在课堂上也要多关注这些学生，多提问多表扬，使他们与其他学生的学习水平拉近。他们对学习有了信心，自然就会自觉地遵守课堂纪律，服从管理。

总之，要让低年级的孩子在常规教学中做到自律，老师需要更多的耐心和细心，日日强化，及时教育。功夫不负有心人，相信孩子们会在我们的循循善诱中逐渐成长、进步。

三、让孩子学会遵守文明就餐规则

我们班的孩子大部分在学校吃午餐。他们有的家离学校较远，中午时间仓促，不得不在学校就餐，有的父母工作繁忙，无暇照顾孩子的午餐。三四十个孩子在教室里就餐，不培养良好的、文明的就餐习惯，我们的工作量将会很大。那么，我们应该怎样培养孩子文明就餐的好习惯呢？

孩子们刚开始在学校就餐时，很兴奋，边吃饭，边讲话，时不时还会你挠挠我的背，我摸摸你的头，吃饭时很不安静，而且有的孩子饭都吃冷了还剩着大半碗，最后只好倒掉，这自然会让我们不能及时还餐具。更糟糕的是孩子们午餐没吃饱，下午上课饿得不得了，哪还有心思认真上课呢？针对这种情况，我给孩子们定了规矩：就餐时保持安静，认真吃饭。不过，教师要以身作则，树立榜样。教师以身作则对孩子来说具有非常积极的意义。如有一次吃午饭时，我要求孩子们吃饭保持安静，不讲话。可我和熊老师在进餐的时候却谈论班上的事情，结果孩子们也跟着说起来，提醒了几遍都没用。后来，我们注意同孩子们一起遵守所有的规则，树立起了榜样，这才产生了较好的效果。

现在的孩子大多是独生子女，娇生惯养，衣来伸手，饭来张口。瞧，坐在第一排那个小家伙吃饭时，勺子在用，两只手也在碗里摸来摸去，都快变成手抓饭了。这还不算什么，他的桌子上摆满了骨头、菜叶、米粒，满手满嘴都弄得脏兮兮的。我让他去擦擦手和嘴，他慢吞吞地走到讲台，扯了一张又一张餐纸去擦他的小嘴和小手。再一看教室里，有的孩子已经吃完饭出去玩了，不过，好几个孩子的课桌上留着食物残渣没有及时打扫。看到此情此景，我生气了，孩子们太不懂规矩，我得好好教教他们。我告诉孩子们，用完餐，抽一张餐巾纸先擦嘴，然后再用擦过嘴的餐纸擦桌子，这样既节约又环保。我让孩子们一定要记住：吃完饭，擦嘴、擦桌子、套桌套！针对孩子们就餐时出现的这样或那样的状况，我特地给孩子们制定了文明就餐公约：①吃饭前同学们要先取下自己的桌套再去洗手，洗完手后有秩序地排好队。②同学之间要谦让，不得拥挤，不得吵闹，不得推搡，不得插队。③同学们领到餐后回到自己的座位就餐，就餐时保持安静，文明就餐，不得大声喧哗、打闹，敲打碗筷，不得离开座位，随意奔跑走动，注意安全，防止相互碰撞或烫伤。④汤类食物必须由班主任负责领取，低年级学生不准私自打汤类食物。⑤我们要求孩子在就餐时要细嚼慢咽，有助消化，也不要含饭说话，以免发生意外。⑥珍惜粮食，不挑食，不厌食，能吃多少就盛多少，不要浪费，用完餐后要及时打扫卫生。

开学一个多月了，孩子们的就餐习惯好多了。“安静是一种美德，是一种修养。文明用餐，安静就餐，从我做起。”让我们教孩子学会自我管理，让孩子之间相互提醒，自觉地维护用餐秩序，用行动来构建一个安静、整洁、文明有序的用餐环境。

四、让孩子学会遵守与人交往规则

一个良好的人际关系对孩子的学习和生活都有很大的帮助。调查发现，有一个良好的人际关系的人更容易得到满足，更容易生活快乐！[3]刚入学，孩子之间很陌生，但年龄相仿，好玩耍的天性又使他们很快玩到了一起。不过，一年级伤脑筋的事儿就是孩子们在玩耍、交往中频频发生矛盾，一会儿这个来告状，一会儿那个又抹着眼泪来了……看来，教孩子学会与人相处是必不可少的。

1. 让孩子学会与人沟通

在生活中，我经常鼓励孩子大胆说出自己的想法、表达出自己的感受，但同时要注重礼貌。这样，当他想借其他同学的笔时，他就可以较容易地表达“可不可以把你的笔借我用一下?”而不是粗暴地把笔从别人手中夺过来。如果孩子学会了沟通，尽量用平静的语气与人交流想法，这会使他赢得更多的朋友。不过，培养孩子的爱好也会使他拥有朋友。有一位母亲曾经这样对孩子说：“如果你不会游泳，别人就不会邀请你到游泳池去玩。”这位母亲说得很有道理。如果孩子有某方面的特长，就可以结交更多的朋友。专家认为：友谊是以共同爱好为基础的，如果孩子的朋友不多，你可以帮助他以某种爱好赢得更多的朋友。所以对于胆子小，性格内向的孩子，我会尽量劝说孩子的父母让孩子去学点特长。

2. 让孩子养成礼貌、整洁的好习惯

我们班有个孩子叫张齐耀，他的幼儿园是在村小上的，父母在外面打工，奶奶爷爷只管他吃饱穿暖，从来不教他讲规矩。他走进咱班，三天两头与同学打架，问其原因，他说同学老推他，老不和他玩。我问孩子们为什么不愿意和张齐耀玩，孩子们告诉我，张齐耀不讲卫生，常常撕纸片，弄得地上到处都是；吃完餐，桌子弄得很脏，满嘴满脸都是油，更恶心的是他不用纸巾擦嘴，用手抹抹了事，鼻涕流出来，不擦，用嘴舔。这孩子的确太不讲卫生了，难怪同学们要疏远他。于是，我给张齐耀同学定了规矩：勤剪指甲，勤洗澡，勤换衣；不准挂鼻涕，更不准舔鼻涕；不撕纸片，不乱涂乱画。我还要求同学们监督他，让他成为一个讲卫生的孩子。经过老师和同学的帮助，现在的张齐耀，养成了礼貌、整洁的好习惯，随时穿得干干净净，脸上再也不挂鼻涕了。

3. 让孩子学会友善地对待别人，学会赞赏别人

在日常的生活中，有些动作是很有攻击性的，比如叫喊、皱眉、紧握拳头等，但是有些动作却可以让人卸下防备，比如微笑、拥抱、赞赏等。当然，对班上的孩子，你不能强迫他摆出一副看上去快乐的面孔，但你可以跟他讲清楚，如果他总是愁眉苦脸的话，其他同学将不会愿意和他一起玩。我还常常告诉孩子，当别的同学做了件好事的时候，要由衷地赞赏别人。他不仅可以通过语言，还可以通过拥抱、牵手之类的友好举动表达他对小伙伴的好感。如果一个孩子能经常以积极态度来对待别人，他就能获得社会的接受。

4. 让孩子学会与人分享

不懂分享的孩子在生活和游戏中很难找到合适的伙伴。因为谁都不愿意与一个十分自私的人做朋友。我还要培养孩子的耐心，要让孩子学会遵守游戏规则。

5. 让孩子学会讲诚信

只有学会守信，才能获得别人的尊敬。我们班的朱康诚是个大大咧咧的孩子，记性不是太好，平时跟别人承诺了的事情，转眼就忘了。有时自己说了什么自己都想不起来。比如，有时跟同学说好了周末下午几点去文轩书店看书，结果别人都看了半天了，他还在家里坐着看电视呢，心里早忘了相约看书这回事了！同学等看完书后，打电话过来问："朱康诚，不是说好去看书的吗？你怎么没去？"他才晕晕乎乎地说："哦，我……我下午有点事……"开始这样说，同学还信，后来因为他老失信于人，同学们渐渐也就不再相信他了。大家都知道他说话不算数了，再也没人听信他的承诺了。他跟别人说："咱们周末去书店看书吧！"别人总是说："哦，等周末你到了书店再说吧！"

我知道朱康诚的情况后，决心帮助小朱同学克服这个不守诺的缺点。对于不守诺的人，就要"以其人之道还治其人之身"，让他也尝尝别人不对他守诺的滋味。下课时，我表扬朱康诚爱劳动，让他中午到我这儿来领一颗星。中午，朱康诚开开心心跑来找我，我却说："什么？我什么时候说过给你奖励星星了？你记错了吧？我没说过吧？"朱康诚只好很郁闷地走了。

经过很多次这样的事件后，朱康诚终于忍不住了，他含着眼泪小声对我说："老师，你骗人，你老骗人，跟别人说了什么总是不兑现，你说话一点儿都不算数，一点儿也不守诺，也没诚信。"我反而平静地说："说完了没有？看把你急成那样子。冷静一下，说别人的时候，先想想自己，看看自己在这一方面做得好不好。如果自己做得好，才有资格去说别人，如果自己都做得不好，那有什么资格去说别人呢？"朱康诚说："我怎么做得不好？"我说："你

想想啊，是谁约了同学去文轩书店看书，结果最后没去的？是谁说好了给别人借水彩笔最后又反悔的？又是谁说上课不讲话的，最后还是偷偷说话呢？这些事都是谁做的？”听老师把自己的事情都说出来了，小朱同学仔细想了想，确实是这样，确实是自己先不守诺的，难怪现在连同学都不相信自己了，自己无论说什么做什么都没有人相信了，想来真是可悲。看来对别人不守诺，真的很令别人生气和失望。别人不相信自己也情有可原，别人不对自己守诺自己更是没有话说。

见朱康诚低头反思了半天也没有说话，我说：“孩子啊，做人不能总是大大咧咧的，尤其是在承诺的问题上，答应了别人什么，就要做到，如果做不到，就不要答应别人。我给你讲一个关于宋庆龄讲诚信的小故事吧。‘在宋庆龄小的时候，一天早晨，一家人正准备去李伯伯家做客。突然，她告诉父母：“我和小珍约好，今天上午我要教她叠纸花，我不去李伯伯家了。”爸爸说：“以后再教吧！明天再和她解释一下。再说，李伯伯家有你喜欢的鸽子，你不去会后悔的！”“不会。”宋庆龄想了想，说，“你们去吧，我在家等她，我不能失信。”妈妈想了想，说：“就按她的意思吧！有句话说：‘言必信，行必果。’一个有道德的人要讲信用，不能自食其言。”就这样，宋庆龄一个人在家等小珍。11点了，小珍还没来，宋庆龄十分失望。中午，父母回来了，听宋庆龄说小珍没来，爸爸说：“唉！要知道她不来，就不等她了。”宋庆龄却说：“不。没有来，我也要等。虽然没有等到，但我心里很坦然。”’宋庆龄就是这样，从幼年起，终身都要求自己恪守信用，决不自食其言。当你有信用的时候，别人才会相信你。所以，你以后在跟同学的交往上，就应该学会遵守诺言，答应了别人的事情，无论怎样都要做到。让大家知道你是一个守诺的人，大家才会相信你，与你交往。懂吗，孩子？”朱康诚坚定地点了点头。

教孩子遵守规则，会使孩子终身受益。孩子毕竟是孩子，能力有限，行为会反复。我们就应该努力让孩子了解违规的后果，承担一定的责任。孩子喜欢在玩耍中学习、在摸索中成长。教师要采取多种方式，创设合适的情境，在活动中教他们遵守规则，帮助他们树立规则意识，通过公平公正的评比、竞赛、奖励与惩罚等各种手段，让他们切身体验到遵守规则的快乐，使他们在头脑中构建起遵守规则光荣、破坏规则可耻的思想观念。

让孩子学会遵守规则，养成自觉遵守规则的良好行为习惯，是一个长期的系统工程。让我们从现在做起，家长学校相互配合，从点点滴滴开始进行规则教育，坚持不懈，让规则陪伴孩子成长。这样，就一定能培养出一个又一个守规则、有约束力、让老师和家长放心的好孩子。

参考文献

[1] 黄月胜. 小学儿童心理学 [M]. 北京：北京师范大学出版社，2013.

[2] 胡琴. 小学新课堂纪律管理研究 [D]. 武汉：华中师范大学，2011.

[3] 刘娟. 论小学生的文明礼仪教育研究 [D]. 济南：山东师范大学，2014.

协同理论视域下少先队中队"以队促班"体系构建

马钧[1]　胡先飞[1]　王道银[1]　杜志凌[1]　袁丽霞[1]
杨光忠[1]　吴南松[2]　何玲[3]
（1. 通川区复兴镇中心小学校，四川达州 635003；
2. 通川区实验小学，四川达州 635000；
3. 通川区金山小学，四川达州 635000）

摘　要："以队促班"少先队工作的开展中诸多偏差亟待解决，协同理论中基于系统因素之间的协调作用以促进系统的有效管理，对"以队促班"的开展有较好的指导意义。本文依托协同理论，针对"以队促班"开展中"班""队"不协同的现状，讨论"以队促班"开展引入协同理论的适切性和价值，初步建立"以队促班"协同创新体系并进行其内涵、特点的分析，探讨协同理论助力"以队促班"的新路径，旨在为"以队促班"开展提供新视角。

关键词：协同理论；少先队中队；以队促班

小学班队一体化建设问题是我国基础教育的重要话题。在我国各级小学，中队辅导员往往由班主任兼任，该模式为中队集体建设一体化创造了最好的条件。"以队促班"是指以小学中队为基本单位，以中队活动为基本形式，促进小学班级管理的良性发展，营造良好的学习生活氛围，促使小学生身心良好发展、综合素质提升的教育教学模式，属于少先队工作研究范畴。王延风同志强调"少先队主体化，应发挥队在班中的组织核心作用"，抓住了少先队工作的基础性关键问题，揭示了做好少先队工作的重点。在实际操作过程中，"以队促班"取得了一定成效，但也有较为突出的问题逐渐显现出来。结合相关理论对其问题进行分析，提出切实可行的解决路径，有助于促进"以队促班"研究的良好展开，实现全员育人，促进班级管理，实现小学生的综合素质的发展和全面成才。

一、协同理论的意蕴

（一）协同理论的内涵

协同是指为实现系统总体演进目标，各子系统或各部门相互配合、相互支持、相互协作而形成的一种良性循环态势。[1]协同理论是指基于所面临的复合系统的结构功能特征，运用协同学原理，根据实现可持续发展的期望目标对系统实现有效管理，以实现系统协调并产生协同效应。[2]协同理论认为，任何一个组织都是包含了多个子系统的管理体系，子系统之间相互影响和关联，当各子系统的关联运动达到有序协作时，就会形成协同效应，产生“1+1>2”的效果。[3]在不同领域的长期研究中，协同理论可作为理论研究的工具，亦使得自身理论不断深化、持续发展，形成庞大的理论体系。

（二）协同理论的特点

1. 协同理论的原理复杂而严密

协同理论的原理较为复杂，其主要内容可分为协同效应、伺服原理、自组织原理。协同效应是指由协同作用而产生的结果，伺服原理是指序参量决定系统其他变量行为的过程，自组织原理是系统内部子系统之间自动形成新的空间、新的时间或功能的有序结构。[4]这三种主要原理由于其理论的严密性、互补性，相辅相成、应用较广。

2. 协同理论的研究对象具有选择性、复杂性

协同理论研究的对象是必须经过一定条件的筛选的，其研究对象必须符合系统具有开放性、系统具有非线性、系统随机涨落等要件；[5]协同理论的研究对象大多可分为几个子系统，各子系统之间联系紧密，关系复杂。

3. 协同理论具有较广泛的普适性

协同理论衍生自自然科学，最早由西德斯图加特大学理论物理学教授赫尔曼·哈肯提出，后经一系列演变，成为一门横跨自然科学和社会科学的学科。由于其具有较广的普适性特点，其应用范围较宽，也为社会科学领域的研究提供了极大启示。

（三）协同理论分析“以队促班”的适切性与价值

1.“以队促班”引入协同理论的可能性

协同理论强调协同效应和系统思维，为少先队中队工作提供了一条新的研究思路。在少先队工作中运用协同理论进行研究，其研究对象必须符合系统具有复杂性、系统具有开放性、系统内部具有非线性作用、系统随机涨落、系统远离平衡态五个要件。“以队促班”研究是由有生命的学校管理层、教师、学

生和无生命的科研成果等共同组成的一个复杂、动态和开放的系统，其实际开展呈现不确定性、随机性和非线性，且受外部与内部环境的影响，其各子系统自身存在涨落现象。以上要件的具备使得在“以队促班”研究中引入协同理论成为可能。由此可见，协同理论与少先队工作理论虽属不同理论体系，但两者有着密切的联系，协同理论为少先队工作理论研究提供了新的视角，可以将协同理论引入“以队促班”研究中，两者有很强的契合性。

2.“以队促班”引入协同理论的必要性

“以队促班”的开展是在由学校管理层、教师、学生等要素所组成的系统中进行的，这些要素之间存在一定程度的关联，且在整个系统中发挥的作用互相牵制、互相影响，不宜被割裂成各独立的部分来进行研究。针对这种复杂系统中要素间相互作用的分析，引入协同理论显得尤为必要。若将每个子系统发挥的功能最大化，将子系统的作用有机整合，使每个要素之间的协同作用达到最大，形成“以队促班”和谐、健康发展，将有助于优化班级管理，充分促进小学生自身素质的良好发展。

二、“班”“队”不协同的现状

对目前我校及同区域学校少先队中队“以队促班”建设过程进行资料研究、实地调查研究发现，“以队促班”开展中出现的问题如下：

（一）学校思想观念、教育理念有待改善

学校作为对教育教学工作全面指导、宏观把握的教育机构，对少先队中队工作的开展有着至关重要的作用。但目前，学校对少先队中队工作的思想观念、教育理念的偏差表现在：首先，学校领导对少先队工作的理解不够透彻，往往将其与德育工作、班级管理混为一谈，不重视对少先队中队工作专门的、针对性的指导；其次，教育过程中部分教师与家长忽视少先队中队工作强调的全面发展的教育方针，把学生的学习成绩看作衡量学生的主要标准，忽视学生的综合素质的培养；最后，部分学校为提升学校办学形象，注重发挥少先队大队的宣传作用，但对各中队的建设只是下表面功夫，未能贯彻落实。

（二）少先队组织基础建设有待提高

少先队工作想要实现长期持续发展，必须首先加强少先队的基础建设。近几年来，基础建设的薄弱制约着少先队工作的进一步发展。少先队组织的基础建设，包括少先队工作队伍的建设、少先队组织建设和阵地建设。[6]其中，一方面，少先队组织建设华而不实：少年儿童共产主义教育的原则和党建立少先队的目的是依靠组织、依靠集体来教育儿童，则务必加强少先队组织建设，尤

其是少先队中队组织建设。少先队工作专职人员不仅具有专业的知识理论基础，还有大量的时间与精力去研究少先队工作的开展，且能促进每个中队个性化问题的解决。遗憾的是，除大队辅导员外，学校里鲜有这样的专职人员。笔者抽取了四所学校进行调研，四所学校（通川区实验小学、通川区金山小学、通川区第四小学、通川区复兴小学）133 个中队，专职大队辅导员及兼职中队辅导员配备率达到 100%，所有中队均配齐了中队委。看似少先队各级各类组织健全，实际上中队辅导员全由班主任担任，中队委全由班委成员兼任。另一方面，少先队阵地建设停滞不前：由于社会资源分配不均、教育扶持经费有限，学校少先队活动阵地的建设始终处于瓶颈期，校园内的少先队活动阵地设备匮乏或没有将其充分利用，如少先队图书室书籍数量不足、少先队广播室常年封锁、各中队的建设仅限于黑板报等比较单一的文化布置；且存在一物多用的情况，如少先队室兼做会议室。少先队活动阵地建设存在的问题限制了少先队工作的进一步开展。由此看来，少先队组织基础建设还有待提高。

（三）少先队中队辅导员自身专业素质有待提升

中队辅导员是学校党团组织聘请的兼职的少先队工作者，他们是学校少先队工作的基础力量，这支队伍的素质状况如何直接关系着学校少先队工作的发展。[7]少先队工作对辅导员要求非常高，除了要有较高的理论水平和思想素质外，还要具有较强的组织领导能力，且开放的思维、饱满的热情、开朗的个性、见多识广、年轻活泼也是其必备条件。我们对同区域不同区位 60 名学校中队辅导员实行了问卷调查发现：部分辅导员未经过少先队辅导员专业培训，对少先队工作的认识程度不够，没有从加强未成年人思想道德建设的高度来认识它的重要性；对辅导员的角色意识淡薄，在实际工作中缺乏基本知识、技能和工作方法，其自身专业素质还具有较大的提升空间。

（四）少先队中队活动有待改良

目前，少先队大队活动开展较频繁，但略显杂乱无章且与中队活动脱节；中队活动匮乏，呈现出“中队活动班会化”的趋势，没有鲜明的活动主题，也没有与少先队活动相关的内容，且存在“走过场”的现象，导致中队活动实效性不强，不能有效地促进班级管理，也就谈不上真正实现“以队促班”的目标，具体表现为：

1. 少先队活动内容的选择缺乏针对性、教育性

辅导员在选择和设计队活动的主题时，应首先选择队员实际生活中最突出的问题进行有针对性的活动设计，这样才能达到相应的教育效果。实际上，辅导员在此往往会出现两种偏差：一是选择“假、大、空”的活动主题。由于

远离队员实际生活和个人经验，不聚焦于队员的关注点和兴趣点，活动中队员参与的积极性不高，最终导致活动缺乏相应针对性。二是选择缺乏教育性的活动主题。活动进行得如火如荼，看似热闹，实则缺乏实际教育意义。

2. 少先队活动的开展缺乏实效性

部分辅导员在实际活动开展过程中，由于缺乏对少先队活动的正确认识，将少先队活动看作一项必须完成的工作项目去应付、走过场，而并没有真心实意地考虑队员的实际情况，从而导致队员品德的形成和发展实际效果堪忧；另一部分辅导员看似设计了许多意在激发队员兴趣的活动，却片面追求活动形式的丰富，而不顾实际教学效果，使得少先队活动表现出“表面轰轰烈烈，实际收效甚微”的特点。

3. 少先队活动开展的形式缺乏创新性

学校组织的少先队活动中，开展形式看似花样多变，百花齐放，实则仅仅是几种基本活动形式的不同组合，不断重复，难以找到创新之处。这些活动虽然在开展，但缺乏趣味与思想，不能引起师生内心的共鸣，也影响了队员参与活动的主动性、自觉性的发挥。

从学校思想观念、教育理念，到少先队组织基础建设，到少先队中队辅导员自身专业素质，再到少先队中队活动，“以队促班”少先队中队工作的开展还存在较多的问题亟待解决。

三、基于协同理论的“班”“队”不协同的归因分析

问题的出现与发展是多重因素导致的，探究问题背后的原因是改善其现状的首要工作。我们通过实地调查及资料分析，结合协同理论，归纳出少先队活动出现诸多问题的成因，主要为以下几个方面：

（一）学校教育工作重心向“智育”倾斜

学校教育应基于对学生负责、一切为了学生的身心全面发展的教育理念，有目的、有计划地安排学校的教育教学活动，合理安排工作重心，使各项活动充分发挥应有的教育作用，并形成协同效应，发挥教育合力。然而目前，某些学校教育工作重心向“智育”倾斜的发展趋势与“以队促班”强调全面发展不相适应。究其原因，社会评价体系呈现出“重学历、轻能力，重智育、轻德育”的倾向，导致教育主管部门一方面高喊素质教育的重要性，另一方面却用学生学业成绩给学校排名次，最终发展为家长、学校把学生的学业成绩看作衡量学生的主要标准，而忽视学生的综合素质的培养。“以队促班”在教育资源、活动时间极其有限的情况下，难以在夹缝中生存发展，收效甚微。学校

教育最终没能与“以队促班”发挥出应有的协同效应，营造良好的育人环境，促进学生的全面发展。

（二）少先队工作专职人员、专项经费不足

人力、物力资源的保障是“以队促班”有效开展的前提之一。目前，少先队工作专职人员的聘请处于停滞阶段，学校或因其思想的局限性，或受制于有限的物力、财力，没有为大队、中队提供更多专职的工作人员。少先队建设中的组织建设和阵地建设需要前期大量资金的投入，如少先队书籍、报纸的统一订阅，少先队广播站的建设，校园活动舞台的搭建等少先队活动的开展，除了需要家长的资金支持，也需要学校资金的后续支持。少先队工作的正常开展需要大量资金的投入，部分学校由于没有考虑到少先队活动经费的预算，或没有建立少先队活动专项经费，且少先队的活动经费没有正常、稳定的来源，使得少先队工作专项经费的处境较为尴尬。“巧妇难为无米之炊”，在物质基础无法得到保障的情况下，少先队工作也就不免显得举步维艰，以队促班与班级管理的协同效应也就无从谈起。

（三）中队辅导员工作繁杂

作为“以队促班”少先队活动的引导者，辅导员专业素质和少先队活动的开展联系紧密，形成子系统之间的协同效应，影响着“以队促班”的成效。调查显示，大部分中队辅导员担任学科教学，平均每周课时超过 12 节；中队辅导员多为各班班主任，工作主要集中于班级管理，承担着将各类教育信息上传至学校、下达至家长的任务，且要随时做好处理各种紧急情况的准备。繁重的教育教学任务使中队辅导员缺乏足够的精力与时间研究少先队工作，则重视少先队工作的开展、深入体会少先队工作的精髓和意义、系统地学习少先队工作的组织的理念和方式方法、提升其自身素质等也就只能是纸上谈兵，最终影响到辅导员自身素质和少先队活动之间的协同效应，限制“以队促班”的教育功能的发挥，继而阻碍了班队之间教育合力的形成，促进学生全面发展的目标也就难以达成。

四、“以队促班”：基于协同理论的班队协同体系构建

“以队促班”协同创新体系是指以学生为主体，学校管理层、教师、学生三者通过自组织活动，把少先队工作开展中无规则、无秩序的要素，通过各子系统间的协同，组成相互协同的自组织状态，促进班级管理，以提升学生综合素质的体系。不仅评价体系外部环境要协同，包括学校教育思想与理念、中队组织基础建设、辅导员专业素质、少先队活动的开展，而且内部各子系统也要

相互协同，包括学生个人、学生组成的中队，各子系统通过协同信息，自组织形成新的有序结构。“以队促班”协同创新体系图如图 1 所示。“以队促班”协同创新体系特征如下：

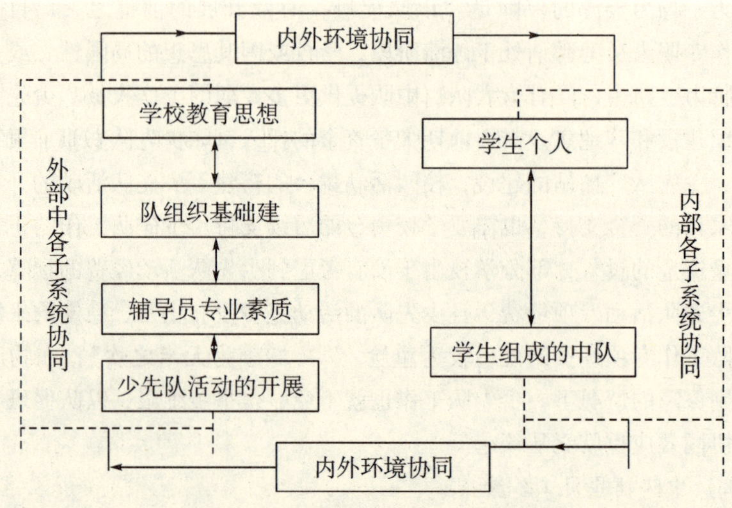

图 1 “以队促班”协同创新体系图

（一）子系统间相互关联，通过协调子系统的协同性实现整体协同

在以协同理论建立的“以队促班”创新体系中，各子系统有相对独立的部分，其内部互相发挥协同作用；子系统之间是相互关联的，通过改变协同信息，协调各子系统的关联度和关联方式，使得“以队促班”整体实现协同。

（二）子系统间相互协同，呈现和放大系统协同效应

“以队促班”少先队活动研究由多个子系统组成，相互间非线性作用，其作用总和会产生一种协同的放大效应。各子系统间的非线性作用，形成整体系统的自组织动态变化，呈现和放大系统整体协同效应，形成“1+1>2”的良好教育合力，促进整个教育系统的和谐发展。

（三）外部环境协同是实现“以队促班”的必要条件

学生通过参与少先队活动可形成一定的团体意识，改善班级生态，促进班级管理，除了其本身由个人与中队形成内部环境的协同作用外，还会受外部环境的影响。学校教育思想与理念、中队组织基础建设、辅导员自身素质、少先队活动的开展四个子系统对于少先队活动的良好开展至关重要，缺一不可。“以队促班”实现协同首先要调控外部环境，实现外部环境各子系统间的协同。

（四）内部环境协同是实现“以队促班”的具体表征

学生是具有个性化特点的个体，中队是由学生组成的团体、集合体。学生的自身素质一定程度上决定了整个中队的整体素质，而学生在中队中又会受到集体的影响。学生个人与中队作为两个子系统，在“以队促班”中形成内部环境。根据协同理论的自组织原理，这个子系统内部之间会自动形成新的空间、时间、功能的有序结构，具体表现为：学生在“以队促班”中，将会以中队的方式进行少先队活动，其过程具有空间性、时间性；“以队促班”主要目的是促进班级管理，在少先队活动的设计上具有教育性、针对性、创新性，具有对学生自身发展的功能性。学生个人与中队整体之间产生的协同效应是内部环境协同效应最主要的体现。由于学生参与少先队活动的效果可以定性、定量地进行测评，因此内部环境协同可称为实现“以队促班”的具体表征。

综上所述，少先队班、队一体化建设问题是我国基础教育的重要话题。为发挥“队”在“班”中的组织核心作用，少先队中队“以队促班”研究有其适时性、针对性。依托协同理论，“以队促班”开展中诸多问题之间的联系得以理清；“以队促班”协同创新体系的构建，目前还处在初级阶段，意在为“以队促班”的开展提供新的视角与思路。今后，“以队促班”经由协同理论支撑及相关理论课题的推动，其研究的拓展空间会越来越广阔。

参考文献

[1] 白列湖. 协同论与管理协同理论 [J]. 甘肃社会科学，2007 (5).

[2] [3] 俞竹超，樊治平. 知识协同理论与方法研究 [M]. 北京：科学出版社，2014.

[4] [5] 赫尔曼·哈肯. 协同学：大自然构成的奥秘 [M]. 凌复华，译. 上海：上海译文出版社，2013.

[6] 段镇. 少先队学 [M]. 上海：上海人民出版社，2015.

[7] 龚丹. 提升少先队中队辅导员辅导力的研究 [J]. 上海青年管理干部学院学报，2011 (4).

谈在体验中提高队员组织意识培养实效的策略

胥凤琴

（雅安市雨城区实验小学，四川雅安 625000）

摘　要：我校为了使少先队活动管理科学化、规范化，以提高教育实效性，在碧峰峡开辟了少先队活动实践基地，让高段孩子在基地进行为期一周的实践体验，让他们在实践中学会关爱、学会坚韧、学会劳动…… 丰富多彩的少先队活动增强了孩子们对少先队组织的认同感和归属感；情感互动让学生感受真情，增强了队员对少先队组织的亲切感；少先队活动与时俱进，让学生感受时代脉搏，感受家乡的变化。在实践中锻炼成长，既符合陶行知先生“行知合一”的教育理念，也是培养队员的组织意识的有效途径。

关键词：组织意识；体验；实效；基地；活动；情感互动

一、工作管理网络化，目标序列化

我校少年儿童组织意识工作以校长为组长，以主管少年儿童组织意识工作的副校长为副组长，学校领导成员及全体班主任、年级组长、少年儿童组织意识辅导员、校外聘请的法制辅导员、各班家长委员会组成领导小组，形成了校内外齐抓共管的体系。一是完善以校长—教导处—年级组—班主任为主体的少年儿童组织意识工作主线；二是完善以党支部—少先队大队部—中队—小队为主体的学生自我教育主线；三是完善以学校—家长委员会—家庭—社区为主参与的辅导教育主线。此外，学校还针对各年级学生的身心特点来整体构建学校的少年儿童组织意识目标体系。学校结合学生的实际构建从一年级到六年级的少年儿童组织意识体系，形成不同的系列，从养成教育入手，构建出“理想教育模式”“爱心教育模式”“环境育人模式”“活动育人模式”“学科教育渗透模式”“三三联动，互动整合模式”到“融合式育人模式”塑造学生美好的心灵。

二、利用基地资源开展活动，让学生受到熏陶

在开展少年儿童组织意识工作的过程中，我们深感空洞的说教，教育效果不佳。唯有让学生在活动体验中通过体验教育，才能真正拨动学生的心弦，达到教育的目的。为此，我校在碧峰峡镇建立了校外活动实践基地。由于这里是革命老区，当年红军一部在此建立过根据地，留下了丰富的革命文物，利于对学生进行革命传统教育；紧邻碧峰峡镇的生态教育中心，利于对学生进行环境教育。根据现有的资源我们还利用其他的社会资源：部队、交警、川农大、科协、乡镇府等为我们服务。每期，我们将组织高年级学生到基地开展为期一周的实践活动。为使活动开展能达到教育效果，我们是这样做的：

（一）自主编写活动教学教材

到活动基地开展活动之前，首先由校本教材课题组根据少年儿童组织意识培养目标序列及活动主题，如绿色教育、关爱教育、生态教育、传统教育、生存教育等确立每一期活动的主题，围绕主题拟写一周活动方案，作为教材实施。班主任还可根据本班学生实际增补教材内容。每期学生到基地活动都有不同的教材内容。

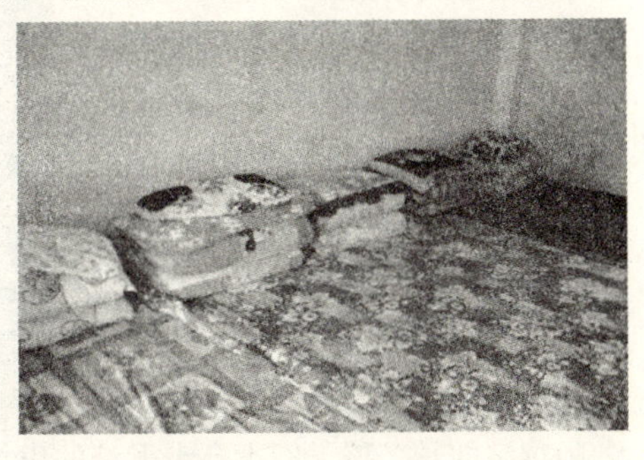

（二）依据教材开展教学活动，让学生在体验中感悟

1. 整理内务，学会自理

初到基地，孩子们离开了父母，面对新的环境，既兴奋，又无奈。是啊，这床怎么铺呢？这被子怎么叠呢？洗漱用具又该怎样摆放呢？此刻，整理内务的教学活动开始了。各组同学在组长的带领下，打扫寝室、铺床、叠被……孩子们个个干得热火朝天，虽然内务整理得不好，别急，但有老师、教官的指导。孩子们在反复练习中，被子一次比一次叠得好了，还有同学自夸：“嘿，我叠的被子敢跟解放军的‘豆腐块’比美了。”

2. 帮厨，平整操场，学会劳动

帮厨、平整操场是我们进行的第二课教学活动。为了让孩子们学

会劳动，体验劳动的辛苦，懂得珍惜别人的劳动成果，我们针对学生的特点，将学生分成若干小组开展劳动实践：有帮厨的，有平整操场的，有挖地种菜的……很多孩子在家没做过家务，他们在老师的指导下练习，虽然做得不是很好，但在劳动体验中大多数学生都真切地体会到了劳动的滋味。有的孩子说："吃着自己亲自包的抄手真香。"有的说："哎，父母真辛苦，做饭太累了。"还有的同学认识到农民种庄稼的艰辛。他们表示今后要懂得珍惜别人的劳动成果。

3. 走进自然，认识农作物，学会探究

第三课的教学活动则是带领学生走进自然，认识农作物。一大早，同学们在老师的带领下，踏着乡村的小路开始了亲近自然的体验活动。一路上，老师引导学生认识不同的农作物，并让学生向当地农民询问和了解农作物的生长期、特性等方面的知识。孩子们在调查、研究活动中兴趣高涨，不仅认识了许多农作物，还激发了他们主动探究的兴趣。他们一路上不停地问，并且将书上学到的知识运用到生活中指导实践。从孩子们认真观察神态中，我们不难感到他们对知识的渴求。让老师难忘的是，孩子们不会走泥泞的田坎路，走几步摔一跤，这可让从没到过农村的城里娃不敢迈步了。这时，老师的鼓励、同伴的相互搀扶坚定了孩子们继续往前走的信心。当看到孩子们由最初的小心翼翼，到后来大踏步地走的情境时，老师怎能不为学生的进步感到由衷的高兴？

4. 在晨跑、军训活动中，学会坚韧

晨跑，规范军训是每天的必修课。每天六点半，集合号响起，孩子们则要在短短的两分钟内穿好衣服到达集合地点，接受训练。有时，学生顶着骄阳一站就是一小时，姿势不规范，还得重来。在严格的训练中，孩子们知道了解放军有严明的纪律靠的就是平时的艰苦训练。训练培养了学生坚韧的品

格，让他们变得更加坚强。

5. 参观动物园，进行生态教育

参观碧峰峡野生动物园，是每期活动都要进行的教学。老师在组织孩子们参观的过程中，指导孩子们了解动物的生活习性、繁殖特点，孩子们通过看、问和同伴间相互学习，进一步了解了动物的生活习性，明白了爱护动物、关爱自然环境的重要性。有的学生针对动物调查，写出了调查报告。报告中提出的保护动物的措施还有一定的价值。

6. 让孩子们在集体生活中，学会关爱他人

由于我们的学生大多是独生子女，在家都是长辈们宠着，他们不懂得关爱别人。可在集体生活中，在老师的引导下，我们看到了这样的场景：有同学生病了，其他同学主动端水、送药、拿纸、帮着打饭、陪护；有同学在小道上摔倒了，同学连忙上前扶起；有同学衣服脏了，其他同学主动帮洗、帮晒。这一幅幅感人的画面，让老师自豪：孩子们在共同生活中学会了关爱他人。

当然，教学活动的内容不仅仅是这些，还有“寻找红军的足迹”“山村学生零花钱调查”“农村经济状况调查”“山村乡奶牛养殖情况调查”“植物标本制作”等丰富的教学内容。孩子们在这些多彩的活动中，通过亲身体验，受到美的熏陶，从而达到润物细无声的效果。

（三）总结汇报展示，深化学生在活动中获得的认识

基地活动归来后，学生在老师的指导下，整理在教学活动中的收获，有学生日记集、学生制作的植物标本、撰写的调查报告、活动的心得体会、写给父

母的信等资料。同时学校召开成果汇报会，邀请家长参加。汇报会上孩子们热情地展示和介绍基地的学习情况，让家长也了解基地活动给孩子带来的巨大收益。有的家长在参加了汇报展示会后发自肺腑地说："我的孩子，真的变懂事了。这样的活动好，我们将大力支持。"听了他们朴实的话语，我们更坚定了继续建设好道德实践基地的信心。

三、强化"四结合"教育途径，培养学生从小热爱少先队组织

根据小学生的身心特点，分析他们队组织意识形成中会出现的愿望与现实、动机与效果、内因与外因等各方面的矛盾，结合小学教育的实际，我们比照少年儿童组织意识知情意行的过程，采取了"四结合"实施措施。

（一）明理——约法和教学结合，突出一个"知"字

小学生对少先队组织的热爱，离不开对少先队组织的正确的认识，"知"是前提。我校少年儿童组织意识工作领导小组，根据《小学生守则》《小学生日常行为规范》制定了《实小学生日常行为10条》《实小少先队队员礼仪常规》《实小学生文明卫生公约》《实小学生纪律安全"十要十不要"》等多项制度，让学生从一年级就知道，作为一名少先队员自己该怎样做才能为队旗添光彩。我们还将"知"的教育落实到课堂教学中，充分凭借这条少年儿童组织意识的主渠道，让学生认识真善美，建立正确的组织概念，明白遵守规则的重要性。

（二）冶情——学校环境和社会家庭教育相结合，突出一个"情"字

小学生对少先队组织的热爱，往往伴随着情感。我们重视校园环境育人。在教学楼前、教室内外、操场、走廊，标挂出校训、班训、名人画像、格言警句和文明行为揭示语。在教学区和运动区之间的宣传栏，展示着学校的各种规章制度。校园里，葱郁的树木、各式花台、规范的红色花岗石旗台、活泼的艺术墙和奶黄色的教学楼连成一个和谐蕴含着情感的育人整体，让学生在耳濡目染中，受到美的熏陶、情的感染。特别是将学生的优秀书画作品悬挂在楼道、张贴在校园，既突出校园文化的特色，又对学生产生极大的激励作用。我们还通过关工委、家长、学校共同营造社会家庭环境的情感氛围，让学生在充满亲情、友情、师生情的大环境中受到情感陶冶，养成对少先队组织的朴素情感。

（三）炼志——他教与自律相结合，突出一个"意"字

少年儿童组织意识是自身对少先队组织的情感的外在表现。这种情感的形成有较长的时间性，加之新形势下所出现的各种因素的介入，增加了形成的曲折性和困难性。于是，培养孩子们对少先队组织的朴素情感，就成了少年儿童

组织意识工作者必须直面和解决的问题。我校采用他教与自律相结合的措施，能较好地起到消除干扰的作用。

1. 他教，即教师和家长的以身作则

我校重视师德教育，用较为完善的管理体系使教师学法、懂法、执法、爱岗敬业、自觉遵守《四川省中小学生教师职业道德行为准则》，做到“身正行端”，用文明健康的言行教育影响学生。我们和家长紧密配合，通过家长学校的学习、召开家长委员会议、学校开放日的见闻，促动家长从正面教育孩子，纠正孩子的偏差行为。

2. 自律，即小学生之间的互相影响、自我教育

孩子们在每天的行为评比、每周的操行评分、每月的“四会”评比中，开展批评与自我批评，互学互帮，从而较有效地矫正了不良行为，养成了自身良好的行为习惯。

（四）促行——集体活动和群体活动相结合，突出一个“行”字

根据7~12岁孩子生性好动、活泼可爱的特点，我们把少先队组织意识培养的重点放在各种活动中，让学生真正地行动起来，在活动中形成对组织的朴素情感。我校的集体或群体活动分为四类：①常规活动：升旗仪式，国旗下的演讲，晨检，环境扫除，排队放学，操行评比，四面红旗评比；②“爱之系列”主题班队会活动：如“爱父母爱老师”“爱清洁的雅安”“爱科学”等；③传统活动：清明扫墓，六一艺术节，重阳敬老节，冬季运动会，少年军校训练，学校开放日，假日送温暖活动等；④特色活动：特长学习，科技活动，环保小组活动，各类作文，美术书法，文艺等活动。

我们让100%的学生参与到大大小小的集体或群体活动中，让孩子们多说多做，激发他们做的热情，提高他们做的效果；让学生们在自己喜闻乐见的活动中，自觉遵守《小学生日常行为规范》和学校的有关规章制度，逐步成长为文明、聪明、健康、热爱劳动、乐于创造的学生，进而成为共产主义事业的接班人。

四、优化少先队活动，促进少年儿童组织意识工作的深入开展

少先队组织是学校少年儿童组织意识工作的重要载体。学校确立了“少先队工作与学校教育教学工作同步发展，少先队活动与学校少年儿童组织意识工作相结合”的两同步、两结合的工作思路，让学生在丰富多彩的少先队活动中进行情感体验，使他们在被感染、陶冶的过程中受到教育。

（一）把爱国主义教育融于活动之中

对青少年进行爱国主义、集体主义教育是少年儿童组织意识工作的主旋

律。[1]在教育活动中，我校是这样做的：①利用周一的升国旗仪式，坚持开展国旗下的演讲，激发学生的爱国主义热情和民族自豪感，增强他们的团队精神和荣誉感。②结合“国庆”开展“颂歌献给党”的班级歌咏比赛，做到班班有歌声，人人会唱一至五首必唱的爱国主义歌曲。学生通过演唱，在歌声中感受到了浓浓的祖国之爱。③利用传统纪念日开展活动，如扫墓活动、纪念雷锋活动、九九重阳敬老活动、新年送温暖活动等，让学生通过亲身体验受到爱的教育。④以争戴爱国雏鹰奖章为目标，通过知识竞赛、观看爱国主义影片、写观后感、了解和考察家乡文化、设立《小灵通》新闻栏目，让学生及时了解祖国的发展变化，开阔了学生的视野。

（二）创设形式多样的活动环境，体现活动育人

在实施少年儿童组织意识教育的过程中，我校主要采取了少年儿童组织意识活动的系列化、养成教育的经常化、少先队活动的自主化、兴趣活动的多样化的措施。①开展常规教育，从最基本、最具体的日常生活小事抓起，培养学生良好的文明习惯。大队部长期设立少先队文明监督岗，开展“说文明话，办文明事，做文明人”的督察活动，并将效果与四面红旗的评比和教师考核结合起来。②坚持开展“我与花儿比美”的实践活动，高年级开展调查家乡的风土人情、家乡的资源、家乡的变化等实践活动，促使学生在活动中受到教育，激发爱学校、爱家乡、爱祖国的情感。③开展主题性活动。每学期各年级各班根据学校计划结合本年级少年儿童组织意识目标，设计具有趣味性、教育性的主题班队会，由年级组推荐、大队部审定、电教组为其录制，并在全校播放。这样的活动能使学生的自我设计能力得到提高，并能使学生在活动中受到潜移默化的教育。

五、实施情感互动

学生是学习的主体、主人，但教师扮演着重要的角色，不仅传道、授业、解惑，而且对学生的组织意识的形成发挥着重要的作用。[2]要取得良好的教育效果，教师必须做到：

（一）尊重学生

学生在年龄、阅历、知识方面与教师相比尽管差异很大，但每一个都有其独特的思想感情和独立的人格，有自身的需要、愿望和尊严，这一切都应得到满足和尊重。师生在人格上是平等的，我校在开展少先队活动中，提出了“蹲下身和学生交朋友”，让每一位教师真心诚意地与学生平等地交往和交流，在和谐融洽的气氛中协同完成教育任务。

（二）关爱学生

爱学生是当好教师的最基本的条件。教师应当热爱所有的学生，爱优秀学生，爱调皮学生，爱学习困难的学生。特别是爱留守学生、托管学生（外地学生在雅安寄养、托管而在我校读书的学生），这部分学生近两百人，占全校学生总人数的10%，他们父母不在或远离父母，心灵相对来说较为敏感脆弱，就需要我们更多的关心和爱护。我校与川农大团委、电力公司团委、交警一大队利用星期六、星期天组织这部分儿童开展文艺联欢活动、趣味体育活动，让他们在活动中感受到社会的关爱，也组织他们给父母写信，通过书信与父母交流，体会父母的关心和爱意，在被爱中学会爱、学会做人。教师不仅要有爱心，还要有童心，要善于走进学生的情感世界，弹响学生心灵的琴弦。教师要善于对学生进行心理疏导，对典型学生要建立个案，分析其存在的问题及原因，及时与家长联系，采取一致的针对性强的帮教措施，以取得良好的教育教学效果。

（三）严格要求

学生在成长过程中，受各种因素的影响，必然会有缺点和不足，教师的职责就是要改进不足，矫正缺点；同时，学生的学习是在教师的指导下进行的，教师既对其严格要求，又对其关怀备至，既教会其学习，又教会其做人。在我校每一个班中，都有一些特殊的学生，或因家庭因素（父母离异）或因智力因素，学习困难，行为习惯较差，但我们决不放弃这一部分学生，通过个别谈话、集体帮助、家庭访问等形式，想方设法引导他们发现自己身上的善良之处、高尚之处。只有教师的真情实感、民主思想、人文情怀及严格要求，在情感的互动中深入各自的内心世界，此时的教育才能取得最佳效果。

六、我校的少年儿童组织意识工作与时代、家乡的建设紧密结合

地震之后，家乡在党和国家的关怀下，实施又好又快发展战略，着力打造“魅力雅安”，先后开展了“争创省级文明城市”“感恩奋进，共圆中国梦”“国际茶文化节”等极具影响力的活动。我校都积极参与宣传、组织，并荣获多个组织奖。丰富多彩的活动，让学生切实感受到家乡的变化，产生热爱家乡的情感，增强了对少先队组织的热爱和认同。

七、家、校、社区相结合，形成育人合力

我校为使少年儿童组织意识工作由校内向校外延伸，形成教育合力，利用家长委员会、家长学校、对家长开放教育活动等形式与家长建立密切联系。我

校利用校报《春雨》为家长开辟交流孩子教育经验的园地，让家长有地方倾诉自己的心声。校报已成为与家长沟通的阵地。我们还聘请法制辅导员、交警、教育专家来我校与家长交流教育孩子的方法，组织学生参与社区的活动，促使学生在活动中受到教育。

总之，我校少年儿童组织意识工作注重科学化、活动多样化，注重让学生通过参与少年儿童组织意识实践活动受到教育，避免了空洞的说教，取得了比较好的教育效果。然而，我们深知学校少年儿童组织意识工作的重要性和未成年人思想教育工作的长期性、艰巨性。为此，我们将不懈地努力，为了祖国的未来，培养出大批合格的共产主义事业的接班人。

参考文献

[1] 胡虹丽. 新课程标准下小学生爱国主义教育的若干思考——以江西省南昌市为例 [D]. 南昌：江西师范大学，2004.

[2] 王方全. 主体合作学习中教师作用研究 [D]. 成都：四川师范大学，2009.

论少先队干部组织协调力在少先队组织建设中的培养

杨宏　　梁伟

（泸州市忠山小学，四川泸州 646000）

摘　要： 出于对少先队工作的现实目标的考量，少先队干部的组织协调能力培养在少先队组织建设中一直都未能触及它的内涵。在少先队干部的组织协调能力培养过程中，我们更应该着力于对少先队干部心理健康、能力提升层面的感知体验，理解发展过程！从而在少先队组织健康运行过程中，使少先队干部的领导力，学习力提升成为活动的有效目标得以实现

关键词： 少先队干部；少先队活动；组织协调能力；组织建设

少年儿童是德育工作的主体，少先队干部是少年儿童组织的中坚力量。[1] 在少先队工作中怎样培养这一支主力军，使每个少先队干部都能健康、全面发展，在少先队活动中都能得到锻炼和提升，从而能够更加主动地投身到工作当中去，是每一个德育工作者都应该思考的问题。

但是现阶段的少先队干部的领导力特别是组织协调能力的培养却停留在一个相对滞后的阶段，这种现象的发生固有少年儿童生理发展的阶段特征的原因，但也有德育工作者对此项目认识上的不足的原因，仅以此文作如下探讨：

一、现阶段少先队干部组织协调能力的特征

近年来，随着学校教育的内容的扩容及课堂改革的持续升温，学校工作越来越行政化、多元化。留给我们德育活动开展的空间逐步被压缩，发展被忽略，人员被缩减。在一系列不利因素的影响下，学校德育工作越来越形式化、变得功利十足，无意间忽略了对学生人格的塑造和能力的培养。[2] 特别是在少先队干部的组织协调能力的发展方面几乎是本末倒置，从未顾及。根据对周边6所城市及5所乡镇中小学少先队和团支部的调查我们发现：在参与调查的少先队和团干部中，52%不清楚自己肩负的职责，65%从未考虑过自己应该具备何种能力以应对自己的工作，84%没有任何的竞选经历，62%从未思考自己作为团、队负责人应该怎样主动安排全面工作。有意思的是，几乎100%的干部

都清楚自己本周要完成的任务有哪些。根据我们对大量干部的谈话调查，暴露出现行德育工作中对少先队干部组织协调能力培养的短板和误区。

（一）德育工作者均以任务目标为驱动，很少关注少先队干部在组织协调能力提升方面的诉求

在各学校开展的一系列德育活动过程中，承担任务的德育工作者往往只关注是否圆满完成任务，完成任务的过程是否会招人诟病；几乎从不考虑在完成任务过程中队员干部们能否通过参与全程学习到组织活动的经验，掌握到协调人事的方法这一层面；面对少先队干部提出的各种问题或者质疑几乎都是凭借教师这一身份包办性地去化解，而在此过程中不会着力于让干部们去学习此中要素。

当少先队干部有意关注德育工作者的工作过程，或对解决问题的方法感兴趣时，德育工作者也会直奔任务目标而去，不会将精力放在向其传授经验、方法，帮助其有效参与到组织管理之中。对于他们而言，帮助少先队干部在组织协调能力方面得以提升，在他的工作目标之外。他们需要的是一批能够凭借自身素质完成某项任务的人，与急需完成的量化指标相比，这一能力的培养显得非常的边缘化。

（二）少先队干部的组织协调过程受外力干扰较为明显，系统性较差

少年儿童的年龄特点决定其组织协调具有模仿性和“点”性特征[3]：少先队干部独立组织开展活动的过程，虽然不完全是辅导人员工作形式和习惯的复制，也会深深地打上原辅导员的烙印；对于辅导员的建议或帮助，他们毫无保留地接受，一是因为他们缺乏独立组织的信心，二是避免任务失败承担相继而来的责任；最重要的是他们乐于接受这样的既成经验，但却不知自己丧失了独立摸索从而体验组织思考、内化为可存储经验的可能。

在辅导员组织协调某项活动的过程中，少先队干部通过对辅导员组织管理过程观察、感知所获取的信息，往往停留在某些“点”的层面，他们只能获取自己认知能力范围内的、能接触到的部分零散信息的感知体验，而无法系统、详细地去考量整体过程，在极力参与并成功完成活动任务后，对于相关过程的各个要素仍然不能有清晰的理解和脉络的把握。

（三）社会相关配套社会实践培养缺失，少先队干部缺乏独立体验的自信心

在受访的 11 个少先队中，通过大量的谈话调查，我们得出以下数据：70%的学校大队从未组织、安排大型的校外实践活动，所参与的活动仅限于承接上级部门安排的少数学生参加的文艺会演或集会、观赏，而且均由辅导教师

全权负责，没有学生参与组织管理；80%的少先队干部表示从未有负责某项活动的经历或被辅导员肯定某项建议的体验；20%的少先队干部从未跨出校门参加相关社会实践活动；40%的少先队干部表示愿意尝试作为团队领袖导演某项活动，但是这40%的少先队干部均不同程度地表示对于自身完成任务能力的怀疑。

二、少先队干部组织协调能力较弱，发展缓慢的具体原因

根据对多方原因的系统分析和总结，现阶段少年儿童组织协调能力发展迟缓的原因，集中在社会意识形态、家庭教育理念、学校德育和学生自身发展要求这几个层面所出现的各种掣肘性意识缺失。

随着社会经济发展的加速，不可否认的是我们的整个社会变得功利而浮躁。社会所强调的是对现实目标达成的效果检验，很少有人聚焦于国之幼苗的传承和发展。在相当一部分国人的社会意识形态中已经不把目标定位于国之未来，从而在很大程度上放弃了对少年儿童的关注和发展要求。他们强调的是自身的努力和进步，关注的是自身成果的累积，基本不会对少年儿童提出任何社会传承或责任承担要求。这一意识形态的缺失导致的是少年儿童在社会层面所感知到的精神力量相当薄弱，很难由此萌发责任、担当意识，也不可能意识到自身所具备的责任担当的重要性。

在家庭教育层面，在如今计划生育强力实施的今天，多数孩子处于独生子女行列，经济的发展和中国独特的家庭观念使现阶段的少年儿童基本处于1∶6的享受型生活状态。社会极端认为：除了吃饭和睡觉不能帮助孩子以外，如今的少年儿童任何事情都能代劳。在学习效果层面，现在的家长大多数已经转变意识，不再聚焦分数的具体指标，转而追求学生的健康成长和快乐体验。家庭正如社会的缩影，对少年儿童的要求已经变得模糊而短视，家庭的教育已经不再涉及学生心理发展的挖掘和意识形态的培养。没有家庭教育强有力的发声，少年儿童的角色意识很难较早地正确树立，无法对自己形成目标要求，导致生命认知的淡化和社会属性的体验匮乏。

学校是一个强有力的教育实施阵地，是现阶段少年儿童成长的基础性摇篮。但是随着学校阵地的多功能化，这一片圣土已经变得不那么沉潜宁静。无限制的社会功能或事务的累积，行政化色彩的逐步加强导致以目标任务为驱动的工作方式大行其道。现行学校德育工作的运行状况更贴切的诠释应该是：在任务目标驱动下进行的成果追求，对少先队干部教育成效的认知，只能寄望于完成任务过程中他们的自我体验、自我提高。简而言之，学校德育工作以完成

各项任务为目标，对学生的成长教育并不是这些工作开展的最重要的核心点。

根据少年先童生理、心理发展的阶段性特征，其发展需要外来的作用加以影响和引导。根据社会、家庭、学校的运行现状，我们可以很轻易地发现，他们所获取的支持和帮助日渐式微。期待着其通过零散、自由的体验和学习形成正确的世界观、人生观并不明智。而没有各个层面的教育引导，少先队干部的成长也会日渐缓慢，这也就是现在大量出现的无法融入社会的所谓“高知低能人才”出现的原因之一。

三、少先队干部的组织协调力的培养，我们必须从家庭、学校各个层面明确目标；以学生能力发展为取向，助力其人格的塑造和能力的提高

（一）加强社会人文精神影响，依托“国学”及传统教育力量产生家校共育的有利局面

教育是一个全社会合力的大课题，社会、家庭和学校各有其用，缺一不可，更不能强加给学校负责对少年儿童全部教育影响的职责。面对少先队干部组织协调力的发展，我们更应该从他们对整个社会环境的认知需求出发，形成一个立体的教育培养体系，从而达到一个相对完整的教育培养网络。

1. 从少年儿童自身认知基础出发，培养家庭角色意识和责任意识

意识形态决定其角色定位。在家庭教育中，要确定培养方向，通过对少年儿童家庭角色的定位和任务的分配来强化他们的责任意识，让他们明确自己的任务、目标和责任，形成一个较为丰富的成长信息集合，使之用于指导自身行为，形成一个正确的、清晰人格指导系统。

充分利用我们悠久的历史和丰富的文化对少年儿童产生积极影响，对“国学”中的精华要多方位、多时段地与他们提及并创设体验机会。如“忠孝仁义礼智信”等人性教育经典，要尽早使之感知和触及，并通过各种探讨和体验内化为自身的价值认同，由此为形成一个健康向上的人格打下基础。

2. 尊重少年儿童的社会和家庭事务的参与权、话语权，培养独立自主的生存意识

少年儿童往往思想意识发展缓慢，根源在于其对任何事情的权责不清。没有权力则不负责任，进而不作思考。现实中，大量的家庭教育问题就出现在这一个层面。大量的少年儿童生长在包办家庭中，毫无意外地被隔断了对社会、家庭、生活的考量和理解，形成思维的惰性和生存体验的真空。由此，我们更应该着眼于少年儿童长期的发展，给予他们充分思考、表达和体验的可能，锻炼他们参与分析、完成各项事务的能力。

（二）如何培养和提升少先队干部组织协调力问题，学校要进一步明晰办学理念，把德育放在首位，全面推进素质教育，全面提升学生的综合素质和能力

少年儿童组织协调力的培养与提高，应该全盘考虑，整体设计，立足现在，着眼全局，考虑长远。少年儿童组织协调力的培养要落到实处，应该注重从以下几个方面着手：

1. 健全组织机构，重视培养阵地建设，把“自主管理培训组”作为少先队干部培训的重要基地和依托

（1）“自主管理培训组”的主要任务。“自主管理培训组”是对少先队干部进行培养和训练的教育机构，接受大队的领导。它的任务是，在辅导员的引导和帮助下，在充分发挥队长自主精神的前提下，结合队长工作的思想实际与工作实际，培养思想作风、学习工作方法、掌握一定本领。它既是一种组织形式，又是一种教育活动形式。

（2）“自主管理培训组”的组织机构。“自主管理培训组”聘请校长担任名誉组长；由德育主任担任副组长；由团干部、大队辅导、大队长组成校务委员会，负责学校的培训。每期招收学员 60 名，建立中、小队，选举中、小队长，负责培训期的中、小队活动。

（3）“自主管理培训组”的学员范围。“自主管理培训组”的学员主要是在任的少先队大、中、小队干部，部分即将走马上任的“准队长”及队的积极分子。

（4）“自主管理培训组”的管理制度。“自主管理培训组”的学员要履行入学手续，登记造册，领取学生证，举行开学典礼，严格遵守考勤制度、作息制度、作业制度，结业时发结业证书、开展评比表彰优秀学员等工作。

2. 集中培训，通过积极教育助力少年儿童组织协调力的认识和提高

根据学校的育人目标，结合少年儿童的实际，纳入学校校本教学，制定符合本校实际的校本教材，形成稳定的培养方式。理论和实践相结合，注重实践与活动。要设定必要的课时，确保培训学生行之有效。课时安排要科学合理，从四年级起共 60 个课时左右，每个学期各 10 节，共 6 年时间；可以利用双休日、节假日、寒暑假集中上课培训。

授课方式可以采取集中面授与体验学习相结合，平时上课与节假日开展活动相结合。根据需要可以采用丰富多彩的形式与方法。在确定一个指导服务团队的前提条件下，针对少年儿童组织协调力的提高，我们可以设计这样一个基础参与流程。

（1）追寻一个服务岗位，为自己建设一个发展的通道

鼓励少年儿童在学校德育工作或者班级管理平台，敢于寻找一个适合自己的岗位，从小接受锻炼，为他人、为集体服务，树立远大的理想和无私奉献的精神。少先队里，除了队章规定设置的大、中队委员会及小队长职务岗位，还可以设置更多类型的干部服务岗位，让更多的队员参与到队的工作中。我们的做法是让“人人都有服务岗位，个个都有实践机会”。

（2）承担一份光荣职责，为自己明确责任范围，强化责任意识

少先队干部，是光荣的、自豪的，是有智慧和创造力的，是有能力和执行力的，因此每一个队干部都要明确自己的岗位职责，都有自己默默耕耘的土地，辛勤付出汗水。少先队干部们要牢记自己的职责内容，充分发挥积极性和主动性，拿出自信心和勇气，为队员们服务，为队旗添彩。

（3）参与一次民主选举，获取一次努力进步的感知体验和成就感

少先队干部的任职，要遵照队章规定由民主选举产生，原则上小队、中队干部每个学期选举一次，大队干部每个学年选举一次。各级队干部任职期满后，要由中队、大队辅导员及时组织进行换届选举。这一系列的竞选举措，可以极大地提高少先队干部的成就感，激发他们参与组织管理的积极性。有了强烈的成功意识，就会具备强大的工作动力，提升他们的实际工作责任心和参与度。

（4）负责一次活动的组织实施或提交一份“完美”的活动策划

少先队干部在任职期间，必须创造机会独立负责一项或多项活动的策划和实施。作为一个总导演，少先队干部要负责全盘事务的考量，并努力获取一个相对成功的实施结果。如果少先队干部无法寻求到真正实施的机会，通过一个个活动的具体策划和编导，也能让其得到组织协调能力方面的大幅度提升。当然，在此过程中，导师不可急于获取满意方案而“越俎代庖”，提出其中的问题也要通过循序渐进的过程缓慢展现，务求其思考结果能转化为实际经验，最终内化为实际操作能力。

在开展这一系列流程的过程中，我们一定要重视典型示范，充分发掘少年儿童的模仿能力优势并加以指引。少先队干部组织协调力的培养，首先采取“精英培养”“典型示范”等方式，然后逐步面向全体。在自主报名的基础上，选取部分优秀少先队干部为讲师，在导师团队的指导下，确定讲课主题，整理讲课内容，制作PPT，对学员们进行培训。但在此过程中，必须承认和尊重少先队干部发展的个体差异。实现目标固然重要，但着眼点应该确定在发展和提升这一层面。在全体学生中开展这种教育，不一定能得到很多领导和老师足够的重视，还有一个很漫长的过程。过程与结果、教育与管理的实效，都可以证

明这种培养的正确性和紧迫性。

3. 活动开展，通过实践体验，积累和发挥少年儿童组织协调力

活动是最好的教育和管理形式，开展大量丰富多彩的活动，寓教育于活动之中。培训组导师只负责咨询帮助，要求学生全程参与，在活动设计、组织、参与、总结等方面独立完成。让学生接触社会、了解社会、感悟社会，在活动中学习、感受、体会、锻炼成长。

在指导学生实施自主活动、提高自身组织协调能力水平的过程中，辅导员务必注意规避以下问题：

（1）自以为是，强加意志于学生，自己成为活动主导。

（2）“越俎代庖”，自己变成设计者，把学生当成人肉道具。

（3）缺乏包容心，以完美主义衡量学生活动的过程，使学生形成挫败感。

（4）忽视少年儿童个体兴趣或特长差异，人员配备不能“人尽其才”。

（5）培养过程迷信以“战”代“练”，活动以数量代质量。

（6）以个体培养为目的，忽视“团队”意识的根植和培养。

（7）漠视培养过程的分析，提炼和总结；不反思，不提高。

在少先队干部的组织协调力提升的过程中，知识需要积累，能力需要培养。针对目前少年儿童缺乏社会认知、组织协调能力羸弱的现状，社会、家庭和辅导员老师都要有清晰的认识，要有针对性地加以训练、培养和提高。未来社会是知识经济的时代，这种知识经济中的知识，更多的是指可转化为某种能力的知识。可见，具有一定的组织协调能力在以后的社会生活、学习和工作中将会多么重要。现在，无论是小学生、中学生，还是大学生，他们中的许多人都只重学习，只重学历，只重文凭，却忽视了自身能力的培养。这也是高分低能者屡见不鲜的根本原因。

所以，今后我们少先队干部培养工作将抓住一切机会，培养他们学会求知、学会做事。只有这样，其领导力、学习力才能真正提高，才能真正推动学校的人才培养工作，才能适应将来社会对人才个体的需要，才能在新世纪里找到自己的位置，发挥自己的能量，在人生路上畅通无阻。

参考文献

[1] 段镇. 少先队学 [M]. 上海：上海人民出版社，2015.

[2] 王芹. 小学德育工作中存在的问题及对策——以潍坊市城区小学为例 [D]. 烟台：鲁东大学，2013.

[3] 鲁丹琴. 少年儿童组织教育功能探析 [J]. 基础教育研究，2015 (11).

少先队"人本"管理模式探究

苟文祥

（雅安市雨城区实验小学，四川雅安 625000）

摘　要：国家的发展靠科技，科技创新在于知识，知识源于教育，教育之本在于管理。承载新时代教育使命，少先队管理中只有实行"人本"管理，才能最大限度地调动少先队员的积极性和创造性，为社会全面和谐发展奠定扎实的基础，为社会的全面稳定发展创造条件。少先队"人本"管理就是指少先队员是少先队组织的主体，少先队辅导员的参与是少先队管理的关键，在少先队组织活动中，使少先队员的人性得到最完美的发展。

关键词：人本；全面和谐发展；有效管理；教育使命

"人本"管理模式是现代教育管理的核心，为少先队员的发展服务是教育管理的根本目的。[1] 以人为本不仅主张人是发展的根本目的，回答了为什么发展、发展"为了谁"的问题，而且主张人是发展的根本动力，回答了怎样发展，发展"依靠谁"的问题。"为了谁"和"依靠谁"是分不开的。人是发展的根本目的，也是发展的根本动力。一切为了人，一切依靠人，二者的统一构成了以人为本的完整内容。少年儿童健康成长，是国家和民族兴旺发达的希望所在；少先队事业蓬勃发展，是党和人民事业薪火相传的必然要求。胡锦涛同志就作出指示，学校教育要按照"德育为先、立德育人"的办学方针和思想进行工作。学校德育工作的内涵主要是少先队工作，少先队工作是德育工作的主要阵地。少先队是学校的重要部门，是学生思想道德建设的主渠道。

一、"人本"管理的实质内涵

《辞海》对"人"的释义为：①人类；②指某种职业或身份的人；③每人。《辞海》对"本"的释义为：①事物的根源或根基；②重要的，中心的。以人为本中的"人"，包括所有的人、各种社会团体和个人。以人为本意味着，相对于世间万事万物，人是最根本、最重要的，具有主体地位和意义，而不是其附属物。因此，以人为本的精神内涵强调：①人是经济社会发展和管理的主体，而非客体，更非工具，必须对人的基本权利普遍尊重，必须对“神本”“君本”思想扬弃与否定。②对公正、平等、人道、自由和法治等理想社会的价值追求，努力使人性得到最完美的发展。③对社会个体的关怀和尊重，充分关注社会的每一个成员，包括弱势群体，满足个体的个性化要求和在不损害群体利益前提下的个性张扬。④人与自然环境和谐共存，人的全面发展需要通过改造客观世界包括自然环境去实现。改造自然环境，必须充分注意保护自然、改善生态环境，只有使人与自然生态环境协调发展，才能实现人的全面发展[2]。

二、“人本”管理的时代要求

以人为本是科学发展观的核心，是中国共产党人坚持全心全意为人民服务的根本体现。胡锦涛同志所有关于以人为本的论述，都十分明确地指出，我们所讲的以人为本，是以广大的人民群众为本，这里的人，不是抽象的人，也不是某个人、某些人。一切为了人，一切依靠人，就是一切为了人民群众，一切依靠人民群众。这里讲的人和人民，是同一个意思。“以人为本”，是中国共产党十六届三中全会《中共中央关于完善社会主义市场经济体制若干问题的决定》提出的一个新要求。

同时，中国教育学会行政专业委员会副理事长、教育部政策法规司司长孙霄兵也提出：今后中国行政改革的目标是，按照科学发展观的要求，形成“以人为本”的具有中国特色的教育行政体系。[3]

三、“人本”管理的实施原则

1. 重视人的需要

马斯洛的需要层次论认为，人的需要是一个由低到高的层次结构。在少先队管理中我们要重视需要在少先队员自身的发展方面的积极作用，并对被管理者的当前需要有一个总的评估，然后对其需要采取不同的激励措施。在调动少先队员的积极性时，必须利用目标的作用，在满足少先队员的需要时，使其具有公平感。

2. 以鼓励少先队员为主

依据管理心理学家雪恩的“人性假说”理论，人首先是“经济人”，因此应采取物质刺激的措施来对人进行管理；同时，人是“社会人”，在管理上应采取提高人际关系的措施，以满足少先队员的社会心理需要来进行激励管理；最后，人还是“自我实现的人”，要采取措施创造一种适宜的少先队活动环境与条件，使少先队员的才能在组织活动中得以充分的发挥。

以雅安市雨城区实验小学为例：实验小学重点关注学生的养成教育，创新少先队“人本”管理模式，从队员的个性特点及实际需求出发，设立三处“人本管理”阵地，从大事着眼、小处着手，努力在队员的心中树立一种“我的事我来做”“我的事我来管”的责任意识，规范队员的日常行为，养成良好的行为习惯，引导队员在“人本管理，自主成长”中聆听心灵成长的拔节之声。

(1) 红领巾监督岗，自己的行为自己管

学校“红领巾监督岗”由60名学生担任纪律督导员，负责学生行为习惯的督导，参与学校日常管理，真正做到“每天一总结，每周一汇报，每月一评比，每学期一表彰”。引导队员时时刻刻约束自己的行为，在人本教育中养成良好的行为习惯，塑造良好的品格。

(2) 红领巾广播站，自己的活动自己搞

本学期，实验小学重新启动红领巾广播站的育人功能，初步设定在周五下午4:00~5:00审核稿件，周一中午进行广播。从收集稿件到审核稿件，从创造串词到播音彩排，全部放手给队员自己操作，创设更多的机会，让每一位学生都能在这方舞台上尽展才华、获得自信。

(3) 周一升旗仪式，自己的仪式自己办

学校不断深化周一升旗仪式的内容和形式，少先队大队委设立国旗班，稿件、主持、演讲、总结都由队员自己负责。所有参与升旗仪式的队员，由各个年级的全体队员选举、培训。国旗下的演讲辅导员要认真指导队员们准备稿件，并切实深入排练的每一个环节，努力做到每一次升旗仪式上的演讲都能对全校师生起着激励、督促、教育和鞭策的作用。

3. 培养队干部

少先队管理是合理地利用和配置教育资源，以实现教育目标的一种管理活动。因此要用发展、变化、服务的目光来看待被管理者（少先队、辅导员）。教育的发展在于学校的发展，而小学的发展离不开少先队组织的发展，少先队干部发展了，其必然在学校管理过程中会具有更好的管理策略，使少先队员得以全面发展，反过

来促进学校的发展。这是一个投入与收益的互盈行为。少先队干部要管理好少先队，必须经过少先队组织的正确引导，加强队的建设，给予队干部合理的分工，注重队干部协调能力的培养。只有这样队干部对少先队的管理，才能走向正规化、科学化、规范化，才能起到领导、管理少先队的作用，才能让队员们在活动中学会做人、学会做事、学会合作、学会学习，才能培养出更多有素质、有能力的少先队员！

4. 组织设计以人为中心

在整个少先队管理活动中，管理体制的设置、管理机构的优化都要以人为中心。这点要贯彻到整个少先队活动过程。少先队管理制度、少先队组织文化等要从少先队员自身特点出发，创造符合少先队员特点的育人环境。

总之，通过人本管理，调动被管理者（少先队员）的积极性，使少先队员全面发展，必将实现教育的规模经济，促进社会的全面发展和科技腾飞。

参考文献

[1] 孙绵涛. 教育管理原理 [M]. 沈阳：辽宁大学出版社，2007.

[2] 张亚能. 以人为本——教育管理的灵魂 [J]. 江西教育科研，2005 (2).

[3] 解艳华. 倡导建设“以人为本”教育行政管理体系 [N]. 人民政协报，2010-05-05.

开发自主发展课程，培育“谦信善”和美学生

邹泽君

（成都高新中和小学，四川成都 610212）

一、立足现实，丰润和美理念

《中共中央 国务院关于进一步加强和改进未成年人思想道德建设的若干意见》明确指出未成年人思想道德建设的主要任务是：从规范行为习惯做起，培养良好道德品质和文明行为；从提高基本素质做起，促进未成年人的全面发展，努力培育未成年人的自主能力和自我保护能力，使他们的思想道德素质、科学文化素质和健康素质得到全面提高。

经一项社会调查发现：百分之八十五的大学生没有明确的奋斗目标，只是拿到学位证与毕业证等证书。孩子从小习惯了被安排的人生，学习应该要学的知识，却没有自主发展的空间。但社会恰恰需要的是那些自主的、有目标性的、有见解的、能够掌握真正有用的知识的学生。德才兼备的人，即要有高尚的品质和社会应变能力，不怕苦，不怕累，自学能力强，有积极的心态，有自信心和上进心的复合型人才！

新世纪的人类历史进入知识经济和人权时代，充分重视人性和个人权利，实行自主管理是时代的要求。加之我校于 2010 年 5 月伴随成都经济区域大调整，融入天府新城高新区。天府新城是一座以软件及服务外包产业为主导的科技商务新城，更是一座迈向互联网时代的理想城。因此我校开发了和美学生自主发展课程，打破所有思想桎梏，建立自主管理型组织，建立使每位和美学子创造性和潜能得以彻底发挥的机制，用我们的“爱”塑造阳光心灵，用我们的“心”启迪生命智慧，实现和美做人。

二、创新课程，培养和美特质

和美学生自主发展课程是学生在教师积极引导下自行发现自我价值、发掘自身潜力、确立自我发展目标等方式方法，培养和提高学生的主观能动性和创造力，使学生成为教育活动的主体和自我发展的主体，进而成为主体性的社会

成员，形成适应社会发展、推动个体与社会发展的意识和能力的一种自主发展课程。课程在实施过程要注意教师的监控与学生的自主管理和谐统一。在不超出学生自我能力的范围内，教师要敢于“放”，在学生管理过程中做好监管，及时提醒和帮助，当学生遇到困惑时教师要及时“收”。这样才能使学生从他律到自律逐步走向自信自主，最终培养和美学生“谦、信、善”的特质，使孩子们在今后的人生道路上从自强走向自如，能够灵活地适应社会的发展。

三、角色参与，体验自主发展

和美教育是一种以学生为本，符合教育科学发展观的教育理念。我们按照“在继承中发展，在发展中创新”的工作思路，以“自主选择—角色体验—评价激励—自我管理”的培养模式促使学生充分参与，积极体验。

1. 大队部：学校管理的助力者

中和小学大队部按照大队长一名、副队长四名、组织部、体育部、宣传部、劳动部、纪检部、礼仪部、文娱部的基本结构，囊括了学校管理的几大方面。在学校里，他们是活跃在每个岗位上的积极榜样。从进入大队部接受系统培训，到根据个人特长分配至各部进行锻炼，这些从各班遴选出来的优秀孩子充满热情，在大队部的岗位中能够协助老师工作，严格按照学校班级管理常规要求严于律己并且能够在班级中形成积极影响。

每天清晨，大队部孩子的身影出现在校门口，他们以灿烂的笑容迎接师生到校；每天课间午休，他们是监督孩子进行眼操、教室保洁的管理员；每次大型集会，他们或成为主持人，或成为小记者，或成为道具组人员。可以说他们的身影出现在学校管理的方方面面，他们的自律意识早已深入心底。他们从自己的岗位中，得到了老师的认可、同学的敬佩，这些无一不在加强孩子们对大队部、对中和小学的认同感。他们以管理者的身份，体验着属于自己的发展之路。

2. 小天使：班级管理的好帮手

班级是德育工作的重要阵地。为了让每一位孩子都可以在和美教育中成长为“谦信善”的和美少年，学校设立了“和美小天使”的班级管理体系。

根据和美班级管理的要求，班级内的“和美小天使”分为卫生、纪律、图书、值日、礼仪五种。他们是重要的班级干部，根据自己的职责，严格履行自己的义务，并且佩戴上专属的小天使标志，也参与到班级管理中来。

每学期定期开展的全校各类小天使培训计划，重视班级小天使的思想和能力的培养，对每个班的小天使进行培训，统一班级管理的标准，让阳光自立的小天使们成为同龄人的领头羊，既能团结同学又能在班内产生积极影响。

3. 和美卫士班：校园活动的安全卫士

和美卫士班由高段学生分班级担任，他们不仅负责本周的升旗仪式，还要担负起校园安全卫士的责任。上下楼道、学校景观等重要的安全地点都有和美卫士负责值日。他们拥有对学生违规行为的记录权，他们的每日纪录和班级管理考核直接挂钩。承担过一次和美卫士班的班级，班级的管理秩序明显提升。孩子通过对学校管理的深度参与，充分统一了思想，对自我的要求得以提高，找到了认同感和成就感。

4. 班级小秘书：班级管理的新突破

学生具备自主管理的能力是自主管理的前提条件，学生自主管理能力的强弱决定了自主管理水平的高低。有学者将学生自主管理能力分为三个水平：自觉水平的学生能够做好自己的事情，规范自身的行为；自理水平的学生能够以积极行动参与到班级管理中来；自为水平的学生能够掌控节奏，完成全部的自主活动。班级管理者应当根据学生水平的高低来进行合理规划，对能够达到自为水平的孩子积极关注。和美教育设立了班级小秘书计划，给这部分学生一个更大的锻炼机会。

班级小秘书是班主任的好帮手，他们将常常陪伴在班主任身边，参与到班主任的工作中来。低段班级的小秘书将在班主任的指导下进行工作，参加班主任培训会、协助管理晨会升旗等大型活动、参加家长会等。低段的班级小秘书将比班长获得更多的锻炼的机会，其自主管理能力也将得到更高的提升。中高段班级的小秘书经过长期的培养锻炼，不仅能够通过活动组织、理论学习、多方沟通来提升管理能力，其自信自立的能力也将得到大幅提升。他们不仅可以成为班级管理者，还可以参与到班级的规划建设中来，让自己对班级建设、团队组织的想法付诸实践。和美教育愿意为学生提供这样的平台，并且始终陪伴学生自主发展。

四、家校同步，自主多元评价

1. 实施和美之星荣誉制度

“和美之星”实行自主多元评价机制，包括教师评价、学生自我评价、社会评价和学校综合素质评价等内容。“和美之星”荣誉制度，将学生在日常生活（包括学生在校、在家、在社会）的学习、卫生、纪律、课间操、礼仪、品质等表现都纳入评价体系，从而形成我校校本特色的评价体系。学校的系列“和美之星”评选活动包括：“和美日常星”“和美每周星”“和美学月星”

“和美年度星”“和美教师”“和美家庭”“和美家长”“和美班级”等。其中，“和美教师”包括：“年度和美教师”“和美班主任教师”“和美辅导员教师”；“和美年度星”包括：“和美十佳”“和美十优”等。所有的“和美之星”都将在每年儿童节予以表彰。“和美之星”全面体现了学生自评、互评、推荐以及教师、家长对孩子的立体评价。这种评价方式促进了学生自立、自信，自主管理，使小学生日常规范教育被抓细、抓严、抓实，从而让学生的行为养成习惯培养得到真正落实，以此促进学生综合素质全面的发展。“和美之星”荣誉制度让我校的学生全部参与其中，在一学年中，所有学生至少都能通过各级评选活动获得一个“和美之星”荣誉。如今，百分之九十五以上的家长认为孩子能用“和美之星”的标准来要求自己。“和美之星”的评定，能比较全面地反映孩子的成长。

2. 建立学生发展性评价袋

为全面监测学生的学业发展过程和发展水平，促进学生自省、自信和自强，作为新课程倡导的一种质性评价工具，学生成长记录袋主要记录的是学生在各项活动和学习领域中所取得的最佳学习成果。[1]通过记录自己的成长过程，学生积极主动参与这一活动，学会反思和对自己的进步与努力进行判断。在参与过程中，学生自己决定成长记录袋的内容，特别是在作品展示或过程记录中，由学生自己负责判断提交作品或资料的质量和价值。这样给予学生机会自我反省，能够促进学生的发展，因为个人变化必须由外在刺激引发自身内在的变化才能发生，也为教师最大限度地提供了有关学生发展的重要信息，有助于教师将评价与教育、教学融合在一起，与课程和学生的发展保持一致，提高了评价的效度。

3. 推行学分制自我评价

德育学分是用来反映我校德育的要求和评价学生的思想道德、行为规范的单位。它以常规评价为依据，将德育的过程和结果量化，通过对学生仪容仪表、出勤、遵纪守法、安全工作、卫生习惯、文明活动、实习和社会实践参与的综合考评来计量，采取统一性和灵活性相结合的原则。

4. 制定学生综合素质评定表

综合素质评价表对学生综合素质进行评定，是对学生发展的阶段性评价，其主要目的是希望能够全面、深入、真实地再现学生的特点和发展趋势，使评价能全面反映学生的知识与技能、过程与方法、情感、态度、价值观，促进学生全面和谐发展。[2]

我校建立的“和美之星”评价体系既重视文化知识的学习，又重视综合社会实践活动；既重视学习结果的评价，又重视学习过程的评价；既重视采用定量的评价方法，也重视采用定性的评价方法。我们不是仅评价学生的记忆和认知，而是全面地评价学生多方面的智能，兼顾内部评价与外部评价，充分尊重了被评价的对象。

五、和乐共进，彰显和美风采

自主管理实施近三年以来，我校通过不断的实践与总结，大大提高了学校整体的办学质量和办学效益，在各级领导与专家的指导引领之下，通过我校师生和衷共济，我校先后荣获国家、省市、区等多种奖项。

2013 年，学校荣获奖项 33 次。其中，论文《校园新闻似浪花朵朵，和美育人如雨润心田》荣获第十届中国中小学校园影视论文类金奖，影视《和美花开，奠基幸福》荣获四川省第八届中小学校园电视评选活动专题类节目省银奖、全国铜奖。教师荣誉及获奖 150 余次，教师在国内科研刊物发表文章 5 篇；教师获奖论文 70 余篇，包括国家、省市、区等多种级别。学生发表文章 20 余篇，学生获奖 800 余次。

2014 年，学校荣获奖项 11 次，其中影视《走进中和小学》荣获第十一届中国中小学校园影视校园专题评比铜奖。教师荣誉及获奖 80 余次，教师在国内科研刊物发表文章数十篇，其中包括国家级核心刊物数篇；教师获奖论文 60 余篇，包括国家、省市、区等多种级别。学生获奖 370 余次。

2015 年伊始，学校荣获奖项 18 次，教师荣誉近 40 次，学生获奖 100 余次。

我校要进一步结合小学德育工作中的新情况、新问题，结合少年儿童的年龄特点，加强教育理论的学习，不断提高教师的科研意识，增强学生的组织认同感。期待通过我校师生共同努力，加之各级领导、专家的支持，能拓宽学生自主发展的平台，为和美研究奠定扎实的组织基础，为培养“谦信善”的和美少年而努力奋斗。

参考文献

[1] 张李军. 成长记录袋的应用研究 [D]. 长沙：湖南师范大学，2004.

[2] 付莉. 小学生综合素质评价研究 [D]. 长春：东北师范大学，2008.